聚焦"十三五"

若干问题深度解析

主　编　冯国权　刘军民

副主编　刘成海　陈汉理　孙永胜　潘子友

编　委　冯国权　刘军民　彭德富　王盛华　潘子友

　　　　张　宁　旷文斌　陈福明　潘子友

　　　　刘成海　陈汉理　孙永胜

国家行政学院出版社

图书在版编目（CIP）数据

聚焦"十三五"若干问题深度解析／冯国权，刘军
民主编．—北京：国家行政学院出版社，2015.9
ISBN 978-7-5150-1620-7

Ⅰ.①聚…　Ⅱ.①冯…②刘…　Ⅲ.①国民经济计划
-五年计划-研究-中国　Ⅳ.①F123.3

中国版本图书馆 CIP 数据核字（2015）第 228122 号

书　　名	聚焦"十三五"若干问题深度解析
作　　者	冯国权　刘军民
责任编辑	任　燕
出版发行	国家行政学院出版社
	（北京市海淀区长春桥路 6 号　100089）
电　　话	（010）68920640　68929037
编辑部	（010）68929095
经　　销	新华书店
印　　刷	北京佳顺印务有限公司
版　　次	2015 年 10 月北京第 1 版
印　　次	2016 年 4 月北京第 2 次印刷
开　　本	710 毫米×1000 毫米　16 开
印　　张	20
字　　数	280 千字
书　　号	ISBN 978-7-5150-1620-7
定　　价	68.00 元

目　录

第一章
遵循全面发展规律的战略布局

第二章
保持经济增长目标的准确定位

第三章
加快转变经济发展方式的顶层设计

第四章
调整优化产业结构的整体布局

第五章
实施创新驱动发展的宏观设计

第六章
加快转变农业发展方式的创新指导

第七章

改革体制机制的整体设计

第八章

推动协调发展的战略统筹

第九章
加强生态文明建设的全局方略

第十章
保障和改善民生的基本蓝图

第十一章
精准扶贫脱贫的战略举措

第十二章
号召全党全国各族人民团结奋斗的行动纲领

第一章

遵循全面发展规律的战略布局

　　习近平总书记 2014 年 7 月 29 日主持召开中央政治局会议，强调指出，"发展必须是遵循经济规律的科学发展，必须是遵循自然规律的可持续发展，必须是遵循社会规律的包容性发展。"这一重要观点，是在总结中国现代化建设经验、顺应时代潮流的基础上提出来的，为发展赋予了新的内涵，也是事关经济社会全面发展的重要思想。世间万物，规律支配。遵循经济规律的科学发展，是国家繁荣、社会稳定、人民富裕的重要基础；遵循自然规律的可持续发展，才能使人与自然和谐相处，有力地推动经济和社会发展。遵循社会规律的包容性发展，旨在回归发展的本意，坚持以人为本，强调"民富优先"，可提振经济，有利于国家、自然、社会、人类的和谐相处。当前，我国经济步入新常态，正确认识新常态，积极适应新常态，需要我们统筹经济社会发展全局，不仅遵循经济规律、自然规律，也要遵循社会规律，实现以人为本的包容性发展。

中国经济转型需解决三大问题：
产能过剩、地方债务和房地产泡沫

过去的三十多年里，中国经济创造了人类经济史上的奇迹，连续30多年年均 GDP 增长 9.8%，接近 10% 的高速增长。我们也看到，特别是过去的十年，在中国经济高速增长的同时，经济出现了一些问题，可以从各个视角谈出的各种问题。

就当前经济来说，比较集中的经济现象中，第一个就是产能过剩，生产一吨钢赚的利润才相当于一瓶矿泉水的价格，而且还不是高档的矿泉水；第二个现象就是地方政府债务，绝大多数都是从银行贴息借来的钱，当前地方债务压力加大，像前几年那样的高速发展不能再延续下去；第三个现象就是局部地区出现的房地产泡沫，这个问题非常严重，到目前为止我国三、四线城市的房地产压力很大。

这三个现象集中到最后是一个什么样的问题？就是银行体系的不良债务问题。这个问题对中国经济的压力有多大？中国经济在这个压力之下是否可以持续？这是当前决策者必须认真对待和研究的。

我们也可以从另外一个角度看待中国经济的问题。现在中央政府提出加快经济转型发展，要扩大内需，特别是扩大消费，因为过去以出口和投资为主导的发展模式，也就是高投资、高出口的发展模式，在全球经济格局和经济形势发生变化的环境之下，不能再持续下去了。从经济总量的角度和经济结构的角度看，我国经济的结构问题很多，但重点是投资、出口和消费三者比例的严重失调。中国经济存在的这些问题是什么原因造成的？

我认为，背后的原因就是各项制度的问题。因此，在十八大召开之后，我国开展了全面深化改革的工作，共制定了 200 多条改革方案，方方面面都要改革。分别而言，中国经济转型需要解决下面几个问题：

第一是简政放权的问题，国务院数次发文取消部分行政审批事项，尚未达到预期目标；第二个就是收入分配制度改革的问题；第三个就是市场化的问题，各种能源的价格要市场化，垄断问题要解决，国企也要进行改革。

还有一个问题，过去各级政府都在卖地，有的地方甚至出现了房地产泡沫，土地财政占到地方政府收入的 30%，有的地方甚至达到 50%。这就是地方与中央财权、事权的体制问题。地方政府要追求 GDP，需要资金搞建设，就必须要卖地。要想土地价格卖得高，房价就必须得高。我们的消费提振不起来，尤其是农民的消费和收入提高不起来，原因就是在过去十几年的城镇化和国有化过程当中，土地增值涨价的这部分收入绝大多数被地方政府和企业拿走了，因此土地增值收益分配制度要改革。

中国经济结构调整初显成效，中长期经济增长没有问题

转型和调整是当前中国经济要持续发展的必然，也是逻辑的必然。在经济的转型发展中，经过了过去两年多的改革，我国已经在经济结构上出现了一些好的苗头和迹象。

虽然当前经济很困难，经济下行压力很大，但这个过程当中我们强调改革、强调创业、强调防风险，收到了比较好的效果。从 2014 年和 2015 年上半年的经济数据来看，我国经济已经在产业结构、需求结构、工业内部结构、工业利润结构、投资结构、收入分配结构、单位 GDP 能耗、就业和 CPI 等九个方面出现了好的苗头。

在产业结构方面，2013 年我国的第三产业同比增长 7.3%，2014 年第三产业同比增长达到 8.1%，到了 2015 年的第一季度，第三产业同比增长 8.0%，高于 2014 年第一季度 6.4%的增长，第三产业对 GDP 的贡献率在 2014 年达到了 51.7%，2015 年第一季度进一步上升到了 56.8%。这是一个好的苗头，就是第一、第二、第三产业占比的结构在慢慢改善。工业利润结构方面，在宏观经济增速下行、整个工业利润不是太好的情况下，尽管2015年第一季度工业利润增长速度是同比负增长，但装备制造业的增长速度是4.2%，其中计算机等通信设备制造业的增长速度高达48.4%。而在投资结构方面，民间投资远远快于政府投资，"国退民进"，在投资领域已经慢慢体现了。

从CPI来看，2014年全年CPI同比增长2.0%，在实行稳健的货币政策、促进结构调整的过程中，物价保持了平稳，2015年第一季度CPI同比增长也只有1.2%。此外，在我国经济减速过程当中，并未发生系统性风险，中国政府在这方面非常小心，在政策推进上面是非常谨慎的。

展望未来，我们对中国经济要有信心，中国当前转型面临的问题不少，但中长期经济增长并没有问题。因为首先，一个国家的经济增长需要钱，而中国是一个高储蓄率的国家，这一点不像美国。美国的居民是借钱来消费，整个国家也是借钱来消费，通过金融刺激泡沫达到目的，最后撑不下去，泡沫破裂了，就发生了金融危机。

第二，从供给角度来说，经过30多年的改革开放，在经济发展和技术提升的过程当中，中国培养了一批产业大军，它的技术含量是比较高的。中国13亿人口又是一个大市场，要吃要喝要住，而且正在迈入中等收入的行列。

第三就是城乡差距，城乡的差距，意味着经济增长的潜力。中国的中西部、西北部等落后地区，还有北京的周边地区，它们发展的空间都很大。地铁、公路、地下管道这些方面的建设还需要大量的投资。

第四是全球化的趋势，只要全球化趋势延续下去，就给中国经济的崛起提供了长期的基础，或者说空间。这是中国中长期经济增长潜力的四个因素。

中国有实力应对经济下行过程中的系统性风险，对世界经济的贡献没有下降

现在为什么中国经济的增长速度慢下来？这是内在发展逻辑的必然，又是主动调控的结果。中国政府按照经济规律办事，看到了世界与中国经济发展的趋势，不能再强行维持两位数的增长，所以现在中国的宏观经济增速下行是我们主动调控的结果，也是经济发展内在逻辑的结果。

即使中国经济增速下行到了 6.5%，仍然是绝对的高增长。美国、日本、中国、欧盟，这些大的经济体，美国最好也就是 2.5%，日本、欧盟都是在 1% 左右。我们如果能够保持 6.5%~7% 的中高速增长，就能逐步解决自身的问题。前一段时期的经济高速发展积累了一些问题，许多企业也存在问题。现在我们还能维持相对较高的经济增长，相对高的增长就意味着拥有相对高的收入，意味着财政收入在增长，从这个意义上讲，中国经济只要保持中高速的增长，就为中国解决自身的问题提供了信心。

就前面所讲的，中国经济要转型，是出了什么问题？产能过剩，房地产泡沫，地方政府债务，这些问题最后积聚到一起，就是银行体系的安全问题。银行体系不安全，整个社会就要乱。现在中国银行体系的资本实力是雄厚的，2014 年银行资本充足率是 12.9%，不良贷款率为 1.25%。未来经济增长速度下行的话，不良贷款会不断冒出来，这是一个动态的过程，但是根据 2014 年 12 月 31 日统计出来的数据，全国银行业不良贷款拨备率数据超过 230%。通俗一点说，银行体系的不良贷款率再涨一倍都没有问题，因为已经做好了准备。

在经济增速下行的过程中间，如何防范整个社会的系统性风险？从大的战略角度来讲，我们还有两大手段。第一，我们有 3.8 万亿的外汇储备，这些钱都可以化为做事的手段。第二，我们还有 27 万亿的国有企业净资产，国有企业的资产都可以化作解决问题的本钱，比如去填补社保资金的窟窿。所以在解决中国经济存在的一些问题上，这些钱都是我们的手段和实力储备，都是有用的工具。

现在很多海外人士关心中国，他们更多从海外的角度出发，中国经济增速下降了，是否对世界经济有影响？中国对世界经济的贡献没有下降，仍然对世界做出重大的贡献。举例来说，2007 年中国的 GDP 增长 14.2%，到了 2014 年，中国的 GDP 增长率下跌了一半，只有

7.4%。但2007年中国的进口总额是9 600多亿，不到一万亿，而2014年中国的进口额，也就是海外对我们的出口是4.3万亿，七年间对全世界的进口增长了四倍，说明中国经济在进行调整和速度下行的过程中，对世界经济的贡献越来越高。

当然这些现象背后的逻辑是中国经济在不停地壮大，这是好事。对中国经济要看到困难和问题，同时我们也要看到希望、看到信心。

（摘编自人民网—中国共产党新闻网2015年7月21日，作者：夏斌）

【深度阐释】..

一、遵循经济规律的科学发展

我国发展必须保持一定速度，不然很多问题难以解决，但发展首先必须是遵循经济规律的科学发展。一段时间以来，我国经济取得了巨大成就，已经超越日本成为世界第二大经济体，但发展中不平衡、不协调、不可持续问题依然突出。这些问题，归根结底，与一些地方和部门不遵循经济规律发展有关。要推动经济持续健康发展，就必须遵循经济规律，坚持有质量、有效益、可持续，在不断转变经济发展方式、优化经济结构中实现增长。

（一）推动经济发展必须按经济规律办事

经济规律是经济发展过程中内在的、本质的、必然的联系，不以人的意志为转移。无论人们主观上是否认识，经济规律都客观存在并必然发生作用。遵循规律，才能科学发展；违背规律，不仅难以发展，还会受到规律的惩罚，付出巨大的代价。如何对待经济规律，怎样推动发展，我们曾经有过"大跃进"之类的惨痛历史教训，也有改革开放成功的可贵经验。历史与现实都告诉我们，规律教训人，规律惩罚人，规律也奖励人，要想发展好，就要讲规律。

（二）推动经济发展必须遵循经济增长的一般规律

当前，遵循经济规律、实现科学发展，就要遵循经济增长的一般规律，理性看待新常态，站上新的发展方位。今天，发展仍然是解决我国所有问题的关键和基础，中国经济必须保持一定速度，但也应看到，随着潜在增长率下降、资源环境压力加大，中国经济"做不到"也"难承受"像过去那样的高速增长，与此同时，随着人口结构变化、要素成本上升，倒逼经济结构优化升级、发展转向创新驱动。由此可见，中国经济必然会进入以中高速、优结构、新动力、多挑战为主要特征的新常态。这是客观规律作用的必然结果。面对新常态，如果在"增速度情结"驱动下搞强刺激、踩大油门，换挡不减速，就难免出"事故"，带来一系列副效应，刺激出来的"高速度"也只能昙花一现。因此，只有充分尊重经济步入新常态这一客观现实，既理性面对增速换挡，坚持有效调控，保持"平稳心"，又顺应新常态下提质增效的内在要求，坚持定向调控，统筹稳增长促改革调结构惠民生，保持"进取心"，才能使经济运行在合理区间，实现实实在在、没有水分的发展，民生改善、就业充分的发展，劳动生产率提高、经济活力增强、结构调整有成效的发展。总之，我们要的发展就是速度、质量和效益统一的发展。

（三）推动经济发展必须遵循市场经济的一般规律

遵循市场经济的一般规律，就是让市场经济的价格、竞争、供需三大机制更顺畅有效地发挥作用，从而实现科学发展。市场决定资源配置是市场经济的一般规律。发展要获得强劲动力，就要按照十八届三中全会的部署，大力推进市场化改革，处理好政府和市场的关系。新常态下，转方式、调结构的要求更为迫切，必须着力破除体制机制障碍，解决政府职能转换不到位、市场体系不健全、企业改革不彻底等突出问题，释放改革红利，焕发企业和社会活力，持续增强经济发展后劲。

1. 形成正确的价格信号。价格是市场的"指挥棒"，市场配置资源的决定性作用，主要通过市场价格实现。当下改革重点正是不断缩减政府定价范围、扩大市场定价范围，凡是能由市场形成价格的都交给市场，政府不进行不当干预。仅 2015 年上半年，国家就先后放开了准池铁路货运价格、放开了非公立医院医疗服务价格、下放了房地产经纪服务收费管理权限等十余项商品与服务的价格，水、石油、天然气、电力、交通、电信等重点领域的价格改革正在有序推进。同时，价格调节管理制度也在逐步完善。围绕资金价格的改革——利率市场化正在稳步推进，贷款利率市场化已基本实现，成品油调价机制已与国际同步，农产品定价机制改革也已破冰。恰当的价格调节机制，正在为实现经济的高效益、高质量运转助力。

2. 维护公平的竞争环境。优胜劣汰，适者生存，经济活力的迸发，有赖于公平有序的竞争环境，而政府的职责和作用主要是保持宏观经济稳定，加强和优化公共服务，保障公平竞争，加强市场监管，弥补市场失灵。遵循这一思路，各项改革纷纷推进。在不同所有制经济之间，多地已发布鼓励社会投资项目目录，国企混合所有制改革加速，原本挡在民资面前的隐形门正被逐渐推开。在不同区域之间，各地已自行清理了区域税收优惠政策，而全国统一清理税收优惠政策也已于 2014 年 12 月出台。在不同市场主体之间，针对酒业、乳粉企业、黄金饰品业、汽车行业、芯片企业等，发改委的反垄断调查掀起了一波又一波高潮。不仅如此，政府主推的简政放权更是为激活市场、促进公平竞争注入一剂强心针。实施简政放权特别是改革商事登记制度以来，全国新登记企业出现了井喷式增长。

3. 完善合理的供需结构。将供给管理与需求管理有效结合，更多注重在供给端发力。推动财政结构性减税，特别注重对中小微企业的减税支持。自 2012 年营改增试点以来至 2014 年 6 月，减税总规模已达 2 679 亿元。海关总署出台措施稳定外贸，通过通关一体化等制度创新，提高了外贸和物流运作效率，有利于降低企业运营成本，提升企业竞争力。此外，扩大小微企业所得税优惠政策实施范围、定向下调服务于"三农"、小微企业的商业银行的准备金率等一系列"微刺激"

政策，都从供给端进一步挖掘了中国经济的长期发展动力。

二、遵循自然规律的可持续发展

生态环境问题从来没有像今天这样引人关注，甚至成为人们的集体焦虑。现实一再告诉我们，发展必须是遵循自然规律的可持续发展。遵循自然规律的可持续发展之路，就是从传统工业文明向生态文明转型。具体来讲，就是要把生态文明建设融入经济建设、政治建设、文化建设、社会建设各方面和全过程。

（一）把生态文明建设融入经济建设

发展必须是遵循自然规律的可持续发展，这是我们从无数经验教训中得出的必然结论，是中国经济进入新常态的必然选择。新常态下，增长调速换挡，结构调整加快，更加注重环保，更加突出生态环境建设。这就要求我们遵循自然规律，尊重自然，敬畏自然，呵护自然，人与自然协调，在维护绿水青山中打造金山银山，在共享发展的物质成果中共享发展的生态成果，这样的发展才是可持续的发展，才是惠及当代造福子孙的发展。具体而言，首先转变发展方式，摒弃粗放增长，不断提高砖瓦工业、锅炉、有色等数十个行业污染排放标准。其次，注重运用经济工具。在高环境风险行业试点环境污染强制责任保险；北京、广东、天津等地的碳排放权交易已相继鸣锣开市；居民阶梯水价制度在推进；环境税改革在加速；资源税改革在酝酿；生态补偿机制在建立……这些都是要把环境污染和生态破坏的社会成本，内化到企业生产成本和市场价格中去，依靠市场的力量实现可持续发展。

（二）把生态文明建设融入政治建设

绿水青山就是金山银山，保护和改善生态环境，就是发展生产力，就是提升发展的质量。发展要有一定的速度，这个速度应当是"省油的速度"。好比开车，既要跑得快，又要降油耗。节能降耗，治理污染，保护生态，减轻资源环境压力，都是发展题中应有之义。要注重把生态文明建设纳入地方政府的绩效考核，纳入官员的政绩考核。一个地方如果生态环境指标很差，其他经济指标再好看也是残缺的发展，没有质量的发展。各地情况不同，在发展速度上需要因地制宜，不能"一刀切"。特别是那些生态区位重要、环境比较脆弱的区域，保护好碧水蓝天就是发展，就是对中华民族永续发展的巨大贡献。因此，首先要改革考核体系。十八大以来，各地纷纷取消了对生态脆弱区以及限制开发区的 GDP 考核指标，提高了环境质量和生态效益在考核分值中的权重。并在全国范围内划定了生态保护红线，对越界者处以重罚。其次是加强法治建设。2014 年 4 月，修订后的《环境保护法》通过了审议，提高了生态环境执法的刚性和权威。

（三）把生态文明建设融入文化建设

自然界有自己演进更替的法则。自然规律客观存在，不以人的意志为转移。人类可以利用自然、改造自然，但不能漠视自然，掠夺自然，破坏自然，与自然规律对着干。如果人们以自然界的主宰者和征服者自居，肆无忌惮地逾越生态红线，打破生态平衡，必定自食苦果。人类源于自然，本是自然的一部分。大自然为人类的生存发展提供了基础、创造了条件，但是自然资源和环境容量是有限的，人不能在自然面前为所欲为。恩格斯早就指出："不要过分陶醉于我们对自然界的胜利。对于每一次这样的胜利，自然界都报复了我们。"不顾自然条件，甚至破坏生态环境，盲目追求高速度，我们有过许多教训。用高消耗、高排放、高污染换来高速度时，却发现蓝天、绿地、净水、清新空气变成了稀缺品，这样的发展又有什么意义？来自自然，依存于自然，又受制于自然，这是人与自然的基本关系。因此，首先要转变理念，让透支的资源环境逐步休养生息，这正是从征服自然到尊重自然、顺应自然、保护自然的理念转变。其次要有正确的价值观念。快速的经济发展让奢侈浪费、消费主义迅速滋生。十八大以来，政府出台了厉行勤俭节约的"八项规定"，社会开展了反对铺张浪费的"光盘行动"，低碳环保正成为新的社会文化，人们的环保意识也在提高。

(四) 把生态文明建设融入社会建设

发展以人为本，新常态下的发展更加重视提高人的生活质量。改革开放前人们"盼温饱"，现在"盼环保"；改革开放前人们"求生存"，现在"求生态"。随着经济社会快速发展，人民群众对绿水青山等生态产品的需求越来越迫切。搞建设、谋发展的最终目的是增加人民的福祉，"不要因为走得太远而忘记为什么出发"。回应人民群众的新期待，就要转变发展方式，生产生态两手抓，生活生态齐改善。首先是要信息公开透明。新一届政府成立以来，中央气象台历史上第一次针对雾霾发出预警，环保部门开始定期公布重点监控企业的排放数据。其次是要鼓励公众参与。修订后的《环境保护法》专门突出了信息公开和公众参与。第三是要发挥社会组织的作用。众多企业、民间组织积极参与的"中国低碳联盟"正式成立。共建生态文明的大门在打开，社会力量在凝聚。

三、遵循社会规律的包容性发展

发展既是经济问题，也是社会问题。当前，我国经济步入新常态，正确认识新常态，积极适应新常态，需要我们统筹经济社会发展全局，不仅遵循经济规律、自然规律，也要遵循社会规律，实现以人为本的包容性发展。

(一) 遵循社会规律实现包容性发展，是发展经济的必然要求

遵循社会规律实现包容性发展就是要使全球化、地区经济一体化带来的利益和好处，惠及所有国家，使经济增长所产生的效益和财富，惠及所有人群，特别是要惠及弱势群体、欠发达国家和地区。"包容性发展"对于中国来说，将使经济发展回归增长本意，即实现以人为本，发展的目的不再是单纯追求 GDP 的增长，而是使经济的增长和社会的进步以及人民生活的改善同步进行，并且追求经济增长与资源环境的协调发展。实现包容性发展是中国经济发展方式转变的基本目标。过

去 30 多年，中国通过改变生产关系、做大经济总量，成为世界第二大经济体，这是必须要经历的发展阶段，但与此同时，发展也带来了新的突出问题。实现"惠民富民"将是"包容性发展"在中国的具体体现。通过提高老百姓的消费能力和消费预期，使中国经济从投资主导型向消费主导型转变，成为未来发展的重要支撑。随着中国的医疗、社保、教育等领域在"包容性发展"的背景下得到完善，再加上建立起工资正常增长机制，消费市场有望得到提振。新常态下，不必再纠结于速度，而要用更大的精力改善民生、推进社会发展，让更多的发展成果惠及群众。速度的底线是保证就业、是保证人民生活改善。增长速度换挡、结构调整阵痛、前期刺激政策消化三重因素叠加，必然会遇到许多新的问题，改善民生和社会建设任务将十分繁重，更加需要平衡改革发展稳定三者关系。这就要求我们加大改善民生和社会建设力度，化解突出矛盾，为人民办实事，让人民得实惠，不断提高发展的包容性，推动经济社会协调发展。

（二）遵循社会规律的包容性发展，是促进公平正义的发展

遵循社会规律的包容性发展，有赖于建立公平有序的竞争环境，为人民提供通过努力改变自己命运的"上不封顶"机会。在机会平等的社会中，人民群众的能动性、创造性得以更充分地发挥，人力资源素质得以提高，科技竞争力增强，为推动经济提质增效提供强大动力源泉。我们要顺应人民群众的新期待，全面深化改革，促进权利公平、机会公平、规则公平，创造公平公正的竞争环境，打破阶层固化、利益藩篱，让每个人拥有平等参与、平等发展的机会，使不同社会群体、市场主体各得其所、各展其能，为发展夯实最广泛、最深厚的社会根基。创造公平的社会发展环境。坚决消除各种妨碍社会成员平等发展的制度性障碍，使全体社会成员更充分地分享改革开放的成果，从而真正实现发展以人为本，发展成果属于每个人。当前，应努力创造就业与发展机会，支持中小企业发展，提高劳动者素质能力。应把改革的重点放在创造公平竞争的市场环境上，消除和防止垄断，消除由市场失灵、制度缺陷等所造成的各种障碍与扭曲，使生产要素能够在地区、城乡和行业之间自由流动，创造更多公平公正的机会。

（三）遵循社会规律的包容性发展，是注重民生改善的发展

民惟邦本、本固邦宁。民生问题不仅是社会问题和经济问题，也是一个政治问题。只有始终关注民生、不断改善民生，才能赢得人民群众的支持拥护，才能形成强大的凝聚力和向心力。从根本上讲，发展与民生是一个有机整体。发展的目的，最终是让老百姓过上好日子。一方面，发展决定民生，离开了发展，改善民生就是一句空话；另一方面，民生影响发展，民生问题解决好了，无论抓稳定还是抓发展，都会有力量、有基础。因此，十八大以来，习近平总书记多次阐述保障和改善民生的重要意义，要求多谋民生之利、多解民生之忧，解决好人民最关心最直接最现实的利益问题，使改革发展成果惠及全体人民。民生改善有赖于政府，要注重建立健全各项制度，兜住民生底线，保障人民的基本民生需求，"下有托底"。"下有托底"减少了人们的后顾之忧，社会才能更加稳定，人们才敢更大胆地消费，从而增强拉动内需的后劲，促进经济结构转型升级。我国改善民生已取得巨大进步，但还有不少历史欠账和薄弱环节，人们向往更好的教育、更稳定的工作、更满意的收入、更舒适的住房、更可靠的社会保障。我们要准确把握经济社会发展和人民生活改善的结合点，将稳增长、促改革、调结构的聚焦点放在惠民生上，解决实际问题，增加公共产品有效供给，保基本、补短板、兜底线，向民生改善要发展潜力。

（四）遵循社会规律的包容性发展，是社会和谐稳定的发展

社会和谐稳定是改革、发展的前提条件。没有和谐稳定的社会环境，一切无从谈起，尤其是当前，各项改革进入攻坚期和深水区，客观环境相当复杂，不稳定不确定因素依然较多，全面深化改革带来的利益格局调整势必会产生新的矛盾、新的问题。面对新形势新任务，要居安思危，提高思想认识，统筹抓好各项工作，以改革发展为动力，以创新社会治理为手段，着力创造和谐稳定的社会环境。全力以赴推进改革发展，夯实维护社会和谐稳定的经济基础。不断创新创造有利于经济社会持续健康快速发展的环境，提高社会治理能力水平，夯实维护社会和谐稳定的管理基础。深刻理解习近平总书记提出的推进国家治理体系和治理能力现代化的目标要求，学会运用法治思维、法治方法解决问题、缓解矛盾，努力提高依法行政能力；积极培育践行社会主义核心价值观，提高公众的人文素养和重德崇德、遵纪守法意识；要以群众工作统揽信访工作，完善群众工作体系，健全矛盾纠纷定期排查、维稳应急处置等机制，加快建设数字化的社会治安防控体系。改革发展稳定越来越彼此交融、相互作用，如果发展成果、改革红利不能惠及全体人民，发展将没有意义，改革会失去动力。要把改革力度、发展速度与社会可承受程度统一起来，准确把握改革发展稳定的平衡点，寻求"最大公约数"，加强社会建设，创新社会治理，使我国社会在深刻变革中既生机勃勃又和谐稳定，最大限度调动一切积极因素，凝心聚力推进改革发展。

【专家观点】

林火灿：探寻经济变量间的规律

从公布城镇登记失业率转向研究推出调查失业率，是我国劳动力调查的一项重要进步。当前我国经济发展已经进入新常态，经济运行呈现出了新情况、新特点。真正做好对宏观经济形势的科学研判，需要进一步调适评价经济方法，通过对其他经济指标进行科学调整，深刻认识这些经济指标波动的内涵，形成更加符合经济新常态的指标体系。

日前，国家统计局有关负责人表示，国家统计局将尽快建立健全制度，将全国劳动力调查付诸实践，尽快向社会发布完整数据，把调查失业率变成可靠依据，更好地服务国家经济社会发展。

劳动力数据是判断宏观经济运行状况的重要数据，也是政府进行宏观调控决策必不可少的重要依据。长期以来，我国的失业率数据采用的是城镇登记失业率。不过，由于登记失业要求主动申报、手续繁琐、条件苛刻，因此在统计过程中难免存在疏漏，未必能真实地反映城镇非农业劳动力的失业情况。

更重要的是，从已经公布的城镇登记失业率调查结果看，不管经济周期如何波动，城镇登记失业率却始终保持稳定，甚至出现不同部门公布的失业率数据互相"打架"的情况。这样的就业指标对于宏观调控决策的参考价值并不大，数据本身也缺乏足够的说服力。

此次国家统计局加快统计制度改革的步伐，从公布城镇登记失业率转向研究推出调查失业率，是我国劳动力调查的一项重要进步。就业是最大的民生。劳动力调查是重要的国情国力调查，改革完善劳动力调查事关国家决策和民生改善，很多国家的宏观经济政策都是跟着调查失业率走的。

我国是一个发展中的人口大国，就业压力大。特别是在经济面临较大下行压力又处于转型升级的阵痛中，一部分企业要裁减人员，一部分企业要退出市场，就业不可避免地会遇到一些新情况、新问题。在这样的形势下，客观准确的就业率数据，翔实准确的劳动力就业情况数据，将为我国进行宏观调控和区间管理提供有力的依据。

目前政府的许多工作都与劳动力有关，比如养老保险、医疗保险、失业人员安置、劳动力培训、再就业工程等，准确的劳动力数据也可以为这些工作的开展提供更加可靠的信息支持。

从另一个角度看，有关部门通过就业率的准确数据，也可以更加精确地对我国在稳就业方面的成果进行评估，对宏观经济政策对就业的影响进行科学评价，从而确定下一阶段宏观调控的方向，稳定好就业形势。

当然，任何一个经济指标的统计结果，都不可能对宏观经济走势做出全面的描述。要真正做好对宏观经济形势的科学研判，还需要进一步调适评价经济方法，通过对其他经济指标进行科学调整，深刻认识这些经济指标波动的内涵，形成更加符合经济新常态的指标体系。

这是因为，当前我国经济运行呈现出了新情况、新特点，如果沿用传统的观念来看待问题，沿袭传统的方法来分析问题，不少经济现象就解释不清楚。特别是一些统计数据就会出现不匹配、不协调的现象，甚至发生相互背离。

例如，经济理论和国内外实践表明，用电量、铁路货运量和银行中长期贷款等实物量和金融指标的变化与经济走势密切相关。这些指标也往往被作为观察经济走势的重要风向标。但是，随着我国经济结构的优化升级，能源效率有所提升，用电量增速进入了中高速的增长区间，铁路货运量在全社会物流总量中的比重呈现下降趋势，因此，这些指标与整体经济的运行态势之间关系也会逐步发生一些变化。

我们应该针对经济发展的新常态，更加注重站高位、宽视野，更加注重从全局看问题，更加注重综合运用多种分析方法，更多地利用大数据、云计算等现代信息技术，完善经济评价指标体系，探寻经济变量间的规律。

（摘编自人民网 2015 年 6 月 29 日，作者：林火灿）

刘树成：“十三五”时期经济波动态势分析

2015 年是落实“十二五”规划的最后一年，是党中央关于“十三五”规划建议的编制之年。5 月 27 日，习近平同志在浙江召开的座谈会上强调，“十三五”时期是我国经济社会发展非常重要的时期，要系统谋划好“十三五”时期经济社会发展。6 月 16 日至 18 日，习近平同志在贵州调研和召开座谈会时指出，要看清形势、适应趋势、发挥优势，善于运用辩证思维谋划发展。他强调，“十三五”时期是我们确定的全面建成小康社会的时间节点。要聚焦如期全面建成小康社会这个既定目标，着眼于我国未来 5 年乃至更长远的发展，既不能脱离实际、提过高的目标和要求，也不能囿于一时困难和问题而缩手缩脚。这些论断和要求，对于我们探讨和分析“十三五”时期宏观经济波动态势具有重要指导意义。

"十三五"开局之年面临的宏观经济波动态势

改革开放 30 多年来，我国经济并不是以近 10% 的高速直线增长的。从 10 年左右的中长周期来考察经济增长率波动，我国经济增速经历了 3 次上升与回落的波动过程。第一次上升是 1982—1984 年，GDP 增长率从 1981 年 5.2% 的低谷上升到 1984 年 15.2% 的高峰，上升了 10 个百分点；第一次回落是 1985—1990 年，GDP 增长率回落到 1990 年 3.8% 的低谷，回落了 11.4 个百分点，下行调整了 6 年。第二次上升是 1991—1992 年，GDP 增长率从 1990 年 3.8% 的低谷上升到 1992 年 14.2% 的高峰，上升了 10.4 个百分点；第二次回落是 1993—1999 年，GDP 增长率回落到 1999 年 7.6% 的低谷，回落了 6.6 个百分点，下行调整了 7 年。第三次上升是 2000—2007 年，GDP 增长率从 1999 年 7.6% 的低谷上升到 2007 年 14.2% 的高峰，上升了 6.6 个百分点；第三次回落是 2008—2015 年，GDP 增长率回落到 2015 年 7% 的低谷，回落了 7.2 个百分点，下行调整了 8 年。"十三五"开局之年即 2016 年，我国宏观经济波动面临的一个显著特点是，经济增速已连续 8 年处于下行调整中，是改革开放以来 3 次回落中历时最长的一次。我国经济增速在 2007 年达到 14.2% 的高峰后，在应对国际金融危机严重冲击中，2010 年经济增速略有上升（10.4%），但总的看，到 2015 年已连续 8 年处于下行调整过程（2015 年增速按年初经济增长预期目标 7% 计）。我国经济结束了改革开放 30 多年来近两位数的高速增长，进入由高速增长转向中高速增长的速度换挡期，经济发展进入新常态。

"十三五"时期宏观经济走势的四种可能性

"十三五"时期，即 2016—2020 年，我国宏观经济走势大致有四种可能性。第一种可能性，一路下行，由 7% 降到 6.5%，到 2020 年降到 6% 或更低。其政策含义是：宏观调控不再守下限和保下限，下限不断下移。第二种可能性，一路走平，在 7% 左右一路走平。其政策含义是：继续守下限。第三种可能性，重返 10% 以上的高增长。其政策含义是：强刺激。实际上，这种可能性已基本不存在。之所以又把它作为一种可能性，是因为现在有人不愿意讲"回升"，认为"宏观调控只为托底，不为抬高"。如果你说经济增速会出现回升，就说你要重回10%以上高增长的老路。所以，这里将其作为第三种可能性单列出来，以区别于经济适度回升。第四种可能性，遵循经济波动规律，使经济运行在合理区间的上下限之间正常波动。其政策含义是：以合理区间的中线为基准，该回升时就回升，但要把握好回升的幅度；该下降时就下降，但要把握好下降的幅度。"十三五"时期，应努力争取第四种可能性，但这并不容易。

新常态并不意味着经济增速一路下行

现在，我国经济发展进入新常态，一个重要特征就是经济增长由高速转向中高速。有人将新常态片面理解为经济增速一路下行。对此，必须予以澄清。因为经济增速一路下行将给我国经济社会发展带来一系列严重问题，比如将会严重影响市场预期和企业投资，影响财政收入增长，甚至影响党的十八大确定的两个翻一番目标的实现。事实上，新常态并不意味着经济增速一路下行。不应把新常态泛化，更不应把一些"异常态""非常态"现象说成是"新常态"。有人提出"赶超型国家的经济发展在经历一段高速增长之后，其增长速度会下台阶"，这种说法没错；但如果说这个"下台阶"一定是"大幅度"下台阶，或一定是长时间一路下行，那么，这种说法则不符合客观规律。应当看到，我国是一个地域辽阔、人口众多的发展中大国，我国经济具有巨大韧性、潜力和回旋余地，未来发展空间还很大。我们应主动适应新常态，坚持以提高经济发展质量和效益为中心，坚持把转方式、调结构放到更重要的位置，但这并不意味着放任经济增速一路下行。

经济运行的合理区间包括下限、上限和中线。经济增速下滑具有惯性，如果没有抵挡下滑的足够力量，一旦国内外经济环境有个风吹草动，即出现某些不确定性因素的冲击，经济运行就有可能滑出下限。因此，在"十三五"时期，实现上述第四种可能性，使经济运行在合理区间的上下限之间正常波动，宏观调控就应把握经济运行合理区间的中线，使宏观调控上下都有回旋余地。目前，应充分利用距通货膨胀上限还留有的空间，进一步推动经济发展。

为"十三五"时期经济增速适度回升积蓄力量

把握经济运行合理区间的中线，防止经济增速一路下行，不是靠短期的刺激措施、简单的放松政策或者零碎推出一些项目就能解决的。也就是说，不是在短期宏观调控层面所能解决的。我们不能仅就短期宏观调控的力度问题去讨论，不能仅就宏观调控该松还是该紧、该微刺激还是强刺激去讨论。同时，也不是靠简政放权、仅仅靠市场机制的调节作用就能解决的，因为市场机制具有自发性和下滑惯性。

防止经济增速一路下行，需要从国家宏观经济管理的更高层面来谋划，也就是从我国中长期经济发展新的顶层设计层面来谋划，寻求我国经济发展总体战略层面的重大创新和突破，寻求对经济增长具有中长期持久推动作用的力量。2015年党中央关于"十三五"规划建议的编制，以及2016年初"十三五"规划纲要的出台，是在经济发展新常态下对我国未来经济发展作出的重大战略部署，将会形成对我国经济增长具有中长期持久推动作用的力量。特别是"一带一路"、京津冀协同发展、长江经济带这三大战略的布局和实施，标志着我国经济发展在空间格局上的重大创新和突破，有利于充分利用和发挥我国经济的巨大韧性、潜力和回旋余地，释放出需求面和供给面的巨大潜力。

从前述改革开放以来我国经济增速所经历的3次上升过程来考察，相关五年计划或规划的实施都起到了重要的推动作用。如，1982—1984年的第一次上升过程正值"六五"时期的第二、三、四年；1991—1992年的第二次上升过程正值"八五"时期的第一、二年；2000—2007年的第三次上升过程正值整个"十五"时期以及"十一五"时期的第一、二年。参考这种情况，"十三五"规划的启动和实施，有可能积蓄起推动我国经济增长向上的力量，有可能使经济增速止跌企稳并适度回升。这样看，2015年经济增速回落有望触底，即有望完成阶段性探底过程，"十三五"时期有可能进入新常态下的新一轮上升周期。新一轮上升周期不是单纯让经济增速适度回升，更不是重回过去两位数的高增长状态，而是要实现有质量、有效益、可持续的回升。要借回升之势，营造良好的宏观经济运行环境，更好实现稳增长与转方式、调结构、促改革、惠民生的有机结合，更好实现全面建成小康社会的奋斗目标。

以上分析只是一种可能性，历史不会简单地重演。"十三五"时期，我们还会遇到许多困难和问题，还需要积极探索、不懈努力。习近平同志在浙江调研时指出，我国经济发展已经进入新常态，如何适应和引领新常态，我们的认识和实践刚刚起步，有的方面还没有破题，需要广泛探索。这里提到的"探索"包括理论和实践方方面面的探索，其中探索新的政策尤为重要。从这个意义上说，我国经济发展"三期叠加"即增长速度换挡期、结构调整阵痛期、前期政策消化期，还可加上一期，即新的政策探索期。

（摘编自《人民日报》2015年8月5日，原标题：《人民日报人民要论："十三五"时期经济波动态势分析》，作者：刘树成）

严国生：借鉴国际做法　遵循市场规律
促进资本市场健康发展

前段时间，我国资本市场出现异常波动，引起各方面高度关注。看待和处理这个问题，既要立足国内，考虑自身特有的因素，更要放眼全球，从国际经验教训中探寻科学应对之策，走活资本市场这盘棋。

该出手时就出手，守住不发生区域性系统性金融风险的底线

无论从理论还是实践看，市场这只"无形的手"是有效率的，但它不是万能的。即使在成熟的市场经济国家，市场失灵的问题也屡见不鲜。这个时候，政府这只"有形的手"就应当发挥作用。资本市场也是如此。当危机来临之时，政府果断出手是通常的做法。1987年10月19日，美国股市遭遇"黑色星期一"，道琼斯指数单日跌幅高达22.6%。次日开盘前，美联储宣布全力保障市场流动性，从而迅速制止了股灾的扩散。2008年9月15日，以雷曼兄弟公司申请破产保护为标志，国际金融危机爆发。面对这一紧急情况，美国采取一系列强有力的应对措施，包括：通过7 000亿美元的救助法案，对重点金融机构和企业注资，大幅降息，进而实施量化宽松的货币政策，等等。在应对危机中，二十国集团（G20）峰会应运而生，各国政府协调采取政策措施，同舟共济克服困难。我国香港在亚洲金融危机中的表现也值得一提。1997年10月22日至28日，恒生指数跌幅高达27%，香港特区政府动用外汇基金直接进入股市和汇市，引导上市公司回购股票，限制做空，很快稳住了市场。总的看，面对危机，政府必须及时出手，切实防范区域性系统性金融风险。这是一条成功的经验，更是国际共识。

在这方面，国际上也有失误和教训。比如，1929年美国股灾爆发后，政府"动嘴不动手"，没有采取实质性的救市行动，任由风险从股市向银行体系和实体经济蔓延，出现经济大萧条，付出了沉重代价。

近年来，党中央、国务院一再强调发展要有底线思维，确保不发生区域性系统性金融风险。今年6月15日至7月3日，我国股市出现少见的异常波动，短短半个多月，上证综指下跌30%，创业板指数下跌39%。随后，"千股跌停""千股停牌"，出现了风险传染扩散的苗头。面对这一严峻形势，有关方面协同行动，及时采取了注入流动性、抑制过度投机等一系列措施，遏制了恐慌情绪的蔓延，市场信心逐步恢复。

稳字当头，注重救助的综合效果

20世纪大萧条以来，全球已发生几十次经济金融危机。对于各国政府采取的应对措施，认识和评价并不一致，甚至存在不少争议。任何决策都不可能完美无缺。正如《美国金融危机调查报告》描述的那样，政府要在面对两个严苛而痛苦的方案时做出选择。救助行动是一件"两难"的事，只能"两利相权取其重，两害相权取其轻"，稳定压倒一切。

救助要适时。为了防范道德风险，美欧等国家通常在风险充分暴露时才出手。如2008年美国的全面救助行动，开始于雷曼兄弟公司破产之后。1989 年，日本政府在应对股市暴跌中反应迟缓，错过了救市良机。到了 2008 年应对国际金融危机时，日本政府反应就很快，迅速采取了注入流动性、鼓励上市公司回购股份等救助措施。基于上述经验教训，我国有关方面在应对这次股市异常波动中，一直密切关注，注意把握时机，果断决策。

救助要有力度。国际上通常认为，由于资本市场牵涉面广，资金量大，救助行动必须有足够的力度。否则，就像"泥牛入海"，越陷越深，也会重创市场信心和政府公信力。与美欧等发达国家不同的是，我国资本市场投资者以散户为主，从众心理突出，"羊群效应"明显。如果救助力度不够，就可能带来更加严重的恐慌和"踩踏"。这次应对股市异常波动，有力度，有纵深，看到了积极成效。

救助要讲方式。从国际上看，各国救市打出的都是"组合拳"，把政府干预与市场自救结合起来，在稳定市场的前提下，逐步恢复市场功能。非常之时须有非常之策。在危急关头，不少国家采取限制卖空、政府资金直接入市等办法，甚至实行暂停政府及银行出售股票乃至休市等应急措施。同时，在操作手法上，都特别注意防范道德风险。从我国这次应对股市异常波动的方式看，既借鉴了国际上的通常做法，也充分考虑了自身的实际情况，在保持正常运行的同时稳定了市场，体现了防范区域性系统性风险和防范道德风险的平衡。

吃一堑，长一智，加快完善资本市场基础性制度

危机之时往往是改革之机。20 世纪 30 年代，美国政府从大萧条中吸取教训，放弃不干预政策，相继出台了《格拉斯-斯蒂格尔法案》《1933 证券法》和《1934 证券交易法》，确立了投资银行与商业银行分业经营的体制，成立了美国证券交易委员会，构建起一整套监管体系。2008 年国际金融危机爆发后，美欧等发达国家都在着力推动金融改革。美国推出了"沃尔克规则"、《多德-弗兰克法案》，成立金融稳定监管委员会、消费者金融保护局，将场外衍生品纳入监管，限制商业银行自营交易，赋予美联储更大的监管职责。欧盟设立了欧洲金融稳定基金等救助机制，改革金融监管架构，推动建立银行业联盟和资本市场联盟。英国也调整了金融监管架构，加强宏观审慎管理和市场行为监管。此外，一些国家或地区的平准基金，也是在应对股灾过程中建立的。如日本、韩国以及我国香港、台湾等。

这次我国股市异常波动，暴露了市场发展中存在的问题和管理漏洞，给我们敲了个警钟。我们要认真反思，把当前的救助措施和长远制度建设有机衔接起来，建设公开透明、长期稳定健康发展的资本市场。在完善资本市场功能方面，加快建设多层次资本市场体系，优化市场结构，创新交易机制，丰富交易品种。在培育市场主体方面，大力发展长期机构投资者，完善投资者适当性管理制度，加强投资者教育和风险提示，保护投资者合法权益。在健全市场监管方面，加强监管协调，提高协调层级，完善对场外配资、伞形信托等的监管制度，堵塞监管漏洞。在维护市场秩序方面，严厉打击违法违规行为，营造良好的市场环境。对恶意做空、操纵市场、内幕交易等行为，要坚决查处，决不姑息。

坚定信心，资本市场的基本面长期向好

全球资本市场的发展历程表明，制度的完善、市场的成熟需要一个渐进的过程。改革开放以来，我国资本市场诞生只有 20 多年，遇到一些困难和波折在所难免。我们不能因噎废食，更不能妄自菲薄。要看到，资本市场在拓宽融资渠道、优化资源配置、促进经济转型等方面，发挥着越来越重要的作用。特别是我国金融结构不合理，直接融资比重偏低，企业杠杆率过高，加快发展资本市场势在必行。因此，资本市场只能加强，不能削弱，推进资本市场改革开放的方向不能变，发展多层次资本市场的目标不能变。

从根本上说，资本市场的发展取决于实体经济。要看到，今年以来，我国经济运行总体平稳，稳中向好，结构调整步伐加快，新的增长动能正在形成，经济发展的积极因素不断增加。尽管当前经济下行压力较大，稳增长、调结构任务艰巨，但我们完全有信心和充足的政策手段应对前进中的挑战，实现经济社会发展的预期目标。更要看到，我国仍处于工业化、城镇化快速推进的时期，伴随着全面深化改革的落地，高水平对外开放的展开，巨大的市场潜力将不断迸发，中国经济可望保持中高速增长，迈向中高端水平。这是我国资本市场长期健康发展的信心之源。

可以预见，我国资本市场必将一步步走向成熟，发展得越来越健康。我们有这个底气。

（摘编自光明网 2015 年 7 月 24 日，作者：严国生）

【视野拓展】...

解析"习近平执政风格"之三：
遵循规律的科学谋划

遵循规律："不是脚踩西瓜皮，滑到哪里算哪里"

既部署"过河"的任务，又指导如何解决"桥或船"的问题，习近平的执政理念，贯穿了尊重规律的科学思想方法和工作方法，为认识问题、分析问题、解决问题提供了有效的方法"钥匙"。

习近平曾在多个场合阐述了对于规律的认识。2012 年 11 月 17 日，十八届中共中央政治局举行第一次集体学习。习近平在讲话中说，党的十八大提出了在新的历史条件下夺取中国特色社会主义新胜利必须牢牢把握的基本要求。这些基本要求，"是体现共产党执政规律、社会主义建设规律、人类社会发展规律的东西，表明我们党对中国特色社会主义规律的认识达到了新水平。"

2014 年 7 月 8 日，习近平在经济形势专家座谈会上强调，实现我们确定的奋斗目标，必须坚持以经济建设为中心，坚持发展是党执政兴国的第一要务，不断推动经济持续健康发展。发展必须是遵循经济规律的科学发展，必须是遵循自然规律的可持续发展。

在 2014 年 8 月 18 日召开的中央全面深化改革领导小组第四次会

议上，习近平关于传统媒体和新媒体的一段论述，曾经在移动端广为流传，其中就包括对于"新闻传播规律"的观点。他说，推动传统媒体和新兴媒体融合发展，要遵循新闻传播规律和新兴媒体发展规律，强化互联网思维，坚持传统媒体和新兴媒体优势互补、一体发展，坚持先进技术为支撑、内容建设为根本，推动传统媒体和新兴媒体在内容、渠道、平台、经营、管理等方面的深度融合。

习近平对于遵循规律的认识，还集中体现在对于全面深化改革的论述中。2012年12月7日至11日，当选总书记不久的习近平首次离京便来到广东考察。而广东，一直被视为中国改革开放发源地。考察期间，习近平引用了国人耳熟能详的"石头论"，来论述他对改革规律的认识。习近平说，"对看准了的改革，要下决心推进，争取早日取得成效。对涉及面广泛的改革，要同时推进配套改革，聚合各项相关改革协调推进的正能量。对看得还不那么准、又必须取得突破的改革，可以先进行试点，摸着石头过河，尊重实践、尊重创造，鼓励大胆探索、勇于开拓，在实践中开创新路，取得经验后再推开。"

2012年12月31日，习近平在十八届中央政治局第二次集体学习时，再次强调了摸清改革规律的重要意义："摸着石头过河，是富有中国特色、符合中国国情的改革方法。摸着石头过河就是摸规律。实行改革开放，发展社会主义市场经济，我们的老祖宗没有讲过，其他社会主义国家也没有干过，只能通过实践、认识、再实践、再认识的反复过程，从实践中获得真知。"

习近平说："摸着石头过河，符合人们对客观规律的认识过程，符合事物从量变到质变的辩证法。不能说改革开放初期要摸着石头过河，现在再摸着石头过河就不能提了。我们是一个大国，决不能在根本性问题上出现颠覆性失误，一旦出现就无可挽回、无法弥补。同时，又不能因此就什么都不动、什么也不改，那样就是僵化、封闭、保守。要采取试点探索、投石问路的方法，取得了经验，形成了共识，看得很准了，感觉到推开很稳当了，再推开，积小胜为大胜。"

在2013年11月召开的十八届三中全会第二次全体会议上，习近平进一步阐述了对全面深化改革规律的认识。他说，"摸着石头过河也是有规则的，要按照已经认识到的规律来办，在实践中再加深对规律的认识，而不是脚踩西瓜皮，滑到哪里算哪里。"

科学谋划："不谋全局者，不足谋一域"

对规律的认识，最终是为了指导实践。习近平总书记对于全面深化改革的筹谋和布局，也充分体现出遵循规律基础上的科学谋划。

2013年12月3日，习近平在十八届中央政治局第十一次集体学习时讲话指出，在全面深化改革中，我们要处理好尊重客观规律和发挥主观能动性的关系。一方面，要坚持一切从实际出发，按照客观规律办事，一张蓝图抓到底，抓好打基础利长远的工作，不能拍脑袋、瞎指挥、乱决策，杜绝短期行为、拔苗助长。另一方面，要鼓励地方、基层、群众大胆探索、先行先试，及时总结经验，勇于推进理论和实践创新，不断深化对改革规律的认识。我们提出加强顶层设计和摸着石头过河相结合、整体推进和重点突破相促进，这是全面深化改革必须遵循的重要原则，也是历史唯物主义的要求。

这里所提及的"加强顶层设计"，习近平此前曾多次论述。在这次讲话中，习近平强调，三中全会提出制定一个全面深化改革的方案，而不是只讲经济体制改革，或者只讲经济体制和社会体制改革。"这样考虑，是因为要解决我们面临的突出矛盾和问题，仅仅依靠单个领域、单个层次的改革难以奏效，必须加强顶层设计、整体谋划，增强各项改革的关联性、系统性、协同性。"

为了实现改革的整体谋划，由习近平亲自担任组长的中央全面深化改革领导小组，自2014年1月22日举行第一次会议以来，一年之间已经召开了八次会议，通过了《深化文化体制改革实施方案》《关于深化司法体制和社会体制改革的意见及贯彻实施分工方案》《深化财税体制改革总体方案》等改革意见及方案。刚刚召开的领导小组第八次会议指出，2014年领导小组确定的80个重点改革任务基本完成，此外中央有关部门还完成了108个改革任务，共出台370条改革成果。这些改革，有的是具有顶层设计性质的专项改革总体方案，带有统领和指导作用，有的是涉及多部门、跨不同领域，牵一发动全身的突破口，有的是议论多年、改革阻力较大、多年都啃不动的硬骨头，还有的是具有积极探路性质的改革试点。

正如习近平所说，"使各项改革举措在政策取向上相互配合、在实施过程中相互促进、在改革成效上相得益彰，发生化学反应，产生共振效果。"

在谈及某些领域的工作时，习近平也多次强调科学谋划的重要性。2014年2月，在中央网络安全和信息化领导小组第一次会议上，习近平指出，网络安全和信息化对一个国家很多领域都是牵一发而动全身的，要认清我们面临的形势和任务，充分认识做好工作的重要性和紧迫性，因势而谋，应势而动，顺势而为。网络安全和信息化是一体之两翼、驱动之双轮，必须统一谋划、统一部署、统一推进、统一实施。

2014年12月，中央政治局就加快自由贸易区建设进行第十九次集体学习。习近平在主持学习时强调，加快实施自由贸易区战略是一项复杂的系统工程。要加强顶层设计、谋划大棋局，既要谋子更要谋势，逐步构筑起立足周边、辐射"一带一路"、面向全球的自由贸易区网络，积极同"一带一路"沿线国家和地区商建自由贸易区，使我国与沿线国家合作更加紧密、往来更加便利、利益更加融合。

习近平总书记上任伊始到广东考察时就指出，"不谋全局者，不足谋一域"。善于从全局角度、以长远眼光看问题，从整体上把握事物发展趋势和方向，领导人恢宏的战略思维，令人豁然开朗。

（摘编自人民网－中国共产党新闻网2015年1月5日，作者：姚奕）

第二章

保持经济增长目标的准确定位

"十二五"期间的经济增长目标为7%，但从2011—2014年，实际增长分别为9.3%、7.7%、7.7%、7.4%。"十三五"期间，兼顾发展和就业两大目标后，未来几年即便每年 GDP 增速保持在 6.5%左右，也足以完成 2020 年 GDP 比 2010 年翻一番的目标。为此，党中央提出，经济保持中高速增长，在提高发展平衡性、包容性、可持续性的基础上，到 2020 年国内生产总值和城乡居民人均收入比 2010 年翻一番。经济增速目标属于预期性目标，而不是约束性目标，更多反映的是政府对市场主体的引导。适度降低增速目标，就是告诉市场各方，包括各级地方政府，在保证适当经济发展速度的基础上，要更加重视质量和效益，实现更长时期、更高水平、更好质量的发展。

回顾十二个"五年计划"

当人们兴致勃勃地谈论着"十三五"规划，憧憬着依法治国、深化改革给人民带来的和谐幸福及 2020 年全面建成小康社会远景目标的实现时，我们不妨回过头，重温一下从"一五"到"十二五"这 60 多年的经济发展历史，或许能对中国经济腾飞的轨迹有一个更全面的了解，进而能为"十三五"规划的科学编制提供一些有益的借鉴。按基本经济制度和经济体制的变革这个视角分期，新中国成立后我国实行的十二个"五年计划"可分为三个阶段。在这三个阶段中，其教训有重大差别。

"一五"计划：从新民主主义向社会主义过渡时期的一大教训

1955 年 3 月召开的党的全国代表会议，讨论通过"一五"计划草案，并建议由国务院提请全国人大审议批准、颁布实施。同年 7 月，一届人大二次会议讨论通过"一五"计划。主要由于缺乏经验，"一五"计划编制和执行方面存在不少问题，最主要的教训诸如：在投资总规模方面偏大，形成紧张的平衡。在投资分配方面，重工业偏多，农业和轻工业偏少；制造业偏多，煤电运等基础产业偏少；内地偏多，沿海偏少；军用偏多，民用偏少。在贯彻勤俭建国和自力更生方针方面，利用原有生产能力不够，新建和改建的企业规模偏大，标准偏高；非生产性建设和城市建设规划也存在偏多和标准偏高的问题。在计划体制方面，中央集权偏多，地方权限偏小。在生产建设方面，发生了 1953 年的"小冒"和 1956 年的"大冒"；在改造方面，1955 年下半年后出现过快。

"二五"—"五五"计划：计划经济体制完全确立并进一步强化时期的三大教训

"二五""三五""四五"的共同特点是只有一个纲要式的文件，没有形成完整的计划，更没有提交全国人大讨论通过。所以从完整和法律的意义上说，三者均不能构成国家计划。

第一，党的八大讨论通过的发展国民经济的"二五"计划的建议是一个好文件。就"二五"计划建议的内容特别是指导思想来说应该是实事求是的思想路线的产物。但遗憾的是，由于"左"的指导思想在党内占了支配地位，从1958年一开始就把这个好文件完全抛开。结果是三年"大跃进"，再加上自然灾害和苏联撕毁合同的影响，使得1961年中国经济陷入了深重危机。接着在实事求是的正确思想路线指引下搞了个五年调整（1961—1965年）才又恢复和发展了经济。

第二，1964年5月，《第三个五年计划（1966—1970年）的初步设想》提出"三五"的基本任务是大力发展农业，基本上解决人民的吃穿用问题等。但是后来，由于国际形势的紧张，也由于对国际形势做了过于严重的估计，将"三五"计划的任务重新规定为"必须立足于战争，从准备大打、早打出发，积极备战，把国防建设放在第一位，加快三线建设，逐步改变工业布局"。1970年8月~9月，中共九届二中全会审议的"四五"计划纲要（草案）提出："四五"计划的主要任务是狠抓战备，集中力量建设大三线强大的战略后方，改善布局；大力发展新技术，赶超世界先进水平等。

可见，"三五"计划和"四五"计划虽有区别，但从他们的根本指导思想都是"左"的路线来说有共同点，给我国经济造成了极其严重的损失。

第三，由于"文化大革命"更趋严重的干扰，"五五"时期连个独立的纲要式五年计划都没有。只是在1975年编制了一个包括"五五"和"六五"时期在内的1976—1985年发展国民经济十年规划纲要草案。这个草案直到1978年才提交五届人大一次会议讨论通过。因为这个纲要是在"左"的社会主义建设总路线指引下制定的，所以按照这个纲要的规定，"到 1980 年，要建成独立的比较完整的工业体系和国民经济体系；在农业方面，要基本实现农业机械化"就根本不可能实现。

"六五"—"十五"计划：计划经济向社会主义市场经济转变时期的六大教训

从 20 世纪 80 年代初到 21 世纪初，党的十一届三中全会重新确立了实事求是的思想路线。依据邓小平提出的实现社会主义现代化建设三步走的战略目标和改革开放的总方针，以及国内外形势的发展，相继制定了从"六五"至"十五"的五年计划。由于多种原因，"六五"至"十五"五年计划的编制和执行中也存在不少教训。

第一，"六五"计划提出实行以计划经济为主、市场调节为辅的原则。这是沿袭了 1956 年党的八大的提法。1984 年党的十二届三中全会对此有了重大发展，提出"有计划的商品经济"。1987 年党的十三大在这个问题上迈出了决定性的一步，提出新的经济运行机制，总体上来说应当是"国家调节市场，市场引导企业"的机制。

但在"八五"计划中又出现了这样的提法：初步建立适应以公有制为基础的社会主义有计划商品经济发展的、计划经济和市场经济调节相结合的经济体制和运行机制。这实际上又回到了上述的 1982 年和 1984 年的提法。直到 1992 年才将建立社会主义市场经济体制确定为经济改革的目标。其突出表现就是：早在"六五"计划就针对改革前由于急于求成，盲目追求经济增速，忽视经济效益的"左"的错误，提出了一切经济活动，都要以提高经济效益为中心。但在此后 1984 年、1988 年和 1993 年还发生了三次经济过热。特别是 1993 年将"八五"计划的年经济增长率 6% 提高到 8%～9%，尽管有道理，并仍处于我们经济增长的合理区间（约为 7%～9.5%），但在 1992 年经济已经明显过热，而地方政府对计划指标层层加码还难以改变的情况下，这种做法无疑对这一轮经济过热起了火上浇油的作用。当然，这三次经济过热与改革前发生的多次经济过热相比较，其发生机制、严重性和后果都有重大区别。但就急于求成这点来说又有某些共同点。

第二，伴随改革的进展，部门和地区的局部利益得到了强化。在某些情况下，这些利益就成为阻滞改革和发展计划实施的严重力量。前者如垄断行业改革进展迟缓，这固然同垄断行业的重要性和复杂性有关，但同这些行业的局部利益的阻滞作用也有联系。后者如2003年下半年发生的经济局部过热，其最重要的原因就是追求地方局部利益的投资冲动。

第三，渐进式市场取向的经济改革，尽管其积极作用是主要的，但也有负面影响。其中的一个方面就是为贪污腐败提供了滋生土壤和发展空间，而贪污腐败无疑又是实施计划极严重的破坏力量。

第四，由于对某些决定经济发展的基本指标的重要性认识不足，没有将它提高到应有的战略地位。比如要提高投资率和消费率预期指标在宏观调控中的战略地位。这是针对我国"九五"计划特别是"十五"计划对这个问题的某种忽视而提出的。在改革以后的第一个五年计划（即"六五"计划）中，"基本任务和综合指标"就有积累指标和消费指标的规定。在"七五"的"主要任务和经济发展目标"及在"八五"的"基本任务和综合经济指标"中也有这样的规定。但在"九五"的"国民经济和社会发展的奋斗目标"中却仅有居民收入增长指标的规定，而在"宏观调控目标和政策"部分才有投资指标的规定。在"十五"的"国民经济和社会发展的主要目标"中，规划提出了宏观调控的各项预期目标，其中包括"提高人民生活水平的主要目标"唯独没有投资调控的预期目标。但在论述宏观调控政策时，不仅提出了消费率预期指标，同时也提出了投资率的预期目标。可见，"七五"到"十五"，投资指标在宏观调控中的地位有每况愈下之势。这是值得推敲的。

就实践上来说，改革前后我国多次发生投资膨胀，都成为每一次经济过热的带头羊。因此，很有必要将投资率与消费率一起列入国家宏观调控的最重要的预期目标。

第五，由于众多因素的作用，计划科学性欠佳，需要提高其科学性。比如要提高确定投资率和消费率预期指标的科学规划。在改革以来制定的五年计划中，有关投资和消费指标的规定，只有"九五"计划比较切合实际。与计划规定预期目标相比较，其实际结果，城镇居民年均消费收入和农村居民人均可支配纯收入的年均增速只高0.8个百分点，而全社会固定资产投资率年均增速只低0.9个百分点。其余四个五年计划规定的指标（或预期目标）与实际执行结果都相距甚远。即以早已结束的"十五"计划纲要而论，依据2005年上半年情况判断，居民消费率指标实际执行结果要低5个百分点以上，而全社会固定资产投资率要高10个百分点以上。

第六，促进计划实现的保证体系还很不健全，影响到计划的实现。因而要进一步建立这种保证体系。比如要建立实现投资率和消费率预期指标的保证体系。一是要建立长效实现机制。可以通过深化经济改革，转变经济增长方式，调整产业结构，建设节约型经济来形成这种机制。二是要建立预警机制。为此，要制定预警指标体系，还要依法授予国家有关单位定期发布预警信息。三是要强化监督机制。全国人大常委会特别是财政委员会要着力加强全国人大讨论通过的有关投资率和消费率规定执行状况的监督。还要加强舆论监督和群众监督。

"十一五"规划—"十二五"规划：从全国和西部来看，"十五"计划的实施总体上进展顺利，但"十五"计划力图解决的深层次矛盾和问题进展不理想

经济社会的发展不够协调，城乡间、区域间差距进一步扩大，资源环境的约束趋紧，就业形势较严峻，体制问题、人才问题、科技问题日益突出等。

"十一五"时期是重要战略机遇期的一个阶段。这个时期既是一个"黄金发展时期"，也是一个"矛盾凸显时期"。之所以是"黄金发展时期"，主要在于消费结构升级、国际和区域间产业转移以及科技进步加快使产业结构的高级化进程加速；城市化进程加快；资源配置市场化、经济全球化和国际政治关系多极化的趋势日益明显等。处理得好，有可能实现经济和社会发展的飞跃。之所以是"矛盾凸显时期"，主要在于转变经济增长方式的要求日益迫切，继续保持高速增长的难度加大；由于涉及利益和权力格局调整，深化改革的难度明显提高；内外矛盾交织，应对经济全球化的风险和保持国内稳定的难度加大等。

"十二五"以来，我国经济发展进入了新常态的大背景，各地区、各领域规划进展总体顺利，但部分地区较难完成经济增长、服务业比重、化解产能过剩和科技创新等方面的既定目标任务，尤其是经济增长调子定得过高的地区难以实现预期目标。在经济发展方面，"十二五"规划列出了国内生产总值（GDP）、服务业增加值比重和城镇化率三个目标。在经济下行的压力下，GDP 能否如期完成最受到关注。"十二五"规划，强调民生优先，首次提出建立健全基本公共服务体系，明确了"十二五"期间基本公共服务体系的范围和重点。

值得注意的是，尽管整个经济基本面保持平稳，但许多地方从2013 年的"十二五"中期评估开始，出现了陆续调低经济增速目标的现象。国家发改委人士称，从一开始就没有对地方"十二五"期间经济增长指标作出强制性安排，而是更强调各地从实际情况出发，不要攀比。

（摘编自《西部大开发》2015 年第 3 期，作者：张永军）

【深度阐释】...

一、挖掘经济增长潜力

（一）挖掘劳动力供给的巨大潜力

劳动力供给方面，2012 年以来我国劳动年龄人口总量就逐步趋于下降，同时就业参与率也在逐年下滑，农村剩余劳动力日趋枯竭，在这些因素作用下我国的人口红利期将逐步结束，除个别细分市场外，劳动力供给紧缺局面将逐步显现，从而推动劳动力成本进一步上升。由此可见，我国低端劳动力无限供给的阶段已经过去，但我国仍然可以挖掘劳动力供给的巨大潜力。我国农业劳动力尚有2亿多人，以现在的机械化水平一个劳动力可以耕种几百亩到上千亩地。通过土地经营权有偿转让，使之向合作社、家庭农场和农业公司集中，还可以把大批劳动力进一步从土地上解放出来。而我国教育事业的快速发展，正不断提高我国劳动者素质。通过改革，我国人口红利仍可在较长时间内得以维系。

（二）挖掘节能减排的巨大潜力

我国节能减排的空间也十分巨大。目前我国单位GDP能耗仍为世界平均水平的2倍左右。我国要加大节能环保技术的研发，把环保产业作为新的投资热点和经济增长点。同时，我国要改革生态体制，健全环境治理的成本分担和市场交易机制，调动社会资金投入的积极性。此外，政府还应完善污染物排放标准，并加大环境执法力度。推动这些工作落实，确保实现节能减排约束性目标，必须有节能环保产业作支撑，必须通过节能减排重点工程形成实实在在的节能减排能力。我国资源能源利用效率低、环保欠账多，节能环保产业市场空间巨大。加快发展节能环保产业，全面提升节能环保技术装备水平，不仅有利于破解资源环境制约、释放消费潜力，而且会拉动有效投资，带动新兴产业成长，是利当前、惠长远、一举多得的重要举措。

（三）挖掘土地集约利用的巨大潜力

土地节约集约利用是生态文明建设的根本之策，是新型城镇化的战略选择。土地作为重要的生产要素，也有很大集约利用的空间。比如，我国村庄和小城镇占地17万平方公里，人均占地是城市的3.5倍。经验证明，通过激励机制推动宅基地整理，可节约土地50%以上。

（四）挖掘技术创新的巨大潜力

技术创新正在带来生产生活的巨大变革，也挖掘出更多的发展潜力。例如，我国民营企业申请技术专利数量已占全部专利申请量的2/3，成为自主创新的主力军。但受体制机制影响，国有企业和高等院校创新的潜力仍有待发挥。我国要加快完善国有企业技术创新的激励机制，并努力使大学成为科技创新的基地和培养创新型人才的基地。

(五) 挖掘资本利用的巨大潜力

经济越发展，资本市场越重要；经济发展到一定规模，增长放缓，需要转方式、调结构，发展新兴产业，培育新的经济增长点，这个阶段资本市场更加重要。党的十八大报告明确提出"要深化金融体制改革，健全促进宏观经济稳定、支持实体经济发展的现代金融体系，发展多层次资本市场"。我国金融改革相对滞后，多层次资本市场仍不发达，小微企业、科技型企业、农业获得金融支持不足。"十三五"期间，随着我国金融市场准入的放宽、存款保险制度的建立，以及金融监管制度的完善，利率市场化有望短期内完成。金融体制的改革和市场体系的完善，将有助于提高资本的产出率，并加大对技术创新，以及小微企业和农业发展等薄弱环节的支持。

二、培育经济发展动力

(一) 培育经济发展新动力，核心是提高生产效率

进入经济换挡期，经济增长的动力变化，从"要素驱动""投资驱动"转向通过技术进步来提高劳动生产率的"创新驱动"。"新常态"下经济增长将更多依靠人力资本质量和技术进步，让创新成为"新常态"下经济发展的引擎。这就要求加快推进改革创新，充分发挥市场配置资源的决定性作用，推进以市场机制为基础的结构调整和创新，培育经济发展新动力。只要生产效率提升，经济增速下调后，企业盈利仍可达到或接近过去高速增长时期的水平，政府财政收入仍可实现较快增长，就业仍可保持稳定，民生仍可继续改善。而且，经济增长速度放缓，资源环境压力减轻，经济增长将更可持续。因此，"新常态"下经济发展方式正从规模速度型粗放增长转向质量效率型集约增长，要培育经济发展新动力应主要围绕提高生产效率来展开。

（二）培育经济发展新动力，很大程度上取决于改革创新

改革创新是当今时代的最强音，是贯穿"十三五"的一条鲜明主线。只有改革创新实现新突破，进而形成能够重塑经济发展新动力的体制机制，才能使经济发展的强大动力和内需潜力释放出来。因此，必须坚持问题导向，勇于突破创新，从制约经济社会发展的突出问题改起，以改革创新培育经济发展新动力，形成改革创新和经济发展的良性互动。改革依赖于低端加工组装、缺乏自主技术和品牌的发展模式，加快推进新一轮产业转型升级。把改革创新贯穿于产业转型升级各个领域各个环节，用改革的精神、思路和办法破解发展难题，以改革创新促发展、促转方式调结构、促民生改善。产业转型升级，重点是提升产业价值链和产品附加值。这就要求加快发展研发、设计、标准、物流配送和供应链管理等生产性服务环节，发展科技服务、信息服务和创意等生产性服务业，促进制造服务化和服务知识化。应大力化解产能过剩，积极适应国际产业竞争格局新变化，积极发展战略性新兴产业，构建创新价值链，加快传统产业技术进步、管理创新、产业重组和优化布局，提升传统产业整体素质。

（三）培育经济发展新动力，迫切需要掀起新一轮创业创新浪潮

新一轮创业创新浪潮正在成为"十三五"时期经济发展的强劲新动力。简政放权的改革和新一轮的互联网技术正在引领新一轮的创业浪潮。创业与创新是一对"孪生兄弟"。新一轮的创业创新浪潮是稳定经济增长、推动产业转型升级的重大引擎。通过创业推进产业化的创新，符合"十三五"的要求，有利于将创新成果变成实实在在的产业活动，形成新的增长点；也有利于带动就业，更好地发挥市场在促进就业中的作用。新一轮创业浪潮的支撑动力主要体现在以下几个方面。简政放权和商事制度改革降低了创业门槛与成本，有助于推动新的市场主体井喷式增长；新一代的信息网络技术发展带动产品服务、商业模式与管理机制的创新，有助于引领新一轮互联网创业浪潮；高新区与科技园区作为汇聚人才、技术、资金等创新要素的重要平台和载体，有助于引领新一轮聚合创业浪潮；当前出现的并购热将有助于刺激

"职业创业人"兴起。"十三五"提出，要营造有利于大众创业、市场主体创新的政策环境和制度环境，培育市场化的创新机制等。这将进一步激发各类市场主体活力，推动创业创新浪潮。

三、厚植经济发展优势

（一）厚植投资优势

我国在环境保护、基础设施和农村城镇化建设等方面还有很大的投资优势可挖。例如环境保护，当前我国居民的环境保护意识逐渐提升，人民渴望用绿色的、清洁的、可持续的生产模式去取代传统的、高污染的重化工业化模式，环境保护和节能减排正日益成为一个极具发展前景的投资领域。从基础设施来看，我国未来经济发展对基础设施建设需求仍有较大空间。此外，新能源汽车取代传统汽车也是一个重要增长点。正是由于中国投资机会众多，多年来外资持续不断涌入中国。据商务部统计，截至2014年底，我国批准设立外商投资企业81万家，吸引外商直接投资1.5万亿美元。近年来，我国经济虽然减速明显，但外资仍在持续流入。2014年，在全球外国直接投资流入量同比下跌8%和中国经济增长率创1990年以来新低的背景下，流入中国的外资却逆势增长了1.9%，达到1 176亿美元，而且超过美国，首次跃居世界第一。

（二）厚植消费优势

我国有巨大的国内市场，扩大内需潜力很大。中国经济运行与消费一直保持着比较高的正向关联。历史数据显示，消费具有推动经济发展的基础性作用，消费率越高，增长率就越高，经济运行越健康。我国消费占GDP的比重逐年提高，目前已达到51.2%。在消费结构方面，我国居民消费需求重心已经从20世纪八九十年代解决吃、穿等刚性需求为主和21世纪初解决住、行等刚性需求为主向旅游、娱乐等享受型需求和教育创新等发展性需求为主的阶段转变。为此，我国政府应适应居民消费结构升级换代的需要，创造条件，拉动内需，引导居民境内消费。近年来，我国高度重视经济社会协调发展，高度重视保障和改善民生，居民收入保持较快增长，特别是农民收入增速和水平都有明显提高。同时，覆盖城乡的社会保障体系建设取得重要进展，为扩大国内消费需求奠定了基础。

（三）厚植外贸优势

外贸尽管有困难，但也有不少优势。从整体来说，中国的出口结构在优化。例如，2015 年的成套设备出口表现非常突出，前 5 个月大型成套设备出口达到 500 亿，增长 10%以上。铁路设备出口到全球 80 多个国家，电力设备出口到全球 50 多个国家，并且进入了美欧等一些发达国家市场。从进口方面来看，大宗商品价格呈长期走弱趋势。这不但可以改善我国的总体贸易条件，而且可以节约大量进口资金，降低企业成本，促进经济增长。以原油为例，2014 年年中的原油期货价格还在 110~115 美元/桶，2015 年上半年降到了 60 美元/桶左右，以每桶节约 50 美元计算，中国一年可节约进口资金 1 150 亿美元。商务部发布的数据表明，2014 年，我国原油、铁矿石、铜精矿、铜材、化肥、橡胶、谷物和大豆这八类产品进口量增加，但进口付汇却减少了458 亿美元。中国经济由此获得了实实在在的好处。对中国而言，油价每下降 10%，将在未来一年提升中国 GDP 增速约 0.1 个百分点。这将为我国经济"稳增长、调结构"提供有效支撑和缓冲。可见，在经济发展新常态的背景下，中国经济增长的潜力依然很大。只要我们善加驾驭投资、消费和出口三驾马车，中国经济仍可长期保持较高的增长率。

四、拓展经济发展空间

(一) 拓展国际发展新空间

拓展国际发展空间，就是要实施"请进来、走出去"的战略。习近平总书记强调，要牢牢把握国际通行规则，加快形成与国际投资、贸易通行规则相衔接的基本制度体系和监管模式。因此，要打造与国际规则相衔接的制度机制，力争在更高标准的全球竞争中实现新的发展。一方面，积极提高利用外资水平。鼓励跨国公司在我国设立地区总部、研发中心、采购中心、培训中心。鼓励外资企业开展技术创新，增强配套能力，延伸产业链。引导外资更多地投向高技术产业、现代服务业、高端制造环节、基础设施和生态环境保护，投向中西部地区和东北地区等老工业基地。另一方面，积极发展我国自己的跨国公司。国际经验表明，后起的发展中国家培育跨国公司比发达国家要困难得多，只有发挥政府与企业的合力才能整合全球资源、应对海外市场竞争的需要，同时，这也是有效应对其他国家跨国公司在我国国内市场竞争的需要。因此，应通过提供优惠政策和制度保障等手段，支持拥有自主知识产权和知名品牌、竞争力强的大企业发展成为知名跨国公司；支持我国企业通过跨国并购、参股、上市、重组联合等方式，在研发、生产、销售等方面开展国际化经营。

(二) 拓展区域发展新空间

为了逐步解决我国地区发展差距不断扩大的问题，促进区域协调发展，近年来，国家逐步形成了各有侧重的区域发展战略，这就是实施西部大开发、振兴东北地区等老工业基地、促进中部地区崛起、鼓励东部地区率先发展。经过几年的实践证明，上述战略的相继实施，在促进区域协调发展方面发挥了积极作用，使地区发展差距继续扩大的趋势得到了遏制。"十三五"时期，必须进一步拓展区域发展新空间。在西部地区开工建设一批综合交通、能源、水利、生态、民生等重大项目，落实好全面振兴东北地区等老工业基地政策措施，加快中部地区综合交通枢纽和网络等建设，支持东部地区率先发展，加大对老少边穷地区支持力度，完善差别化的区域发展政策。把"一带一路"建设与区域开发开放结合起来，加强新亚欧大陆桥、陆海口岸支点建设。推进京津冀协同发展，在交通一体化、生态环保、产业升级转移等方面率先取得实质性突破。推进长江经济带建设，有序开工黄金水道治理、沿江码头口岸等重大项目，构筑综合立体大通道，建设产业转移示范区，引导产业由东向西梯度转移。"十三五"时期，必须坚定不移地以科学发展观为指导，通过继续发挥各地区的比较优势，加强薄弱环节，使地区经济、城乡发展差距扩大的趋势得到进一步缓解，地区间的社会发展差距进一步缩小，逐步形成区域协调发展态势，形成东中西共同发展的格局。

（三）拓展城镇发展新空间

改革开放以来，城镇化大潮为我国经济发展提供了源源不断的动力。"十三五"时期，随着农业转移人口市民化成本分担机制、多元化可持续城镇化投融资机制以及农村宅基地制度等方面改革取得突破，新型城镇化将开启前所未有的消费空间、投资空间和创新空间。城镇化率每年提高 1 个百分点，意味着约有 2 000 万农村人口进入城镇居住、生活、就学、就业。这将是多大规模的建设工程！随着我国城镇化水平持续提高，城镇人口总量和消费规模均将大幅提高，会使城镇消费群体不断扩大、消费结构不断升级、消费潜力不断释放。"十三五"时期，我国将进一步完善基本养老保险制度、基本医疗保险制度、住房保障和供应体系、社会养老服务产业体系，这将从根本上改变城乡居民对未来的不确定感，使敢于消费、追求高质量消费成为新趋势。农民工市民化、城镇居民住房等的结构性升级将进一步拓展城镇住房需求空间，由此会引发流通渠道、商业业态以及消费行为变化，带来相关消费产品和服务需求持续增长。

常修泽：实现中高速增长目标有四大条件

确定 6.5% 增长目标的实现具有一定的基础。主要表现在两个红利、两个拉动。

第一，"人本城镇化"红利。目前城镇化最大的问题是人口城镇化的滞后性。2012 年，以常住人口统计的城市化率为 54.7%，而城镇户籍人口占比即户籍人口城镇化率约 37%~38%。这就意味着 2014 年占总人口 17% 的 2.3 亿人为非城镇户籍的常住人口。这 2.3 亿多人并没有平等地享受城市的各种基本公共服务。原本应具有更高的消费收入弹性或者说边际消费倾向，没有挖掘出来。

城乡结构，核心是填平城乡之间的制度"鸿沟"。如果以下三个问题能得到解决：（1）农村农民的产权关系问题；（2）公共资源在城乡间的均衡配置问题；（3）农村转移人口的公共服务问题。估计到"十三五"末期规模城镇化率将达到 60% 左右，人口城镇化率达到 45%-50% 之间。那么"十三五"潜在消费需求将得到不小释放。

第二，"五环式改革"红利。中国"五环式改革"的空间十分广阔，特别是在政府结构改革、要素市场改革、国企和垄断性行业改革等方面。倘能够拿出更大的勇气和魄力来打破各种利益纠葛，中国经济将会焕发出新的活力。

第三，人口质量提高的拉动。除延长退休年龄进而导致劳动力总量的增加外，要特别关注人力资本的变动状况，随着教育质量和人口质量的提高，在抵消人口红利负面作用时，还可以保持人力资本总量的持续增加，从而支撑整个中国经济中高速增长。

第四，开放共赢的拉动。2015 年 9 月，习主席在联合国讲话，勇敢承诺大国责任。中国对全球经济增长举足轻重，2013 年对世界经济增长的贡献率达到近 30%。随着开放型经济体制的构建，特别是随着"一带一路"建设的实施，亚投行、金砖银行丝路基金、南南基金等的启动运行，自贸区扩围扩容，跨国设施联通、贸易投资便利化、多边金融合作加快推进，这些举措将为经济增长提供新的源泉。

（摘自《经济参考报》2015 年 10 月 27 日，作者：常修泽）

李稻葵：中国经济潜在增长率不低
着力打造新增长点

当前，我国经济下行压力较大。有人认为，经济新常态的本质就是经济增长速度不断下滑，我国经济增长速度应该继续下调，甚至下调到 7% 以下。这种观点是站不住脚的。当前，经济增长的下行压力很大程度上来自短期或周期性因素，而经济新常态的本质是增长动力转换，并不是简单的增长速度下降。去年底召开的中央经济工作会议在科学分析我国经济发展的趋势性变化后指出，经济发展动力正从传统增长点转向新的增长点。因此，面对经济下行压力，既不能无所作为，也没有必要采取大规模刺激性措施，而应采取更有针对性的政策，尽快找到和培育新的经济增长点。这样，我国经济就有可能在未来相当长时间内保持 7% 左右的增长速度，同时实现增长质量和效益的不断提高。

经济新常态的潜在增长率并不低

学术界相当一部分人认为，我国经济的长期潜在增长率是比较低的，有人甚至认为明显低于 7%。实际上，支撑这种观点的论据经不起推敲。

第一，不能简单地从劳动力总量见顶这一事实推出潜在增长率会大幅下降。的确，我国劳动力总量已经接近或达到峰值，但必须看到，劳动力的素质在不断提升，人均受教育水平和整体健康水平在不断提高，因而劳动力的有效供给在持续增加。

第二，不能从目前劳动生产率提高速度下降这一事实推出劳动生产率提高会持续低迷。宏观经济研究的一个基本结论是：劳动生产率提高与经济周期正相关，或者说是顺周期的。也就是说，在经济增长比较快的时候，劳动生产率提高得比较快；而经济增长放缓的时候，劳动生产率提高也会放缓。用经济学术语来讲，就是劳动生产率是个内生变量。其原因很简单：对于企业而言，劳动雇佣量调整的速度远远慢于企业产出变化幅度。所以，当经济加速的时候，企业不可能马上增加劳动雇佣量，单位劳动强度就会加大，按人头计算的劳动生产率就会迅速提高；当经济放缓的时候，按人头计算的劳动生产率提高速度就会放缓，甚至出现负增长。最近一段时间，由于我国经济增长速度换挡，劳动生产率提高有所放缓，但不能由此得出未来劳动生产率提高会持续放缓的结论。事实上，由于我国资本积累仍在继续，人均资本量还在不断提高。同时，尽管目前我国人均资本量与国际先进水平的差距在不断缩小，但仍然存在。这表明我国劳动生产率在未来一段时间还将继续提高。

除了以上两个理由，还应看到，过去相当长时间我国经济增长的制约因素并不在生产侧，而以上分析的劳动力总量以及劳动生产率问题都是生产侧的因素。事实上，制约我国经济增长的主要因素在需求侧。所以，如果经济结构调整到位、政策实施到位，我国经济需求侧的潜力将会充分释放。当需求侧潜力释放的时候，企业的产能利用率就会提高，劳动生产率也会提高，我国经济的短板就会得到弥补，增长速度就会上升。

学术界还有一个流行说法，就是当人均 GDP 达到一定水平的时候，比如说 1.1 万美元（按照 1990 年的美元购买力计算），经济体的增长速度就会放缓。这一论断的依据是历史上韩国、日本、台湾等国家和地区的经济增长速度在人均 GDP 达到 1.1 万美元之后都明显下降。这种观点有片面性，因为从本质上讲，在开放环境下一个经济体的增长速度受到世界经济发展大环境的影响，应该从一个经济体人均

GDP 与当时世界上最发达国家人均 GDP 之比来判断该经济体的增长潜力。历史上日本、韩国人均 GDP 达到 1.1 万美元时，美国的人均 GDP 为 3~4 万美元，日本、韩国人均 GDP 接近美国的 30%。而目前我国的人均 GDP，即使按购买力平价计算，也不到美国的 20%。这个差距相当于上世纪六七十年代日本、韩国、台湾等经济体与当时美国的差距，而当时它们的经济增长速度远高于 7%。

最近，清华大学中国与世界经济研究中心的一项研究分析了历史上经济增长的原因，发现影响一个国家经济增长潜力的因素包括该国人均 GDP 与世界先进国家的差距、经济开放度、储蓄率以及宏观经济稳定程度。在这几个方面，我国的情况都是有利的。我国的人均 GDP 仅为美国的 20%，经济开放度位居世界前列，国民储蓄率约为 50%，宏观经济稳定性很高——经常账户存在顺差，财政赤字非常小，政府有大量的盈余资金。综合以上因素，我们的结论是，未来 10 年我国经济潜在增长率能保持在 7% 左右。

着力打造新的经济增长点

以上分析表明，我国经济潜在增长速度并不低，当前我国经济遇到的困难是短期的周期性因素影响的结果，主要包括以下三个方面。

第一，房地产业过去 10 年发展过快，提前消耗了居民的购买力。目前，我国人均住房面积达到 35 平方米左右，接近 90% 的家庭拥有了第一套住房，而目前的房价又超出了许多工薪阶层的实际购买能力。在这种情况下，房地产业需要一段时间的调整。未来一或两年，房地产将持续成为影响经济下行的一个因素。以 2014 年为例，假如房地产投资开发力度能够和整体固定资产投资开发力度保持一致，那么，我国经济增长速度将达到 7.7% 而不是 7.4%。

第二，国际经济形势对我国经济发展不利。目前，国际经济仍处于低迷时期，增长速度远低于国际金融危机前 5% 的平均水平。发达经济体只有英美增长比较稳定。全球前十大经济体，包括欧洲、日本还有新兴市场国家经济增长速度都低于国际金融危机前的水平。而且，国际贸易增速低于世界经济增速。在这种情况下，我国经济当然会遇到增长的逆流。

第三，当前我国加快推进政府职能转变和政绩考核改革，这对于我国经济长期健康发展非常必要，但一些地方领导干部认识不清、工作不力，出现了怠政懒政问题。

增强新常态下的发展动力，必须采取有针对性的政策措施，努力打造新的经济增长点。目前，主要可以从以下三个方面着手：一是深化基础设施建设领域改革；二是促进生产能力更新和绿色化；三是在扩大消费上继续加力。

（摘编自《人民日报》2015 年 4 月 16 日，作者：李稻葵）

【视野拓展】..

美国"懒人经济"风生水起

你需要上门保洁吗？你要推拿服务吗？你要一份汉堡吗……只要拿出手机，轻点几下，几分钟内一切搞定。无论是打车、洗车，还是送餐、理发，关乎衣食住行用的一切需求，通过手机应用程序似乎都可以解决。这些公司不怕你不勤快，更希望你懒到家，只要你有"懒性"，它们似乎就能"指哪儿打哪儿"，"你说干啥就干啥"。

随着科技的发展、特别是移动互联网的飞速发展，依赖于手机应用程序开发的服务正勃然兴起，它促使服务业向更快捷、更方便的方向转型，专家们称之为"线上线下"（online to offline，简称"O2O"）经济模式，其更通俗说法是"懒人经济"。

目前，美国一大批"O2O"社会服务型公司正如雨后春笋般涌现。邻里社交公司（Nextdoor）是美国最大的邻里社交应用平台，它基于邻里社交关系，是一个社区二手交易市场，使得邻里之间可以方便地互通有无，买卖商品。不久前，邻里社交公司成功融资 1.1 亿美元，估值达到 11 亿美元。应时卡特（Instacart）也是一家知名的社区"O2O"应用平台。2012 年 6 月由亚马逊公司前员工建立，主要业务是允许消费者以在线方式在多家本地商店购买日用杂货，用户通过应时卡特的网站或移动应用下订单，几小时后就会送货上门。

格拉伯哈布（GrubHub）是一家为用户提供网上及手机订餐服务的公司，2011 年以来营业收入每年以 50% 的速度递增，2013 年实现 13 亿美元的销售流水，2014 年在纽约证券交易所挂牌上市。目前，该公司业务覆盖了全美 600 多个城镇约 3 万家餐馆，拥有 340 万活跃用户，俨然是美国最大的在线及移动外卖平台。

综合来看，这些"O2O"创业公司主要是得益于移动互联网的发展。移动互联网所带来的流程重组、资源重配、时空重构，将"懒人经济"推升到一个新的层次，同时也在多个细分领域催生出前所未见的商业机会。

"O2O"模式虽说还处于发展的初期阶段，但已经创造出多重利好：白手起家的公司飞速壮大，有时间有能力的职员得到了酬劳，"懒人"顾客的需求得到了满足，社会资源得到了高效的利用……人们的吃穿住行用哪一样都不是小事，随着时间的推移，"O2O"模式的发展无疑会有巨大的空间。

当然，此类公司也遇到了一些新的问题。比如发起于美国旧金山的优步技术公司，它利用移动应用程序链接乘客和司机，提供租车及实时共乘的服务，但目前就需要应付两起诉讼，涉及旗下司机是全职职员还是合同职员，以及一旦出了事故，公司所承担的责任大小问题。这不只是一个公司运营的问题，更是一个是否合法的问题。

（摘编自《人民日报》2015 年 7 月 7 日，作者：王如君）

第三章

加快转变经济发展方式的顶层设计

从"转变经济增长方式"，到"转变经济发展方式"，再到"加快转变经济发展方式"，这是我们党对我国现代化发展阶段的敏锐洞察，是继续推进中国现代化航船的战略抉择。加快转变经济发展方式，关系改革开放和社会主义现代化建设全局。转变经济发展方式，关键是要在"加快"上下功夫、见实效。我们要加强规划引导，明确主要任务，兼顾当前和长远，处理好速度和效益、局部和整体的关系，调动各方面积极性，把工作的重点放在提高经济发展质量和效益、实现经济增长方式根本转变、依靠科技进步促进经济增长和提升劳动者素质推动经济发展等方面，切实加快推动经济发展方式转变不断取得扎扎实实的成效。

为什么经济发展方式还没有实现转变

为什么提了二十年，经济发展方式从规模速度型的数量增长，转向质量效益型的集约增长还没有取得很大的成效，我们怎么能够实现这个转变，关键在哪里呢？2015 年 3 月 21 日，国务院发展研究中心研究员吴敬琏在中国发展高层论坛"新常态下论改革"分会场上发问。

"根据二十年的经验，这个关键的问题，就是 2003 年的中共中央关于完善社会主义市场经济决定里面讲的，根本的原因在于存在体制性障碍"，吴敬琏如此认为。

"怎么消除？就是要通过改革"，吴敬琏说，"今年可是全面深化改革的关键之年"，"在 2015 年，大家来关注，来推进，只有通过改革。对过去二十年的经验，只有通过改革才能够消除经济发展方式转变的体制性障碍，那么才有可能实现我们所期望的一种新常态。"

以下为吴敬琏发言实录：

我想要讲几点意见。第一点意见就是，什么是新常态？这个问题讨论得很热烈，从我们中国的政府领导方面权威的解释，有说九个特征，有说四个特征，但是概括起来说，大概是两点：第一点叫做，从高速增长转向中高速增长，就是增长的速度下降。第二个特点就是，从规模速度型的粗放增长，转向质量效益型的集约增长，这样两个转向。

我想强调的一点，就是对于这两个特征，可能没有太大的分歧，学界也没有很多争论。但是，现在到底是已经转入了新常态呢，还是说正在转？这是有不同认识的。

比如说，我看到我们会议发的一个简介，对于这场会议的简介就说中国已经进入了新常态，已经转入了新常态。我想强调的一条就是，刚才讲的两个特征，它的进度是不一样的。

两个特征都说"转向"，但是，一个已经是事实了，已经是转进去了（从高速增长转向中高速增长），第二件事就是"经济增长方式或者叫做经济发展方式，从规模速度型的数量增长，转向质量效益型的集约增长"，这是一个进行时，并没有实现。

我认为，我们需要非常冷静的对这种状况做出判断，要努力才能够实现第二个方面的转变。因为这个经济增长方式从所谓"粗放型的"转向"集约型的"，是1995年制定第九个五年计划的时候提出来的，今年是第20年了，它的核心问题就是"提高增长的质量"，但是经过二十年的努力，这方面没有太大的成效，以至于造成了现在的困境。

那么，我们就需要总结第二点意见，就是说：为什么提了20年，这方面还没有取得很大的成效？我们怎么能够实现这个转变，关键在哪里呢？根据二十年的经验，这个关键的问题，就是2003年的"中共中央关于完善社会主义市场经济决定"里面讲的，根本的原因在于存在体制性障碍。

那么，结论就来了，从这个历史经验告诉我们，关键就在于消除体制性障碍。怎么消除？就是要通过改革。所以我认为，我们现在的主要任务在"通过改革促进经济增长方式、经济发展方式的转变"，把这个"稳增长"作为主要的政策取向，我有一点怀疑。

那么，第三点意见就是，去年是我们全面深化改革元年，我们有一个很好的三中全会决议，按照这个决议怎么样来推进改革？应该总结去年的经验，很好的规划今年的改革。

去年是全面深化改革元年，但是这个元年，一般说来只能做一些初始的工作、前期的工作。所以，现在有个提法讲得很对，今年可是全面深化改革的关键之年。关键之年，大家期待的，一个已经开始部署的就是农地改革，到底这个改革的推进会怎么样，是我们大家都需要关注的。另外一个是大家期待很久的，就是国有企业的改革。好像从去年开始就说很快就会出这个方案，现在还没有看到。我想，这是需要在今年，在 2015 年，大家来关注、来推进的。

根据过去 20 年的经验，只有通过改革，才能够消除经济发展方式转变的体制性障碍，才有可能实现我们所期望的一种新常态。也就是说：（经济增长）中高速甚至是中速，这不要紧，只要我们的增长质量提高了，我想不会有太大的麻烦，困难会一天天地减少。

（摘编自财经网 2015 年 3 月 21 日，原标题：《为什么提了 20 年经济发展方式还没有实现转变》，作者：吴敬琏）

【深度阐释】..

一、提高经济发展质量和效益

（一）提高经济发展质量和效益的重要性紧迫性

实践证明，经济发展速度固然重要，但没有质量和效益的速度不仅不能真正创造财富、改善民生，而且造成资源浪费，加剧环境压力。我们要的发展，不是盲目的发展，而是以质量和效益为中心的发展，即既要走出"速度情结"，又要以转方式调结构提质增效，让经济运行处于合理区间。如此，才能保持稳增长和调结构之间平衡，实现有质量、有效益、可持续的发展。现在一些地方政府仍然满足于单纯增加生产总值，甚至不惜大量举债铺摊子、上工程。结果，引来的项目不少是低水平重复建设，建成的工程不少是"形象工程"，造成资源大量浪费，带来沉重债务负担。因此，"十三五"时期必须处理好政府和市场的关系，尊重经济发展规律，按照中央确定的方针政策和工作部署，加快转变经济发展方式，加快促进经济结构调整，实施创新驱动发展战略，切实提高经济增长的质量和效益。

（二）提高经济发展质量和效益关键是抓好经济结构调整

要坚决摒弃规模速度型粗放增长，增强加快转变经济发展方式的自觉性和主动性。如果不彻底改变传统的依赖物质投入、拼资源环境、靠外延扩张的发展方式，还是习惯于铺摊子、上项目，经济平稳健康发展就会缺少保障，经济发展迈向中高端水平的目标也难以实现，还有可能使一些长期存在的矛盾和问题进一步激化。"十三五"时期，我们要把工作重点放到发现和培育新的经济增长点上来，充分发掘新型工业化、信息化、新型城镇化和农业现代化进程中蕴含的巨大潜力，努力从国家战略实施、消费结构升级和优化发展空间布局等方面寻找新的经济增长点，全面推进科技、管理、市场、商业模式的创新，为加快发展持续注入新动力，使创新驱动成为发展的新引擎。

（三）提高经济发展质量和效益必须加快推进改革开放

以改革的不断深化，进一步破除制约发展的体制机制障碍，破解发展难题，激发市场活力；以开放水平的持续提升，拓展经济发展新的更大空间，创造更多发展机遇，在国际经济技术合作和竞争中赢得更好质量和效益。

（四）提高经济发展质量和效益依赖于政府职能转变

实现经济有质量有效益的增长，政府要通过维护市场秩序、保障公平竞争，创造良好的政策环境，促进经济发展质量和效益的提高。具体而言，政府要在以下几个方面发挥职能作用。一是大力支持技术创新、产品创新，支持战略性新兴产业发展壮大。积极研究制定相关经济政策，整合现有鼓励创新的优惠政策，提高产业政策的针对性、指导性、可操作性，通过支持关键技术创新，形成支持重点企业发展的合力。二是大力推进节能减排，进一步优化节能减排的总体设计，采取强有力措施，细化操作步骤，推动关键技术、关键材料的研发应用，强力治理环境污染。三是坚持以人为本，紧紧围绕提高城镇化质量科学推进城镇化，从而推动国民经济持续健康发展。

二、实现经济增长方式根本转变

（一）把加快发展作为实现经济增长方式根本转变的前提

转变发展方式首先要牢牢抓住发展这个第一要务加快发展，始终坚持把发展作为最大的政治、最硬的道理、最根本的任务，扭住经济建设这个中心不动摇，认真审视自身优势与不足，扬长避短，突出特色，加快发展步伐。

（二）把调整产业结构作为实现经济增长方式根本转变的重要途径和主要内容

加快经济结构调整，必须立足实际，把加快产业结构调整作为一个重要方面，巩固提升传统优势产业，加快特色产业发展。走新型工业化道路，大力发展具有特色的工业，加大精深加工和装备、新材料、生物等新兴产业的培育。加快以现代物流和旅游业服务为重点的服务业发展，通过重点服务业的带动，形成第三产业加快发展的良好态势。促进第一、第二、第三产业协调发展，推动经济结构趋于更加合理，确保转变经济发展方式的稳步实现。

（三）把优化投资结构作为实现经济增长方式根本转变的后劲保障

加快转变经济发展方式，既要坚持拓宽融资渠道，又要坚持优化投资结构，从而提高投资效益，在继续保持投资合理增长的同时，促进经济发展方式转变。改善经济发展条件，加大对基础设施的投资力度，打牢经济可持续发展基础。加强对重点产业和企业融资的力度，推进重点产业优化升级，通过政府引导、政策扶持等多种手段，推进诸如生物产业等资源能源消耗低、产品附加值高、产业链长的优质产业发展。

（四）把提高自主创新能力作为实现经济增长方式根本转变的根本出路和关键环节

坚持自主创新、重点跨越、支撑发展、引领未来的方针，抓住

"十三五"时期战略机遇，更加注重自主创新，把增强自主创新能力作为科学技术发展的战略基点，作为调整经济结构、转变经济发展方式的中心环节，作为一项重大战略贯穿到经济社会建设的各个方面，谋求经济长远发展主动权，形成长期竞争优势，为加快经济发展方式转变提供强有力的科技支撑。认真贯彻落实科技创新战略，在创新中巩固提升传统支柱产业，培育发展新的支柱产业。加快推进重大科技攻关，加快提升自主创新水平，加快建立以资源为依托、企业为主体、市场为导向、产学研相结合、符合实际的创新体系，不断提升科技进步对经济增长的贡献率。

（五）把资源节约和环境保护作为实现经济增长方式根本转变的重要抓手

加强生态建设和环境治理，进一步搞好天然林保护和造林绿化，加快重点防护林和商品林基地建设，加大环境污染综合治理力度，加快形成资源开发等重点领域的生态补偿机制，不断完善节能减排的激励政策、技术标准和管理制度，健全政府节能减排目标责任考核评价体系，积极推广节能技术和产品，全面挖掘建筑、公共机构、交通、商业和农业农村节能潜力，加大冶金、化工、建材、火电等传统行业技术改造投入力度，加快城镇污水、垃圾处理设施建设，广泛提倡低碳生活，营造低碳生活环境，倡导绿色消费。推进资源的循环利用，构建资源再生产业和可再生资源回收利用体系，提高资源和能源使用效率，确保"十三五"节能减排计划的落实。

（六）把深化改革扩大开放作为实现经济增长方式根本转变的根本动力

坚持解放思想，破除制约转变经济发展方式的体制机制障碍，加快建立健全有利于转变经济发展方式的体制机制和政策体系。特别是要深化国企、财政、金融、投资、行政管理等领域的改革，大力推进重点领域和关键环节的改革，加快发展非公有制经济和中小企业。深入推进对外开放战略，紧紧抓住扩大开放的重大机遇，不断深化国际合作，提高对外开放的层次和水平，为推进转变经济发展方式注入活力。

三、依靠科技进步促进经济增长

（一）加大科技创新力度

中国经济虽然已居世界前列，但许多产业仍处在世界的中低端，传统的粗放式增长路径已经行不通了，必须更多地依靠科技进步调整结构。这是一种战略性、结构性、创新性调整。"十三五"时期将坚持有扶有控、有保有压，培育壮大新产品、新业态，促进服务业、高技术产业、新兴产业加快发展；积极化解产能过剩矛盾，加快传统产业改造步伐，淘汰落后产能，提升中国产品和服务业在全球价值链中的位置，使创新真正能创造出更高的价值；近年来，我国推动经济发展由要素驱动向创新驱动转变取得积极进展，科技投入大幅增长，自主创新能力不断提升，科技进步对经济发展的驱动作用增强，专利申请数量和增长速度明显提升，新一代信息技术、生物医药、高端装备制造、新能源等新兴产业迅速崛起，在经济总量中的份额不断提高，新的增长动力正在孕育壮大。这些都为迎接新一轮科技革命和产业变革、加快向创新驱动转换奠定了良好基础。"十三五"时期要完成发展动力转换，就必须坚定不移推进改革创新，积极营造创新生态、培植创新土壤、释放创新活力，使创新深度融合于经济发展之中，从而主动适应和引领经济发展新常态。

（二）加快形成创新驱动发展的体制机制

实现创新驱动发展，最根本的是破除体制机制障碍，建立有利于创新资源高效配置和创新潜能充分释放的体制环境。"十三五"时期，将更加注重营造公平竞争的市场环境，矫正生产要素和资源性产品价格扭曲，增强企业创新发展动力。更加注重知识产权保护，深入实施知识产权战略行动计划，依法打击侵权行为，切实保护发明创造。更加注重以增量带动存量改革，在物联网、大数据、云计算、新能源汽车等新兴领域组建一批新型研发机构，取得一批原创性科研成果，推动科研院所分类改革。

（三）推进市场导向的科技创新

创新需要市场导向，需要千千万万市场主体在试错中找到方向，这就要求使市场在资源配置中起决定性作用，主要靠市场发现和培育新的增长点。因此，通过市场引导资金、人才、技术等创新要素优化配置，引导创新资源向企业集聚，完善科研院所和高校的技术成果向企业转移机制，加大对中小企业、微型企业创新的扶持力度，促使企业加快摆脱对能源资源消耗较多的加工制造环节的过度依赖，更多地依靠研发、设计、市场开发、品牌建设和无形资产投资，满足差异化和个性化需求，推进传统制造向以研发为基础的新型制造转型。

（四）把科技创新与产业转型升级结合起来

创新是科技成果的产业化过程，必须落实到创造新的经济增长点上，推动产业结构迈向中高端。要把发展新兴产业与科技创新结合起来，着力突破研发、设计、标准、品牌、供应链管理等关键环节，力求掌握核心技术，力求拓展创新效应，增加高附加值环节的比重，提高产品的知识、技术和人力资本含量。依靠科技创新加快传统重化工业现代化改造，推动劳动密集型产业向劳动、知识、技能密集相结合的方向发展，推动高新技术产业由组装为主向自主研发制造为主转变。

四、提升劳动者素质推动经济发展

经济社会发展后劲的大小，越来越取决于劳动者的知识水平和创新能力；在国际竞争中抢占先机、赢得主动，越来越需要不断提高广大劳动者的综合素质。习近平总书记在全国劳动模范和先进工作者表彰大会上强调"始终高度重视提高劳动者素质，培养宏大的高素质劳动者大军"，着眼的是推进伟大事业的战略全局。

（一）多渠道引进高层次人才

通过引进人才大力发展战略性新兴产业，形成新的经济增长点。

放眼世界，新一轮科技革命和产业变革孕育兴起，世界各国加快争夺未来制高点、争创产业新优势的步伐，谁拥有人才上的优势，就会拥有实力上的优势。审视国内，中国经济动力转向创新驱动，经济结构发生深刻变化，新产业、新业态、新模式纷纷涌现，对知识型、技术型、创新型人才需求迫切。这一切都对劳动者素质提出了更高要求，也在昭示我们，要以人才"第一资源"的优化提升，进一步解放科学技术"第一生产力"，高质量、高效率地推动发展这个"第一要务"。开通人才引进绿色通道，通过各种渠道引进的高层次人才，依托其拥有的知识、技术和专利，吸引资本、项目、劳动力以及其他优质人才前来集聚，从而催生新兴产业崛起，对经济社会发展发挥重要作用。

（二）加强技能型、服务型人才队伍建设和农村实用人才培训

通过人才队伍建设调整劳动力就业结构，推动传统产业结构的优化升级。围绕发展现代服务业的要求，依托大力发展职业教育、加强高技能人才队伍建设、全面实施农村实用人才培训工程等载体，提高劳动者的职业技能和职业道德水平，以及服务能力和水平，扩大就业保障民生，调整结构科学发展。通过有针对性的职业教育、培训，以及配套的职业技能鉴定等制度的实施，提高劳动者的就业能力特别是到第三产业就业的能力，逐步建立与产业结构的优化升级相适应的劳动力就业结构，直接推动技术创新、管理创新和文化创新，大幅提高生产效率、节约交易成本和管理成本，从而有效促进传统产业向高端化升级。

（三）加强科技创新人才培养和科技创新团队建设

提高自主创新能力，用科技的力量推动经济发展方式转变。发展科技、教育和文化事业，全面提高人的素质，是转变经济发展方式、实现可持续发展的关键，以中青年学术和技术带头人及其后备人选队伍建设为基础，培养一批经济社会发展急需的科技领军人才和创新型科技人才、创新团队。这些高端人才在有限空间内通过高频度接触、沟通，实现集体学习和信息共享，促进思想碰撞和创新思维的进一步激发，形成浓厚的创新文化氛围，从而进一步吸引更多人才聚集、激

发更强创新活力，推动重点产业集群，既在展现自主创新能力方面初现成效，对转变经济发展方式、调整经济结构起到很好的促进作用，也对其他科技工作者的成长和科技团队的建设发挥很好的示范作用。

【专家观点】

张军扩：促进经济增长阶段平稳转换

当前，人们对经济增长速度的认识还存在一些误区。有人以为经济发展进入新常态，经济增长速度会自动从高速转为中高速，因此对于经济下行压力缺乏认识，对稳增长的必要性和意义缺乏正确判断。确实，经济发展进入新常态的一个突出特点，就是潜在增长率由高速转变为中高速。但中高速的潜在增长率只是一种增长的可能性，并不会自动实现。我国经济从高速转向中高速的过程仍面临诸多风险和挑战，只有主动作为、采取切实措施，才能成功实现增长阶段的平稳转换。

加快形成与新常态相适应的新增长方式

形成与新常态相适应的新增长方式，是成功实现增长阶段转换的关键。从国际和历史的视野来看，过去30多年我国的高速增长属于比较典型的后发追赶型经济增长。现在我国追赶型增长进程还没有结束，目前所面临的增长阶段转换，属于后发追赶型增长过程中的阶段转换。关于这个时期我国经济潜在增长率的高低，近年来一直是学术界热议的话题，现在已经形成两个基本共识：一是我国经济基本面正在发生变化，传统增长动力减弱，潜在增长率有所下降，不可能再回到过去接近两位数的高增长。二是虽然我国经济潜在增长率已经下降，但不会一下子滑落到发达国家2%～3%的低速水平，而是具有在一定时期内实现中高速增长的潜力。

但需要注意的是，潜在增速只是由经济发展阶段、与发达国家发展差距及后发优势大小等因素所决定的一种增长可能性，是通过努力有可能实现的增速，而不是不通过努力就可以实现的。有三个方面的国际经验可以说明这一点：一是世界上有不少处于低收入发展水平、非常贫穷的国家，它们的后发优势和增长潜力很大，但长期没有实现快速增长；二是一些成功实现追赶型增长的经济体，包括日本、韩国及我国台湾地区等，尽管它们在相似发展阶段的后发优势或增长潜力比较相近，但各自实现的中长期平均增长速度存在较大差异；三是一些追赶不那么成功的国家或地区，虽然在发展初期经历了高速增长，但到中等收入阶段则出现了发展的停滞，落入了"中等收入陷阱"。这些教训都是值得吸取的。

可见，从高速增长向中高速增长转变，并不仅仅意味着增长速度的变化，而同时意味着增长动力和增长方式的重大转变。中高速增长并不能在延续旧的增长模式下自动实现，而需要通过改革的深化和政策的调整去争取，需要政府、企业和社会各方面共同努力。如果不能真正建立适应发展阶段变化、有利于实现增长方式转变的体制和政策环境，那么，不仅中高速的增长潜力不会变为现实，而且经济有可能滑落至低速徘徊，甚至落入"中等收入陷阱"。因此，关键是在保持经济基本稳定、风险总体可控的前提下，不失时机地推进各项改革，加快形成与新环境、新阶段相适应的质量效率型集约增长方式。同时，应加快培育发展新产业、新业态、新商业模式和新增长点，带动经济增长方式转变。

把握好稳增长与调结构的平衡

把握好稳增长与调结构的平衡，在着力提高经济发展质量和效益的同时，保持经济运行在合理区间，是实现经济增长阶段平稳转换的基本要求。

统筹兼顾促改革、转方式、调结构和稳增长、防风险、惠民生。当前我国宏观经济形势的复杂性，不仅在于经济进入新常态所出现的新情况、新问题，还在于近年来我们一直说的增长速度换挡期、结构调整阵痛期、前期刺激政策消化期"三期叠加"，面临的问题和矛盾可以说盘根错节、异常复杂。我们既需要促改革、转方式、调结构，也需要稳增长、防风险、惠民生。这些任务之间，从长期来看是相辅相成、相互促进的，但在短期内有时会相互掣肘，甚至存在矛盾。加大转方式、调结构力度需要深化改革，强化市场约束，促进优胜劣汰，长期来讲无疑有利于保持增长活力、控制风险，但短期内则有可能导致增速下降，加大矛盾和风险；而如果把短期增速的高低看得过重，或者不愿冒必要的风险去解决深层次矛盾，则势必在促改革、转方式、调结构方面迈不开步子，时间一长，就有可能陷入增长下滑、风险加剧和改革难以推进的恶性循环。所以，必须坚持整体谋划、统筹兼顾，既紧紧扭住促改革、转方式、调结构的任务不放松，又密切关注各项改革举措对经济增长的短期影响，并采取必要的调控措施，保持经济运行在合理区间。

加强和改善宏观调控，保持宏观经济基本稳定。增长方式的惯性作用常常会使宏观调控政策面临困难选择。长期以来，我国经济增长属于比较典型的规模速度型模式，只有在保持较高增速的情况下，企业才能盈利，财政才能增收。经济增长方式转变存在滞后性。随着经济增速快速降至中高速水平，由于规模速度型粗放增长方式还在延续，尽管增长速度并不算低，却可能出现企业大面积亏损和财政收入增速大幅度下滑的情况。如何既加快推进结构调整和增长方式转变，又缓解企业和财政面临的困难，保持宏观经济基本稳定，是宏观调控面临的重大考验。近两年，我国创新宏观调控方式，坚持宏观政策要稳、微观政策要活、社会政策要托底的总体思路，保持宏观政策连续性和稳定性，实行区间调控、定向调控，适时适度预调微调，提高了宏观调控效果。

区分两种不同性质的经济增速回落。经济增长阶段转换期会出现两种性质的增速回落：一种是由阶段转换、潜力变化和结构调整、矛盾化解等所导致的增速下降，另一种是由经济景气循环变化所引起的增速下降。这两种增速下降虽然根源不同，却会相互影响，甚至相互加强，尤其需要注意由前一种下降所导致的后一种下降。这是因为，经济增速变化不仅受客观因素的影响，还受心理预期因素的影响。由增长潜力下降或结构变化导致的增速下降，如果控制不好，就有可能通过预期因素导致经济的周期循环型下降。如果说第一种回落很难避免，那么，我们应当尽可能减小第二种下降。这也是中央一直强调保持经济处于合理区间、防止经济惯性下滑的道理所在。当然，在"三期叠加"阶段，也不能把合理区间简单理解为一个增速数据，而应更加注重增长的质量和效益，注重就业与民生，注重环境改善，注重风险化解和防控。在这些目标和要求能够比较好地得到满足的情况下，即使经济增速低一些也是可以接受的。

从需求和供给两个方面打造"双引擎"

当前，我国经济下行压力依然较大。只有从需求和供给两个方面着力，才能打造大众创业、万众创新和增加公共产品、公共服务的"双引擎"，实现经济提质增效升级。

进一步加大有利于强基础、惠民生的投资。我国现阶段依然具有巨大的投资需求空间，特别是在城市地下管网改造、农房抗震加固、农村垃圾处理、大气和水污染防控等方面，投资需求非常强烈和迫切。问题在于，与前一阶段的投资相比，这些领域投资的一个突出特点是大都具有一定公益性质，而不是可以直接商业化的投资。因此，一方面要通过建立适应新形势的可持续的投融资体制，充分释放国内投资需求，从需求侧形成增长的新动力；另一方面，在经济下行压力较大的形势下，要按照去年底中央经济工作会议提出的"积极的财政政策要有力度"和今年《政府工作报告》提出的"积极的财政政策要加力增效"的要求，进一步加大积极财政政策的力度，支持这些领域的政府投资。

进一步深化改革，充分释放我国在要素供给方面依然具有的比较优势或后发优势。比如，我国劳动力成本远低于美国，但资金成本、能源成本、物流成本等由于竞争不充分，远高于美国。如果计算综合成本，在不少产业领域我国甚至高于美国。这是导致近年来不少美国企业回归甚至不少中国企业选择到美国设立分厂的重要原因。如果能够通过改革打破垄断，提高这些领域的发展质量，降低成本，就能为发挥我们本来具有的比较优势创造条件，形成新的增长动力。

形成有利于新兴产业成长以及大众创业、万众创新的体制和政策环境。当今世界，信息、新能源等领域的技术进步一日千里，基于商业模式创新的新业态层出不穷，二者相结合，孕育大量新商机、催生众多新业态。另外，随着我国居民收入水平提高和人口结构变化，健康、环保、养老等服务业存在巨大需求。但这些产业发展还面临监管方式、财税政策、金融政策等的制约，需要通过体制改革和政策创新创造适宜的环境。促进大众创业、万众创新是实施创新驱动发展战略的重要内容。我国人才资源丰富，科研教育基础扎实，具有巨大的创新驱动发展潜力。但长期以来，教育体制、人才体制、科研立项、经费管理等方面存在弊端，严重制约创新驱动发展潜力的发挥。必须加快相关方面的改革，给市场和社会留足空间，为公平竞争搭好舞台，创造有利于大众创业、万众创新的良好环境。

（摘编自人民网–中国共产党新闻网 2015 年 7 月 13 日，作者：张军扩）

蔡昉：以转方式调结构引领新常态

我国经济发展进入新常态，既面对新的挑战，也面临难得机遇。应对挑战、抓住机遇，不仅需要深刻认识和主动适应新常态，而且需要按照新常态的内在规律积极引领新常态，即通过全面深化改革推动转方式、调结构，实现经济增长动力从要素投入驱动向创新驱动转换，保持中高速增长、迈向中高端水平，实现经济效率明显提高，到 2020 年如期全面建成小康社会。

转方式调结构是引领新常态的路径和手段

我国经济发展进入新常态的一个表现是经济增长从高速转向中高

速。经济增长速度放缓是一系列经济条件变化导致的，其中起支配作用的是人口红利的消失。根据第六次人口普查，我国15~59岁劳动年龄人口2010年达到峰值后逐年减少。其结果是：劳动力短缺现象日益加剧，企业用工成本显著提高；劳动力无限供给阶段结束，投资回报率下降；劳动力从农业向非农产业转移速度减缓，抑制了资源配置效率提高的速度。这些变化，意味着支撑经济高速增长的传统因素或消失或式微，经济潜在增长率下降。

潜在增长率是在特定的资本、土地和劳动力供给乃至资源环境约束下所能实现的正常经济增长速度。所谓"正常"，是指不发生严重通货膨胀和周期性失业。伴随潜在增长率下降出现的实际增长率从高速到中高速的转变，不是暂时的周期性现象，而是新的发展阶段的特征。按照党的十八大确定的目标，2020年我国GDP总量要在2010年的基础上翻一番。这要求"十三五"期间经济增长速度保持在6.5%~7.0%。一方面，这一增长速度在世界范围内依然是令人羡慕的，符合我国客观实际和发展规律，有必要在一个时期内保持下去；另一方面，在经济下行压力较大的形势下，如果不能突破传统增长模式的限制、实现增长动力从投入驱动型向创新驱动型转变，经济增长速度就可能一路减缓，经济向形态更高级、分工更复杂、结构更合理的阶段演化也可能受阻。那么，如何突破传统增长模式，实现增长动力转换？答案就在转方式调结构中。研究表明，消除妨碍资源配置的体制性障碍，加快转方式调结构，就可以发掘新的增长源泉、形成新的增长动力。因此，转方式调结构是稳定经济增长、提高增长质量和效率的源泉，是引领经济新常态的路径和手段。

转方式调结构应遵循生产率导向原则

怎样通过转方式调结构发掘新的增长源泉、实现增长动力转换、保持中高速增长呢？如果从广义的角度认识经济发展，而不是仅仅将其看作经济总量的增长过程，转方式调结构就是经济发展不可或缺的组成部分。也就是说，转方式调结构不仅是经济发展的结果，也是经济发展的源泉。转方式的主要表现是经济发展方式从粗放增长向集约增长转变，调结构的主要表现是产业结构升级，其关键都是生产要素从生产率较低的部门向生产率更高的部门转移，进而形成新的增长动力机制和增长点，从而使经济整体的资源配置效率得以提高。

改革开放以来，特别是加入世界贸易组织以来，我国劳动力从农村和中西部地区大规模流入城镇和沿海地区，改善了产业结构，特别是提高了劳动生产率。可以通过"比较劳动生产率"这一指标来观察产业结构的变化。该指标是某产业的增加值比重与劳动力比重之比，可以综合反映三次产业的劳动生产率差异。根据国家统计局的口径，2013年农业的就业比重仍然高达31.4%，而增加值比重下降到9.4%，由此计算的农业比较劳动生产率仍然很低，只有0.30；而非农产业的比较劳动生产率为1.32。即使按照实际务农时间估算，农业劳动力比重降低为21.5%，农业比较劳动生产率也仅为0.44，而非农产业比较劳动生产率为1.15，非农产业比较劳动生产率依然显著高于农业。

但应看到，随着农业劳动力所占比重显著降低，老龄化导致农村户籍人口年龄升高，农业劳动力转移速度逐渐减慢。甚至新增农民工数量很快将小于返乡人口数量，导致城乡劳动力逆向流动的局面。这将降低劳动生产率从而进一步降低经济增长率。据预测，16岁到19岁的农村人口，2014年为3 575万人，到2020年将减少到3 055万人，净减少520万。事实上，外出农民工的年度增长率已经从2005—2010年的平均4%显著地下降到2014年的1.3%。如果粗略地把16~19岁农村人口作为潜在的外出群体，其2014年以前的增长轨迹与外出农民工是一致的，但已于2014年达到峰值，预示着外出农民工增长将明显减速。

不过，通过转方式调结构提高资源配置效率的机会窗口并没有关闭。许多人看到发展第三产业是产业结构调整的方向，近年来第三产业所占比重也的确在较快提高。但是，产业结构调整必须把握生产率导向原则。单纯提高某个产业的比重，而忽略产业之间的关联，忽略市场信号对结构调整的引导，就不一定能产生预期的生产率提高效果。例如，2013年第二产业的比较劳动生产率为1.45，第三产业则为

1.22。如果第二产业与第三产业之间只是简单的此消彼长关系，则总体劳动生产率还会降低，与结构调整的初衷南辕北辙。

随着结构调整进入到更深层面，资源重新配置可以进一步带来效率提高。在一个行业内部的企业之间，生产率提高速度快、更具创新能力和市场竞争力的企业胜出，而生产率低下、创新能力弱从而没有市场竞争力的企业被淘汰，就能使生产要素得到优化利用，提高整个经济的生产率水平，实现更快的增长速度。目前存在的各种体制障碍，如一些行业和企业因拥有垄断地位，即使没有竞争力也难以退出，新成长企业特别是中小企业面临门槛高、融资难融资贵从而难以进入、发展受限等问题，都妨碍着生产率的提高。

转方式调结构需要改革和创新驱动

只有大力推进改革和创新，遵循生产率导向原则推动转方式调结构，才能实现增长动力转换，保持中高速增长，迈向中高端水平。测算表明，如果能够通过一系列重要领域的改革提高非农产业劳动参与率、增加劳动力供给、扩大人力资本积累和提高全要素生产率，"十三五"时期的潜在增长率可以提高1~2个百分点。这是非常重要的改革红利。为此，应该把握以下三个要点。

在构造现代农业生产方式的基础上，加快户籍制度改革，进一步转移农业富余劳动力，提高非农产业劳动参与率，推进工业化和城镇化。根据日本和韩国的经验，在跨越劳动力供求关系转变的刘易斯拐点后20年中，农业劳动力比重持续大幅下降，每年下降幅度分别为1个百分点和1.8个百分点。从目前到2020年全面建成小康社会这一时期，正是我国人均GDP从7 000多美元跨入12 000美元高收入国家门槛的过程，国际上处于这个发展阶段的国家，农业劳动力所占比重平均为14%。按照这一目标和现实可能性，今后我国农业劳动力所占比重每年应下降1个百分点。如果能做到这一点，劳动力短缺矛盾可以得到一定程度的缓解，仍可获得劳动力重新配置带来的效率提高。

促进现代服务业加快发展，使第三产业发展建立在第二产业结构优化特别是制造业升级基础上。第三产业既包括与居民日常生活息息相关的传统服务业，也包括与新科技紧密结合的现代服务业，二者生产率水平大不相同。我国传统服务业 2004—2013 年增长了 117.4%，2013 年占全部第三产业的比重为 34.7%；同期现代服务业增长了 68.3%，2013 年占全部第三产业的比重为 65.3%。传统服务业增长明显快于现代服务业，这无疑是一个降低生产率的因素。但由于现代服务业占比高，对第三产业发展的贡献更大，因而服务业发展有利于提高生产率。今后应创造更好的体制和政策环境，使现代服务业的增长速度赶上以至超过传统服务业。第三产业发展并不必然伴随着制造业萎缩。实际上，制造业升级也包括从价值链"微笑曲线"的底端向两个高端攀升，进而发展出研发、设计、营销、售后服务等生产性服务业，这些生产性服务业可以帮助制造业变得更具竞争力。这样，制造业升级和现代服务业发展就能够同步进行。国际经验表明，发达国家较高的服务业比重，通常是在高度工业化的基础上达到的，是更高生产率的表现。因此，加大人力资本积累力度，营造激励创新的制度环境和社会氛围，促进大众创业、万众创新，让新成长企业大量涌现，是使我国产业体系迈向中高端的必然要求。

形成充分竞争的市场环境，通过市场机制实现优胜劣汰，实现企业间资源优化配置。对美国经济的研究表明，发生在某一行业内部，表现为企业进入、退出、扩张和萎缩的资源优化重组，以及由此导致的优胜劣汰，对生产率提高的贡献高达 1/3 ~ 1/2。在一定程度上，我国生产要素在企业、部门和地区之间的合理流动还受到垄断、地方保护等的羁绊，一些地方政府和政府部门挑选赢家的产业政策造成不公平的竞争环境，能者缺乏"进"的激励，庸者没有"退"的压力，企业缺乏提高生产率的动力。因此，进一步深化国有企业改革和投融资体制改革，打破限制企业进入和退出的制度门槛，让市场在资源配置中起决定性作用，是转方式调结构能否得到实质性推进的关键。

（摘编自《人民日报》2015 年 5 月 4 日，作者：蔡昉）

外国学者：转方式调结构　中国经济更高效

当前中国经济发展进入新常态，正通过全面深化改革推动生产方式和产业结构的转变。接受本报记者采访的外国专家学者认为，中国经济将形成新的增长动力机制，经济增长的质量将更高、更有效率。

转方式：经济增长质量更高

世界银行发布的数据显示，2010 年以来，中国服务业增加值占整个国民经济的比重不断上升，每年增加超过 1 个百分点。中国经济驱动力正在由制造业向服务业转变，而且服务业对新增就业岗位的贡献也越来越大。

美国耶鲁大学教授罗奇在接受本报记者采访时说，中国经济处于转型升级、提质增效的关键时期，经济增长更多依靠消费和服务业驱动，迈向更加可持续发展阶段。虽然在这个转换过程中经济增速与之前相比有所放缓，但中国经济体量大，完成转型之后，经济增长质量将更高。

罗奇认为，服务业在中国成长迅速，是中国新增就业岗位的重要来源。近两年来，中国就业增长超过预期，为中国经济进入下一个增长阶段打下了坚实的基础。中国服务业的强劲发展将为世界提供一个大市场，互联网业方兴未艾就是一个典型例子。

国际货币基金组织总裁拉加德也认为，过去 7 年，中国在全球增长中的占比超过 1/3。通过持续不断的改革和产业结构转型升级，中国经济增长将更安全、更具有可持续性，这将惠及全世界。

泰国开泰银行研究中心中文部主任黄斌告诉本报记者，中国经济的持续向好，对周边国家的经济发展日益产生正面和积极的溢出效应。这种溢出效应充分说明，中国经济发展动力充足，有着很强的后劲。同时，中国正逐步成为一个消费主导型市场，第三产业将为中国经济提供越来越充足的驱动力。

泰国华人青年商会会长李桂雄表示，中国经济进入新常态，其中一个重要的方面是，民众开始越来越多地享受经济发展的成果。近年来，中国出境游消费增长非常迅猛，就是中国成长为消费和服务业主导型市场的一个重要表现。

调结构：释放经济增长新动力

巴西金砖国家政策研究中心研究员保罗·罗贝尔认为，中国经济正在步入转型升级的重要阶段，更加注重长期、平衡的发展。中国正在进行的改革是深入的、全方位的，沿着这条正确的道路，中国经济将在保持繁荣的基础上大大提高发展质量。

罗贝尔说："去年我在中国参加经济会议时，听到最多的关键词就是创新、科技与活力。中国这个'世界工厂'向外输出的不再只是劳动密集型产品，而是有高技术含量和创新思维的高端产品，这表明中国正在积极向新的高效发展方式转变。"

谈到产业结构的调整，罗贝尔表示，服务业在中国经济所占的比重已超过第二产业，这个趋势值得肯定。这意味着中国经济趋于多元化、更具竞争力。服务业的不断提升将使经济发展更加集约，资源得到合理配置，从而为新常态下的中国经济释放出新的动力。

巴西应用经济研究所国际政治与经济部主任雷纳托·鲍曼认为，产业结构的调整将有助于促进国内需求，拉动消费。中国推进经济结构转型升级，使原来的工业主导型经济向服务主导型经济转变。随着中国经济的发展，服务业占比日益得以提升，这种趋势符合经济规律，不仅有利于经济结构的平衡，而且有助于提振劳动力市场、增加就业，从而提高人们收入水平。

"当前，世界经济增长缓慢，急需注入新的活力，中国经济政策的调整恰逢其时，将为世界经济的发展带来新的动力。"鲍曼表示，中国是巴西和其他拉丁美洲国家的重要市场，中国产业结构的调整有利于巴西对华出口的多样化，期待中国经济的优化升级给拉美国家带来更多机遇。

坦桑尼亚达累斯萨拉姆大学经济学教授汉弗莱·莫西在接受本报

记者采访时表示，中国已连续 5 年成为非洲最大贸易伙伴，中国经济进行产业结构调整也将惠及非洲经济的发展。他满怀信心地表示，非洲将会从中国产业结构转型中受益匪浅，南南合作也将因此提升至一个新的高度。

（摘编自《人民日报》2015 年 6 月 2 日，作者：张朋辉等）

【视野拓展】..

德国鲁尔地区"经济转型"的启示

德国西部鲁尔地区作为德国工业革命的策源地已有两百多年的历史。这里也是从前德国工人运动的重要地区。第二次世界大战之后，鲁尔地区对当时联邦德国的经济恢复和起飞发挥过重要的作用，鲁尔的工业产值曾占全国工业产值的 40%。

但是从 20 世纪 70 年代开始，联邦德国将工业发展重点集中在德国南部原来工业极为薄弱的地区，特别是原来以农牧业为基础的巴伐利亚，依靠发展汽车、电气、微电子、电讯和宇航等新兴工业，形成新兴工业中心。而鲁尔地区以煤钢为基础的传统产业不断衰落，大批工人失业，大量污染源需要治理，鲁尔地区"调整经济结构"亟待提上日程。

德国的"经济转型"起始于 20 世纪 80 年代中期。经过近 20 年的"经济结构转型"，鲁尔地区已经从一个以煤炭和钢铁为基础的旧工业区转变为以高新技术产业为主、服务业及文化产业协调发展的新型经济区。

旧鲁尔与新鲁尔

在两百多年来作为德国工业发源地和心脏的鲁尔地区，到处可以看到高炉、矿井、储水罐、储气舱静悄悄地矗立着，没有机器轰鸣，没有火焰与钢花，没有工业烟尘，工厂小铁轨旁边长出野草，堆积工业废料的场地生长着小树。占地几十公顷甚至上百公顷的整个钢铁厂和煤矿已经被废弃，或者说正在"脱胎换骨"，改建为以新科技产业及以环保和新能源产业为主的新"工业园区"。杜依斯堡市北郊有一座改建的大型钢铁厂。两座大高炉被原封不动地保留着，装上轻便曲折的扶梯，供人参观。

一排排的厂房在保持原有外观的情况下改建为音乐室、健身房、企业历史展览厅、会议室、餐馆等等。一座庞大的储水罐已被改做国家队潜水运动员的训练地。整个厂区，被地区政府经济部门收购，改建为"特色公园"，并引进了高科技产业。在奥勒豪森，德国最大的一座煤气储藏舱，二十几层楼高的圆形庞然大物，已被开辟为"火焰"博物馆，展览鲁尔区两百年的"火与钢"发展历史，参观者十分踊跃，年少者新奇地看着他们的前辈劳动的情景，年老者带着怀旧的感情边看边讲述他们的过去。这些钢铁怪物似乎已经成了现代工业的"文物"。

鲁尔矿区有一座已经废弃的大型煤矿，高大的建筑以及暗红色的砖仍然保持着 20 世纪 30 年代时的原样。现在这里被改建为一个煤矿展览馆。进入馆内，可以看到百年来煤矿工人的劳动景象，展示着斗车、铁锹、大锤和原始挖掘机等劳动工具，以及矿工的安全帽和生活用品。同时这里还展示着工业进步的历史、工人受剥削以及工人运动的历史。鲁尔煤矿已被联合国列入世界文化遗产名录。

科技革命催生新兴产业

作为工业革命发源地的欧洲是西方发达国家经济改革和调整的典型范例。在鲁尔区看到的情景，不仅在德国其他地方，在英国、法国、意大利等欧洲国家也不同程度地存在着。科技革命使以煤钢为基础的传统工业走向衰落，也催生了用高新技术装备起来的新兴产业。中小企业众多的鲁尔地区本来并不发达，但中小企业能快速运用新技术，因此在这里的几十万家中小企业都被以现代化技术装备起来。在"未来行业"中，通信信息产业占有重要地位，"绿色经济"和"环保产业"也迅速发展。就能源来说，太阳能成为鲁尔区的主要发展目标。在鲁尔地区的格尔森基尔欣有一座"科学公园"，这里是世界最大的顶盖式太阳能发电站，准备批量生产以太阳能为电流的色素电池。

德国战后经济发展轨迹可被视为现代资本主义发展道路的缩影，大体经历了如下阶段：战后初期的经济恢复时期、经济调整增长时期、经济缓慢增长和停滞衰退时期。现在，以高新技术为基础的经济结构转变，是否会把或者说已经开始把现代资本主义带入一个新的发展时期。这是一个值得研究的重要课题。

深刻与广泛的工业"经济结构转型"

"经济结构转型"给人们的生产、生活方式及社会、政治活动带来深刻的影响。现在失业者大多是简单劳动者或没有能力掌握新技术的人，脑力劳动与体力劳动的差别进一步缩小，传统工业工人减少，"白领工人"的比例大量增加。工人阶级状况、社会结构将发生什么样的变化，也亟待研究。工会和传统左翼政党也面临着新的困难和问题。鲁尔地区是德国产业工人最集中的地方，因而社民党组织也最强大，社民党也有过长期单独执政的时期。如今社民党的力量和影响下降，社民党不得不联合其他政党共同执政。造成这种情况的原因是多方面的，但"经济结构转型"肯定是一个重要原因。社民党虽然从 20 世纪 50 年代起从工人政党向人民党转变，但产业工人仍然是社民党的支柱之一，现在传统产业工人减少，社民党对新一代技术工人的吸引力也越来越缺失。

"经济结构转型"是一个世界性潮流，当然，由于体制不同、经济发展的历史和水平不同、具体国情不同，各国的情况和做法也不同，中国现在正处在经济结构转型之中，存在两个根本性转变，一是经济体制从传统的计划经济体制向社会主义市场经济体制转变，二是经济增长方式从粗放型向科技创新型转变。虽然中德两国的"经济结构转换"情况不同。但德国的一些经验与教训，对于我们在推动科技进步、调整产业结构、普遍提高劳动者素质、充分发挥社会各方面积极性、加强环境生态和资源保护等方面，有一定的借鉴和启示作用。而且，由此也可促进中德在"新能源""环保产业"等领域的经济合作。

一、经济结构转变的指导思想:"经济、生态和社会协调发展"

鲁尔地区经济结构调整的指导思想和目标是比较明确的。鲁尔地区作为德国工业革命的策源地,已有两百多年的发展历史,在大量生产煤、钢的同时,环境和生态也遭到很大的破坏。在20世纪80年代初期,联邦德国就开始讨论,"OEKO同OEKO的关系"问题。前一个OEKO是Oekonomie,即经济,后面一个OEKO是Oekologie,即生态。到20世纪80年代中期,联邦德国认识到经济结构调整是一个系统工程,既涉及经济问题也涉及社会问题,因而鲁尔地区提出,调整经济结构的指导思想是"经济、生态和社会协调发展"。把过去污染环境、浪费资源的传统产业和生产方式转变到以生态为优先、有利于生态和生产协调发展的新兴产业和新生产方式上来,促使结构调整、生态保护与居民就业同步发展。按照这一指导思想和调整目标,联邦政府、北威州及鲁尔地区积极推行新的产业政策,及时关闭已陷入困境的煤、钢等企业,大力发展环保、园林、建筑、贸易、金融、服务等新型产业。北威州为此还专门制定了有关生态经济与社会协调发展的"国际建筑展览"计划。它不是一个传统意义上的展览会,而是一项生态治理工程,意在实施100个产业改造与环境保护项目。埃姆斯工业园区是其中最为典型的项目之一,这里已成为"特色公园",建起世界第一流的太阳能研究所;在被废弃的煤矿厂房里兴办歌舞厅、剧场、餐厅、图书展览厅等综合文化娱乐设施;原来用水泥板封闭起来的排污渠,现在变成清水悠悠的自然小溪;过去比较破旧的工人住宅区,经过改建和修缮,面目一新。

二、发挥社会各方面积极性,多渠道筹措资金

鲁尔地区经济结构调整需要巨额投资,其资金来源比较广泛,有联邦政府、州政府和市政府的专项资金,也有欧盟的资金,还有许多私人投资。埃姆斯工业园区的建设不设额外的拨款,而是利用原计划的城市及经济改造、生态环境治理、职业培训等预算资金,只不过要把这些资金集中起来,完全使用在经济结构调整方面。埃姆斯工业园

区项目巨额投资的三分之二来自州、市政府，三分之一来自私人投资者。20 世纪 80 年代中期在建工业园区的初期，政府投资与私人投资是相辅相成的，政府投资 1 亿马克，就可以吸引 5 亿~10 亿马克的私人投资。为了更好地促进结构转换，北威州在经济结构转换初期就建立了"地产基金"，即州政府（象征性地）买下已被废弃的厂房、矿山和污染地，经过翻新改造后，再出租或出售给私人公司，以建立科技创新中心或发展商贸服务等第三产业，或建立科研中心，所得收入再投入到新的项目中去，滚动发展，这一办法既可获得资金，又有利于发展新兴产业和增加新的就业岗位，一举多得。除资金问题以外，经济转换初期还存在各种社会问题。这需要政府、企业、工会和社会各界（包括教会及 NGO）协调合作，各司其职。政府起政策引领作用，企业解决资金和就业问题，工会主导职业培训，并伴有社会保障体制和法律保障，协调配合运行。

三、精心规划，科学管理

北威州成立专门机构负责实施经济结构转型计划。鲁尔地区每个市都设有相应机构，这些机构成员均由政府、群众团体、工业协会的代表和当地居民代表组成，所提出的计划征求各方面意见，在民主协商的基础上制定出具体规划，然后由各方面专家组成的执行机构负责实施。埃姆斯工业园区项目就是由 30 名专业管理人员来组织实施的，他们负责埃姆斯近 300 平方公里，七个区域的结构转换工作，管理运作有条不紊，按照总体规划脚踏实地去实施，效率比较高。

德国企业经济发展的钥匙

企业管理、科技开发和职业培训是德国企业谋求发展的三把钥匙。鲁尔地区在经济转型中充分运用德国工业化百年以来的这种机制。德国企业现代化程度高，有一套科学完整的管理体系，并有明确法规。德国在汽车、医疗和光学仪器、机床、发电设备、通信技术和环保技术等方面具有领先技术。德国高科技不如美国和日本，但德国注重实用科技，科技开发以企业为中心，研究成果直接应用于企业产品，企业也可进行有偿技术转让。

在大型企业，科研经费每年约占企业年销售额的十分之一，大企业的研究和设计中心科研人员及工程师占相当大的比例。德国的职业培训实行"双轨制"，即企业中的实践培训和职业学校的理论培训相结合。在各企业中，原则上不经过职业培训是不能上岗的，企业中的实践培训一般为1~3年。除岗前培训外，企业还有各种专业人员的培训和进修。德国企业把企业管理、科技开发和人员培训视为三位一体，但把人员培训置于首位，因为人员素质决定管理水平与产品质量，大企业中工程技术人员和训练有素的销售人员的比例不断增加。在大企业中，工程技术人员和销售人员已占职工总数的37%左右。

鲁尔地区加强科研与经济的结合，从多特蒙特到杜依斯堡逐步有计划地形成一条"科技之路"，将鲁尔地区的经济中心与科研中心结合起来，加快科研成果的实际运用。以政府为主，动员社会各种力量，建立"风险投资基金会"和新科技服务公司，运用新科学技术，进行人才培养。鲁尔地区对大中学校的教育内容根据经济结构转变的要求迅速进行调整，加强职业教育、职业培训和职业转行再培训。

德国企业管理中一项重要内容是大企业实施法律规定的"共同决定权"（共决权）。共决权指劳方和资方在大企业中都对企业的重要决策有共同参与决定权。共决权是二战之后在鲁尔地区的煤钢大企业中首创的，之后逐步推广到全国。共决权主要在大企业中建立企业监事会（中小企业为企业委员会），监事会由相同人数的雇主代表和雇员代表共同组成。监事会下设理事会，由若干经理组成，其中一名为劳工经理，负责保障劳工权益。根据企业章程法，企业的参与决定涉及企业监事会做出的所有决定。共决权已形成一种雇主和雇员间的伙伴式企业文化，劳资矛盾得到缓解。但共决权也有局限性，即监事会主席必须由雇主担任，并有双票权。这表明共决权虽是一种不彻底的改良主义，但至少表现出对资本权利的限制和对劳工权利的尊重。在"新自由主义"思潮的冲击下，共决权受到质疑。但2008年国际金融危机发生之后，人们又重新重视共决权的实施，德国认为共决权是社会市场经济和社会伙伴关系的一个组成部分。

职业培训和再就业是经济转换中一项极为重要的工作。在鲁尔地区，政府、企业和社会协调合作机制运转较好。凡是市场能够做的，政府不插手，更不包办；凡是市场做不了的（如实施社会福利保障机制，督促企业投入在岗和转岗培训资金，安排政策性就业等），政府就投入一部分财力，以政策为指导，动员工会和社会组织去做。把不应由政府行使的职能逐步转给企业、市场和社会组织。

通过领先科技进步，开发新兴产业，推动结构调整，将老工业区改造成新工业区，创造新的就业岗位。鲁尔地区为了将结构政策与劳动市场政策结合，扩大就业，充分调动地区和社会各界研究、解决问题的积极性，由政府、企业、工会和社会各界组成"圆桌会议"进行协调合作，用产业结构调整改善劳动市场，以劳动市场政策促进结构转型。

世界经济全球化和社会信息化迅速发展，新一轮科技革命开始萌动，现在鲁尔地区将面临再次的经济转型。

（摘编自《当代世界》2015 年第 6 期，作者：吴兴唐）

第四章

调整优化产业结构的整体布局

　　调整优化产业结构是指通过产业调整，使各产业实现协调发展，并满足社会不断增长的需求的过程中合理化和高级化。调整优化产业结构主要依据产业技术经济关联的客观比例关系，遵循再生产过程比例性需求，促进国民经济各产业间的协调发展，使各产业发展与整个国民经济发展相适应。它遵循产业结构演化规律，通过技术进步，使产业结构整体素质和效率向更高层次不断演进的趋势和过程，通过政府的有关产业政策调整，影响产业结构变化的供给结构和需求结构，实现资源优化配置，推进产业结构的合理化和高级化发展。调整优化产业结构既是一项长期艰巨的任务，也是当前经济发展的迫切需要；既是一个长期的转变过程，同时也要在发展中求转变，在转变中谋发展。

当前经济结构面临五大问题

近年来，在国家一系列经济结构调整政策措施的作用下，我国产业结构、需求结构、区域结构、收入分配结构、对外贸易结构都发生了重要变化。但是目前我国经济结构仍面临着严峻挑战。2015年7月，在由中国社会科学院经济研究所主办的第九届"中国经济增长与周期论坛"上，国家统计局副局长许宪春指出，当前这些挑战主要来自于五大问题：产业结构中第三产业比重依然偏低、需求结构中消费比例偏低、区域结构上东中西部不平衡、收入分配差距过大以及对外贸易结构中货物贸易和服务业贸易不平衡。

对此，许宪春建议应采取多种措施加快经济结构调整：要继续加大推动第三产业发展的力度，同时不能忽略第二产业的发展；要努力扩大消费需求，充分发挥投资在推动区域协调发展、城乡协调发展、产业结构优化、民生改善方面的重要作用，巩固好我国长期努力取得的国际市场份额，使出口在稳定经济增长，解决就业问题方面继续发挥重要作用；要继续实施长期发展战略，推动中西部地区协调发展；保持居民收入增长与经济发展之间的同步，实现二者的平衡；坚定不移地推动服务业对外开放，推动我国货物贸易和服务贸易协调发展，促进经济发展方式的转变。

（摘编自《光明日报》2015年7月16日，作者：邱玥）

一、加快改造提升传统产业

（一）明确重点产业转型升级方向

"十三五"时期，我国的产业结构转型和升级的方向应该为进一步鼓励第二产业由低端制造业向高技术产业、装备制造业转型升级，从劳动密集型、资本密集型产业向技术密集型和知识密集型产业过渡，以进一步拉动第二产业比重的上升，从而尽快实现工业化，并为 21 世纪中叶人均 GDP 达到中等发达国家水平奠定良好的工业基础。比如，机械加工应着力于装备提升及数字化更新改造，柔性加工，建立现代化设计及检测平台，重点发展整机产品和高端配套产品；化工行业应侧重于安全环保节能升级和产品深度加工改造，逐步淘汰污染高的小化工企业；家电产业应加快产品升级换代进程，以高效、智能节能及专业化为方向，向规模化、效益化进军；纺织服装行业应在提高工艺、设计和装备水平，提升附加值产品比重的同时，重点发展差别化纤维、高性能面料、品牌服装。

（二）做大做强做精一批优势传统企业

加强对大企业、大集团的扶持力度，通过政策倾斜、资金扶持、绿色通道服务、市场促销等手段，集中资源加以扶持，培育出一批规模大、实力强、主业突出、具有自主知识产权和核心竞争力的大企业、大集团和跨区域跨国公司。通过外引内联，加强与国内外知名企业合作，鼓励传统产业企业通过兼并重组，建立现代企业制度，扶持有实力企业做大做强。提升主要行业集中度。支持民营传统产业企业做精做专，加大对民营企业的技术改造、技术创新和创新平台建设支持力度，积极推进民营企业与大企业集团的配套协作，推进民营企业管理、创新上水平。

（三）实施传统产业信息化改造工程

强化信息技术支撑，实施传统工业信息化改造示范工程，推进集成化的生产执行系统的普及应用，实现管理信息化和智能化，扶持工业生产数字化改造示范企业，打造一批传统工业数字化改造示范优秀企业。组织实施一批信息化提升重点技术改造项目，重点支持企业利用信息技术和先进适用技术改造提升传统产业，提升企业自动化、智能化和信息化管理水平。

（四）推进载体和重点传统产业升级项目建设

完善工业园区配套设施建设，以特色产业基地建设为目标，以重大项目建设为载体，以行业龙头企业为实施主体，加快推进低碳家电、特种机床等基地建设，积极创建国家、省、市等新型工业化产业示范基地，创建产业集聚示范基地、示范区。全力打造民营经济发展特色集聚区，推进产业集群内传统产业链条的完善和企业间的协作，探索建立传统产业技术创新联盟，对产业发展的共性技术进行联合攻关，进一步提升产业集聚效应。

（五）发展循环经济推进清洁生产

推进国家税收优惠政策全面落实，鼓励企业对废水、废气、废渣等"三废"开展资源综合有效利用，使传统产业拥有一批循环经济试点企业。在传统产业中组织开发一批有重大推广价值的资源节约和替代技术、能量梯级利用技术等，突破传统产业循环经济发展的技术瓶颈，推动传统产业清洁生产向纵深发展。

（六）实施传统产业自主创新工程

加强传统产业技术中心升级改造建设，为技术中心搞好研发、设计、试验、检测、产业化等建设提供资金和技术支持，使其成为传统产业突破和解决关键技术的平台。扶持新产品开发，进一步落实企业研究开发费用税前加计扣除等优惠政策，鼓励企业增加研发投入，加强新产品新技术的鉴定工作，提高产品附加值。进一步落实进口设备免征关税等优惠政策，增强企业技术引进消化吸收再创新的积极性。

（七）打造一批传统产业品牌

培育传统产业名牌企业，不断提升品牌经济在传统产业中的比重，同时，加强传统产业标准制定。加快优势传统产业标准化体系建设，鼓励优势传统产业龙头企业申报国际、国家、行业技术标准和规范。加强传统产品质量管理，不断提高产品质量。加快推进行业标准、国家标准、国际标准在传统产业中的推广和应用，鼓励企业广泛采用国际标准生产。

二、推进信息化与工业化深度融合

全球新一轮科技革命和产业变革正在孕育兴起，信息技术发展日新月异并加速与各领域技术深度融合，引发了经济社会发展的深刻变革，推动了信息化与工业化深度融合。推进两化融合已是当今各国先进制造业发展面临的共同课题。为此，"十三五"时期，我国将大力推进信息化和工业化深度融合，这也是"十三五"统筹经济社会发展全局作出的重大战略决策，对于推动我国经济转型升级、重塑国际竞争新优势具有重大战略意义。伴随着新一代信息技术的突破和扩散，柔性制造、智能制造、服务型制造、工业互联网、3D打印、大规模个性化订制、全生命周期管理等，都对传统发展理念、发展方式、发展模式产生了颠覆性、革命性的影响，并将重塑全球制造业发展格局。近年来，两化融合已取得了积极成效。但也要看到，两化深度融合推进中还面临不少矛盾和问题。主要是社会对两化融合必要性、紧迫性、艰巨性以及推动两化深度融合的方向、重点、路径、方法仍存在很多不同认识和看法；产业基础薄弱，标准和知识产权缺失、关键器件依赖进口、集成服务能力弱、核心技术受制于人等问题突出；体制机制障碍较多，促进新技术新应用发展的法律法规亟待完善，政策措施协调配套不足、支持力度不大。对此，"十三五"时期必须高度重视，积极推动解决。

（一）推进两化深度融合必须找准抓手

我国已成为全球制造业第一大国，但工业大而不强，在核心技术、产品附加值、产品质量、生产效率、能源资源利用和环境保护等方面，与发达国家先进水平相比还存在较大的差距。而发达国家当前纷纷实施"再工业化"和"制造业回归"战略，着力打造信息化背景下国家制造业竞争的新优势。因此，我国必须加快转变发展方式、走新型工业化道路，大力推进两化深度融合，推进工业转型升级。推进两化深度融合，必须立足当前，着眼长远，统筹谋划，提前布局，找准主攻方向和突破口，努力在若干重要领域和关键环节取得实质性突破。

（二）推进两化深度融合必须突出重点

推进两化深度融合是一项系统工程。要以改革创新为动力，充分发挥我国集中力量办大事的体制优势，创新制度机制，完善政策措施，广泛调动各方面的积极性，凝聚推进两化深度融合的强大合力。"十三五"时期，要围绕增强重点行业成套智能装备和重大智能产品发展能力，加快关键领域发展；要选择重点行业开展智能工厂应用示范，打造协同研发、协同供应链管理和网络制造国家级产业集群示范区，大力发展智能制造；要积极培育智能制造、个性化定制、网络众包、云制造等产业新技术、新模式、新业态。

（三）推进两化深度融合必须强化保障

加快完善促进两化深度融合需要政策环境支撑保障。要进一步释放改革红利，加快转变职能，创新管理方式，加快研究制订规范网络基础设施、电子商务、信息安全、互联网金融等的法律法规，创新财政支持方式，优化中小企业融资环境，充分发挥企业的主体作用和市场配置资源的决定性作用，激发企业持续推进两化融合的内生动力。要进一步扩大对外开放，统筹利用好国际国内两个市场、两种资源，实现互利共赢，共同发展。

三、着力培育战略性新兴产业

战略性新兴产业是引导未来经济社会发展的重要力量。发展战略性新兴产业已成为世界主要国家抢占新一轮经济和科技发展制高点的重大战略。在向全面建成小康社会奋力冲刺的关键时期，必须抓住机遇，明确方向，突出重点，加快培育和发展战略性新兴产业。

（一）培育节能环保产业

节能环保产业是为节约能源资源、发展循环经济、保护生态环境提供物质基础和技术保障的产业，是国家加快培育和发展的战略性新兴产业之一。发展节能环保产业是当前一项重要而紧迫的任务，必须坚持以企业为主体，以市场为导向，强化政府引导，推进技术创新，突出重点工程，完善政策措施，加快推动节能环保产业成为新的支柱产业。重点要以工业绿色发展专项行动为抓手，以试点示范、目录标准、节能监管为切入点，着力抓好节能节水、清洁生产和资源综合利用等各项工作。深化改革创新，继续在政策、法规、机制方面下功夫，推进节能减排长效机制建设，示范推广先进环保技术装备及产品，提升污染防治水平。推进市场化节能环保服务体系建设。加快建立以先进技术为支撑的废旧商品回收利用体系，积极推进煤炭清洁利用、海水综合利用。重点开发推广高效节能技术装备及产品，实现重点领域关键技术突破，带动能效整体水平的提高。

（二）培育新一代信息技术产业

加快建设宽带、泛在、融合、安全的信息网络基础设施，推动新一代移动通信、下一代互联网核心设备和智能终端的研发及产业化，加快推进三网融合，促进物联网、云计算的研发和示范应用。着力发展集成电路、新型显示、高端软件、高端服务器等核心基础产业。提升软件服务、网络增值服务等信息服务能力，加快重要基础设施智能化改造。

（三）培育生物产业

生物产业是国家确定的一项战略性新兴产业。近年来，全球范围内生物技术和产业呈现加快发展的态势，主要发达国家和新兴经济体纷纷对发展生物产业作出部署，作为获取未来科技经济竞争优势的一个重要领域。我国必须大力发展用于重大疾病防治的生物技术药物、新型疫苗和诊断试剂、化学药物、现代中药等创新药物大品种，提升生物医药产业水平。加快先进医疗设备、医用材料等生物医学工程产品的研发和产业化，促进规模化发展。着力培育生物育种产业，积极推广绿色农用生物产品，促进生物农业加快发展。推进生物制造关键技术开发、示范与应用。加快海洋生物技术及产品的研发和产业化。

（四）培育高端装备制造产业

装备制造是衡量一国装备工业强弱的标志。2009 年，我国机械装备工业销售额达到 1.5 万亿美元，超过日本和美国，跃居世界第一，但我国还不是一个装备制造强国，特别是在高端装备制造业发展方面与发达国家相比还有差距，还须重点发展以干支线飞机和通用飞机为主的航空装备，做大做强航空产业。积极推进空间基础设施建设，促进卫星及其应用产业发展。依托客运专线和城市轨道交通等重点工程建设，大力发展轨道交通装备。面向海洋资源开发，大力发展海洋工程装备。强化基础配套能力，积极发展以数字化、柔性化及系统集成技术为核心的智能制造装备。

（五）培育新能源产业

近 10 年来，我国在新能源产业发展的诸多领域已经形成了国际竞争优势。政策扶持和技术进步是我们新能源行业未来快速发展的主要驱动力。今后若干年，新能源产业得到的政府支持会越来越多。新能源产业要积极研发新一代核能技术和先进反应堆，发展核能产业。加快太阳能热利用技术推广应用，开拓多元化的太阳能光伏光热发电市场。提高风电技术装备水平，有序推进风电规模化发展，加快适应新能源发展的智能电网及运行体系建设。因地制宜开发利用生物质能。

（六）培育新材料产业

"十三五"时期将从落实创新驱动发展战略出发，强化新材料产业发展的顶层设计，夯实新材料行业管理基础，为推动战略新材料领域健康发展提供动力。随着政策支持力度加大，包括先进高分子材料、高性能复合材料、特殊金属功能材料等新材料领域有望获得良好发展机遇。稀土功能材料、高性能膜材料、特种玻璃、功能陶瓷、半导体照明材料等新型功能材料产业的发展将进一步规范。其他高品质特殊钢、新型合金材料、工程塑料等先进结构材料也将获得新发展。

（七）培育新能源汽车产业

国内新能源汽车的发展，已经到了很关键的阶段，各项惠顾政策，开始让消费者更重视新能源汽车的消费。"十三五"时期，加速新能源汽车的产业化进程，必须解决三个主要问题。一是与传统燃油汽车相比，其价格和性能仍存在较大劣势。在高额补贴下，电动汽车的销售价格与类似性能的燃油汽车相比依然偏高，且新能源汽车续航里程短。二是"充电难"严重制约了新能源汽车的推广，这集中体现在电动汽车充电基础设施严重不足、充电时间长两个方面。应加强统筹规划，鼓励社会资本进入充电设施建设领域。三是电动汽车必须面对安全性难题。应鼓励技术创新，着力突破动力电池、驱动电机和电子控制领域关键核心技术，推进插电式混合动力汽车、纯电动汽车推广应用和产业化。同时，开展燃料电池汽车相关前沿技术研发，大力推进高能效、低排放节能汽车发展，提升新能源汽车性能和安全性。

四、大力发展现代服务业

发展现代服务业，是保持经济平稳增长、增强经济发展内生动力的战略选择，是加快转型升级、建设服务业强市的迫切需要。目前，在全国经济增速放缓的大环境影响下，发展现代服务业面临着各种挑战，必须把现代服务业上升到推动转型升级的内在力量，坚持市场化、产业化、社会化的方向，从体制机制、政策法规、资金投入和改善环境等多方面采取措施，着力构建现代服务产业体系，发挥现代服务业在经济社会发展中的重大作用。

（一）突破体制性障碍，推进服务业的市场化

推进服务业市场化改革必须打破垄断，尤其是在一些重要的行业，只有打破垄断，市场化改革才有可能取得实质性进展。在明确行业要求和经营资质的前提下放宽进入管制，扩大非公有制经济比重，促进服务企业数量和规模的增大，形成多元经济主体参与的充分竞争格局。在确定服务标准和加强行业监管的前提下放宽经营管制，扩大服务企业经营范围，实行按质论价、差别化价格等市场定价方式。我国正处在由工业大国向服务业大国转型的关键时期。在"十三五"时期，能不能够尽快形成以服务业为主导的经济结构，不仅决定中国能不能化解短期的经济风险和经济运行中的各种突出矛盾，而且对中长期经济新常态或可持续发展有着决定性影响。

（二）推进服务业的产业化

加快推进适宜产业化经营领域的服务业产业化进程，改造提升交通运输、邮电通讯、贸易餐饮等传统服务业；选择重点行业率先突破，尽快建立"覆盖面广、带动力强、增加就业机会多"的现代化服务业体系；尽快把以信息、新型旅游、健康养老为重点的新兴服务业培育成为国民经济的重要产业；注重第三产业中知识密集型行业、技术密集型行业的发展。要突破自我增强的产业内循环发展路径，在全面提升经济服务化的基础上，寻求向整个经济系统渗透的发散型发展，特别是在第二、三产业融合中找到新的增长点。要注重营造良好的产业生态环境，通过紧密的产业关联、共享的资源要素、丰富的社会资本、有效的竞合机制，充分发挥外部性优势，培育和促进服务业集群的形成与发展，形成产业共同进化机制。

（三）推进服务业的社会化

改革公共服务提供机制和方式，放开公共服务市场准入，形成政府主导、社会参与、公办民办并举的公共服务供给模式。制定政府购

买服务指导目录，建立健全申报、预算、采购、监管等规范流程。结合事业单位分类改革，加大基本公共服务领域政府向社会力量购买服务的力度。非基本公共服务领域原则上都要引入竞争机制，通过合同、委托等方式交给社会力量承担。积极鼓励民间投资兴办面向机关和企事业单位的社会化服务。大城市要把发展服务业放在优先位置，有条件的要逐步形成服务经济为主的产业结构。要按照城市功能定位，在改组改造传统服务业的同时，着重发展现代服务业和新兴服务业。

（四）注重提高现代服务业发展的质量

重点在于改善服务模式，增强人性化、便利化、信誉化的服务特色。特别是以人力资本为主的服务业，更需重点强调规范服务和诚信服务，加强职业道德教育、行业自律和外部监管，加快信用评价体系建设和服务标准制定。对服务业的发展采取适当的政策扶持。改革完善现行管理体制，合理界定政府与行业协会职能边界，逐步将行业标准执行、市场调查分析、决策咨询等职能向行业协会转移。支持中介组织合并重组，规范引导发展区域性行业协会。强化社会组织诚信自律建设，规范服务行为，建立完善自律性管理约束机制和清退淘汰机制。对一些吸纳就业能力强、从业人员投资能力弱的小型服务企业的发展，需要制定优惠鼓励政策，在资金、税收、用地等多方面予以扶持，注重创造条件积极引进高级专业人才，为现代服务业发展提供充分的保障条件。

五、积极培育新业态和新商业模式

全球信息技术革命加速推进，以互联网为代表的信息技术在各行业各领域的应用日益广泛深入，随着物联网、云计算、大数据、移动互联网、人工智能等新一代信息技术的升级发展，互联网加速向各行业渗透，新业态、新模式、新产业不断涌现，已经并将继续催生大量新业态和新商业模式。

（一）技术创新直接催生新业态和新商业模式

比较典型的如移动互联网、云计算、大数据、物联网等。最新的全球云服务市场联合市场研究报告显示，2013 年全球云服务市场约为 1 317 亿美元，预测未来几年云服务市场年增长率保持 15% 以上；大数据技术和服务市场从现在至 2017 年的复合年增长率预计将达 27%，市场规模将达 324 亿美元。基于大数据、云计算、物联网的服务应用和创新日益活跃。在生产方面，数据处理、数据存储、集成电路设计、信息技术咨询等服务持续快速发展。在生活方面，生态旅游、休闲养老、远程医疗、远程教育、数字穿戴、数字家庭、智慧社区、智慧城市等与人民生活息息相关的服务新模式，拓展了消费新渠道。

（二）各行各业深度融合催生新业态和新商业模式

互联网与各行各业的深度融合，使电子商务、众包众创、线上到线下（O2O）等新业态与新模式层出不穷，大数据、云计算、物联网、移动互联网、数字医疗、远程教育、位置服务等新兴产业迅猛发展，为我国经济发展创造了新亮点。"互联网+"时代的新产业革命不只是单一的技术革命或新产业诞生，更多的时候表现为新业态与新模式的创新，并带来传统产业的生产与消费模式的变化，进而影响人类生活方式。譬如以新一代信息网络如云计算、物联网、大数据为支撑的新业态、新模式。我国的"互联网+"战略是各行各业深度融合战略的升级版，即由工业化和信息化的二元融合，拓展到工业、商业、金融业等行业与以互联网为重要特征的信息技术的全面融合。而世界其他主要国家，大多只强调了互联网与工业、制造业的融合，并未将互联网上升到与各行业全面融合发展的高度。比如，类似苹果公司的"智能终端+内容分发渠道+应用软件与数字内容服务"，在纵向整合中形成的新业态和新模式；类似 IBM、惠普、戴尔等，在建设全业务综合集成服务体系中形成的横向整合新业态和新模式，以及"网络社区"等在互联网形态特征不断开发中形成的新业态和新模式等。纵览各国制定的互联网与工业融合发展战略，不尽相同。随着互联网在经济社会中的战略性地位日益显著，加强互联网管理，确保线上和线下、虚拟和现实相互促进发展就显得尤为重要。以"互联网+"为代表的互联网经济已成为当今世界经济社会发展的重要驱动力之一。互联网经济所体现的平等、开放、共享、协作、创新精神正在逐步渗透到社会发展的各个方面，将对各行各业的组织结构、产业形态和发展潜力产生深远影响。"十三五"时期，我们要顺应时代发展的潮流，积极、主动、热情地接纳和拥抱互联网经济，客观、及时、科学地处理和解决互联网经济发展中存在的问题，加快推进"互联网+"战略。

（三）基于互联网的产业链整合催生新业态和新商业模式

企业可以利用互联网，对资金流、物流、信息流三种重要资源进行新的配置，带动供应商、制造商、分销商直到最终用户的整合重组，从而形成新业态和新商业模式。2014 年阿里巴巴在美国上市，引起巨大轰动。随着承销商行使超额配售权，IPO 募资金额由 218 亿美元增加至 250 亿美元，成为有史以来全球最大规模 IPO；市值超过 2 300 亿美元，超过腾讯和百度市值之和；马云身价超过 200 亿美元，成为中国新首富。阿里巴巴做的是什么生意，能值这么多钱？马云说："与其他高科技公司有所不同，我们不是一家拓展技术边界的科技公司，而是一家通过持续推动技术进步，不断拓展商业边界的企业。我们不是靠某几项技术创新，或者几个神奇创始人造就的公司，而是一个由成千上万相信未来，相信互联网能让商业社会更公平、更开放、更透明、更应该自由分享的参与者们，共同投入了大量的时间、精力和热情建立起来的一个生态系统。"阿里巴巴雄踞中国互联网 B2B（企业到企业）、B2C（企业到消费者）、C2C（消费者到消费者）、网络支付、网络贷款等多个重要垂直市场，并在进军云计算和大数据（阿里云）、物流（菜鸟）、搜索（UC）、地图（高德）、娱乐、医疗健康、文化甚至足球领域！数据显示，仅过去两年阿里巴巴并购就花去了超过 100 亿美元。"老业务+新收购"构成了一个庞大的新商业模式。这种依托于互联网的商业模式，远超出原来的供应链和产业链模式，是更高级的商业模式。基于互联网商业模式创新催生新业态。实际上，建立新商业模式的企业，不止阿里巴巴一家。海尔集团、京东商城也表示，正在快马加鞭建设新商业模式。英国消费者指数研究部报告预计，到2016年网上快消品销售额将从现在的360亿美元增至530亿美元，增幅达到47%。网上交易对经济的贡献率逐步增长，同时提供了大量就业岗位。在线教育领域，据资本实验室风险投资与并购数据库统计，2014上半年全球在线教育行业风险投资事件有143起，披露交易额达9亿美元。以后的市场竞争，在高端层面将会是新商业模式之间的竞争。

六、构建现代产业发展新体系

构建现代产业发展新体系是优化产业结构的主要任务，目的是促进第一、第二、第三产业协调发展，逐步形成以农业为基础、工业为主导、战略性新兴产业为先导、基础产业为支撑、服务业全面发展的产业格局。

（一）构建现代产业发展新体系，要瞄准战略性新兴产业

战略性新兴产业是以重大技术突破和重大发展需求为基础，对经济社会全局和长远发展具有重大引领带动作用，知识技术密集、物质资源消耗少、成长潜力大、综合效益好的产业。加快培育和发展战略性新兴产业是推进产业结构升级、加快经济发展方式转变的重大举措。战略性新兴产业以创新为主要驱动力，辐射带动力强，加快培育和发展战略性新兴产业，有利于加快经济发展方式转变，有利于提升产业层次、推动传统产业升级、高起点建设现代产业体系，体现了调整优化产业结构的根本要求。"十三五"时期，政府在推进新兴产业发展的政策方面，一方面注重从供给端向需求侧转移，重视从市场拓展、需求培育的角度扶持新兴产业；另一方面，从政府直接干预模式向政府规划引导、龙头企业带动、市场配置资源的发展模式转变，注重在研发、应用、推广过程中提供服务支持。战略性新兴产业政策体系将进一步健全，政府支持方式发生转变，产业发展模式进入深度调整期。

（二）构建现代产业发展新体系，要重视传统产业转型升级

无论过去还是将来，传统产业都是我国经济发展的主体力量。"十三五"强调对传统产业转型升级，特别是加快推进工业转型升级，强化需求导向，努力使产业发展更好适应市场变化。网络信息时代，必须坚持利用信息技术和先进科学技术改造传统产业，深化信息技术在各行各业的集成应用，提高研发设计、生产过程、生产装备、经营管理信息化水平，提高传统产业创新发展能力。把企业技术改造作为推动产业转型升级的一项战略任务，建立长效工作机制。加大淘汰落后产能、节能减排、企业兼并重组、质量品牌建设等工作力度，促进全产业链整体升级。

（三）构建现代产业发展新体系，还要推动现代服务业发展壮大

服务业是国民经济的重要组成部分，无论是生产性服务业还是生活性服务业，在我国都有着旺盛的市场需求，发展潜力巨大。服务业快速发展是产业结构优化的重要标志。大力发展现代服务业，实现更高层次的三次产业协调发展，是加快转型升级、推动结构调整新突破的重要抓手。"十三五"期间，我国将大力促进现代服务业加速发展。一是科学调整现代服务业的发展布局，依托比较优势和区域经济发展实际，科学合理做好规划；二是积极发展农村现代服务业，围绕农业生产的产前、产中、产后服务，加快构建和完善以生产销售服务、科技服务、信息服务和金融服务为主体的农村社会化服务体系；三是着力提高现代服务业对外开放的水平，不断推进服务领域对外开放；四是加快推进服务领域改革，建立公开、平等、规范的服务业准入制度；五是采取有效措施扩大服务业规模，提高服务业水平。加快发展现代物流、电子商务、科研设计等生产性服务业，大力发展旅游、健身、养老、家政等生活性服务业，扶持中小型服务企业发展；六是不断优化现代服务业发展环境，建立健全服务业标准体系，积极营造有利于扩大服务消费的社会氛围。

迟福林：经济转型大趋势下的企业品牌建设

我国的经济转型升级正处在重要历史拐点。加快推进由中国制造向中国智造的经济转型，实现"中国制造 2025"的战略目标，重在把握经济转型升级的大趋势，打造中国制造的全球品牌。

一、"十三五"经济转型升级的大趋势

一个国家企业品牌的形成与本国经济发展阶段密不可分。总的判断是："十三五"是我国从工业化中后期走向工业化后期的关键 5 年。打造企业品牌，需要立足于我国由制造业大国走向以智能化为重点的先进制造业强国这个战略目标。

1. "十三五"是我国经济发展方式转变的历史节点。当前，内外环境发生深刻变化，经济下行压力增大，主要矛盾在于调结构、转方式尚未取得突破性进展。从国家层面看，如果调结构、转方式有了突破性进展，就能够掌握经济增长的主动权；从企业层面看，如果能够把握国家经济发展方式转变的历史机遇，加快自主创新，就会形成打造企业品牌的源头活水，就会为企业的成长和发展插上创新的"翅膀"。从这个意义上来说，我国企业品牌建设，离不开经济转型升级的大环境，需要抓住经济转型升级提供的新机遇。

2. "十三五"是我国制造业转型升级的关键阶段。由中国制造走向中国智造，制造业服务化的特点尤为突出。在生产性服务和生活性服务需求都在全面快速增长的特定背景下，"十三五"期间将形成新的增长格局：

（1）消费主导的增长格局。服务消费需求的增长推动消费结构的升级，消费结构升级带来潜在消费需求的释放，"十三五"期间的最终

消费率和居民消费率都有望加快反弹。到 2020 年，最终消费率有望提高到 60% 左右，居民消费率提高到 50% 左右。

（2）形成以服务业为主的产业结构。随着从物质型消费为主向服务型消费为主的消费结构升级，我国城镇居民服务型消费比重已接近 40%，预计到 2020 年服务型消费占比可能提高到 45%，一些发达地区甚至可达到 50%~60%。消费结构升级带来巨大的消费需求，将为服务业主导的经济转型提供内生动力。近几年，我国服务业每增长 1 个百分点，带动 GDP 增长约 0.4 个百分点。如果"十三五"服务业年均增长 10%，可以带动 4 个百分点的经济增长，为 7% 左右的中高速增长奠定重要基础。

3. "十三五"是我国创新消费市场品牌的重要时期。打造企业品牌，不能忽略 13 亿中国人的新消费。例如，这几年尽管经济下行压力大，但信息消费需求增长快，今年 1~5 月份信息产业仍然实现了 20% 的增长，这为打造新的消费品牌创造了巨大空间。再比如，健康服务业发展潜力巨大，但是我国的健康产业缺乏品牌。按照国家老龄委的估算，现在老年人的当期消费至少有 1 万亿元人民币的潜在需求。但是，由于产品供给短缺、服务水平上不来，年实际消费大约只有 2 000 亿元人民币左右。

二、生产性服务发展滞后是企业品牌建设滞后的突出矛盾

2010 年，我国已成为全球第一制造业大国。尽管有 220 多种工业品产量居世界第一，但总体上看，我国仍是一个品牌小国。2014 年全球企业最有价值的 100 个品牌中，美国有 59 个，日本有 7 个，作为新兴经济体的韩国也有 3 个，而我国仅有华为入围，排在第 94 位。总的来看，我国企业品牌建设有三大差距：第一，品牌总量偏低，以数量而非品质取胜的状况未根本改变；第二，现有品牌中具有自主知识产权的比重偏低；第三，品牌的国际影响力不够，缺乏如美国可口可乐、苹果等具有广泛国际影响力的知名品牌。

我国企业品牌建设的巨大差距，反映了我国自主创新能力不强的现状，关键技术和核心技术对外依存度高达 60%。自主创新能力不强与经济结构不合理高度相关。

从国际经验来看，工业化中期之后，以研发为龙头的生产性服务业从传统工业中分离出来做精、做专，在打造国际知名品牌中有决定性作用。例如，苹果的灵魂是研发和设计，没有自己的生产工厂。

为什么欧美发达国家国际知名品牌那么多？美国和德国以研发为龙头的生产性服务业占服务业比重已经高达70%以上，占GDP的比重在43%左右。我国生产性服务业占服务业的比重不足35%，占GDP的比重仅为15%左右。这说明，在制造业信息化、服务化快速发展的今天，没有生产性服务业的突破性发展，很难改变品牌建设严重滞后的现状。这就需要把"互联网+"从消费品市场全面引入到生产性领域，以信息化拉动制造业的转型升级。

三、打造和提升中国制造品牌的重大任务

"十三五"时期，新一轮技术革命与我国经济转型升级出现历史性交汇。以信息化与工业化深度融合为主线、以制造业服务化为突出特点，推动我国的智能制造、服务制造、绿色制造，将由此形成我国品牌建设的新格局。

1. 把研发为龙头的生产性服务业发展作为实施"中国制造2025计划"的战略重点。为此，需要把到2020年服务业占GDP比重达到55%、生产性服务业占GDP比重从15%提高到30%~40%，作为"十三五"经济结构调整的约束性指标。争取到2025年，生产性服务业占GDP比重接近发达国家的平均水平，走出一条以生产性服务业带动我国制造业全球品牌建设的新路子。

2. 充分利用"互联网+"，实现生产性服务业振兴的新突破。美国的IPHONE和中国的小米手机，在很短时间内崛起成为品牌新秀，最重要的成功因素在于把握了大数据、云计算时代的大趋势，让消费者能够通过互联网参与手机制造的过程，并使手机功能拓展到互联网领域，改变了人类生活。我国拥有世界上最多的网民，通过"互联网+"打造企业品牌的潜力巨大。我的判断是：在"互联网+"背景下，企业品牌竞争的关键是商业模式的竞争。利用"互联网+"实现商业模

式创新，我国有望到 2020 年初步完成从工业 2.0 向 3.0 的升级，并奠定走向工业 4.0 的重要基础。

3. 结构性改革将为中国制造全球品牌营造制度环境。我国打造国际品牌不缺市场，不缺各种资源，缺的是制度环境。打造中国制造的全球品牌，面临着诸多的结构性体制性矛盾。

加快生产性服务业对内对外开放。破除行政垄断，形成生产性服务业领域开放竞争的大环境。生产性服务业不仅要扩大面向社会资本的开放，也扩大面向国际资本的开放。当前，要加快破除电信领域的行政垄断，将"互联网+"时代的电信资费明显降下来。

严格保护知识产权。知识产权制度化法制化进程需要加快，知识产权保护法规要与国际接轨，最大限度地激励打造具有自主知识产权的全球品牌。

打造中国制造全球品牌需要消费品市场监管标准与国际接轨。建议从国家层面组建统一的消费品市场监管机构，改变国内消费品市场监管标准低于发达国家的状况。

加快教育、科研领域改革。一是深化教育改革。现行的教育体制带有考试型、封闭性、行政化的突出特点。如果不能加快形成创新型、开放性、专业化的教育体制，自主创新就缺乏最重要的基础条件，就很难形成自主创新能力；二是形成能够广泛吸纳和利用国际人才的体制机制。借鉴发达国家经验，设立国家移民局，支持有条件的来华留学海外学生拿中国绿卡，培育我国参与国际人才竞争的新优势；三是进一步深化科研体制改革。要按照专业化而不是行政化、官僚化的体制来营造和完善人才发展、大众创新、万众创新的大环境。

（摘编自人民网—中国共产党新闻网 2015 年 7 月 7 日，作者：迟福林）

曾铮："十三五"我国产业结构的调整趋势

改革开放30多年来，我国利用劳动力、土地与资源环境成本相对较低的优势，大力吸引国外资本与技术，加快了劳动密集型产业的发展，推动了重化工业的进步，形成了较为完善的产业体系。但是，近年来，随着经济发展阶段的转化和国内外经济条件的变化，我国优势要素价格逐步上升，要素结构出现了新的变化，主要表现为劳动力数量开始下降但人力资本素质不断提高、资本数量积累增速放慢但资本存量质量优势逐步发挥、可用土地数量不断减少但土地利用效率将会提升、技术引进效应进一步衰减且技术创新能力有待提高、资源供应趋于紧张且环境成本逐步提升，等等。随之产业比较优势也发生了显著转变，推动了产业结构的调整。"十三五"时期，应关注我国要素条件变化的现实情况，更多利用市场化的政策手段，引导产业优化升级。

20世纪70年代以来，日本和韩国同样经历了要素结构变化及其带来的产业结构调整。针对现实问题，两国都加快了产业政策调整，通过注重产业政策的市场导向作用、加快推进生产要素市场化进程、积极加快培育自主技术创新能力、通过消费升级带动产业结构调整等，实现了产业结构的顺利转换，避免了要素优势丧失带来的产业发展断崖和经济发展停滞，为我国产业政策调整提供了好的经验。当前，我国经济发展进入新常态，面对要素条件变化带来的要素结构转变，应顺应产业结构升级的客观趋势，加快产业政策的调整以及配套政策的实施，通过市场手段、创新动力和消费助力，推动产业结构优化升级。

第一，调整产业政策的方式。我国现行产业政策主要是扶持性产业政策，未来产业政策应该主要关注以下几个方面：一是进一步完善环境保护的法律和制度，并使之行之有效；二是加强知识产权的保护，创造良好的创新环境；三是加大对基础性研究的支持，对于具有较强外部性的应用性研究以及具有重大影响的应用性研究提供资助；四是强化教育与专业人才培养，为产业转型提供优良的人力资本；五是完善行业信息、技术发展及趋势、经济运行信息的收集、整理、研究与发布，为行业信息交流和研讨提供公共平台。

第二，推进生产要素市场化。从产业优化升级的角度出发，应该发挥市场在资源配置中的决定性作用，推进要素市场化。首先就是要加快实现劳动力的市场化，为劳动力自由流动和劳动力效率提升创造条件。应打破劳动力市场的制度性分割，减少依附于户籍、编制等制度上的福利待遇，从而减少劳动力流动的成本；同时，要提高就业质量，通过有关法律法规和制度建设，使人们的就业更体面，更有保障；此外，改革评价和激励机制，积极为各类人才干事创业和实现价值提供机会和条件，鼓励引导人们干中学，使全社会的创新智慧竞相迸发。其次就是要稳步推进利率市场化，为资本有效配置创造好的制度安排。应建立市场利率定价自律机制，对金融机构自主确定的货币市场、信贷市场等金融市场利率进行自律管理；同时，进一步丰富金融机构市场化负债产品，从而为稳妥有序推进存款利率市场化创造条件。

第三，逐步培育自主创新能力。未来一段时间，我国工业化将进入后期阶段，产业结构的高加工度化和技术集约化的特征将逐步明显。因此，必须以创新为技术进步的核心，通过创新增强产业的吸收能力，以更好地吸收国外的引进技术，同时以国内技术创新促进我国整体产业竞争力的提升。首先，要促进技术引进与技术创新两种方式融合推进，要把引进技术和开发创新结合起来，强化技术引进与消化吸收的有效衔接，注重引进技术的消化吸收和再创新；要把发展高新技术产业和改造传统产业结合起来，实现传统产业结构优化和技术升级；要把整体推进和重点扶持结合起来，培育技术引进和消化创新的企业主体；要把提高引进外资质量和国内产业发展结合起来，鼓励外商投资高新技术企业发展配套产业，延伸其在中国的产业链。其次，要通过增强人力资本开发力度培育技术创新能力，想方设法发现人才、培养人才、吸引人才和稳定人才，为他们充分发挥才能创造宽松的条件；要培养一大批具有创新精神和能力的人才，大力提倡创新教育，培养具有创新精神、能灵活驾驭知识和具备较强社会适应能力的新型人才；要高度重视人才规划工作，根据国家科技发展规划，按地区、行业编制人才战略规划。此外，要通过多种体系建设创建适应技术创新的综合性平台，建立以政府为中心的创新投入体系；要构筑以基础研究为核心的创新平台，改进和完善评价体系，规范基础研究的评价工作，在国家层面上统一规划、协调科研基地和基础设施的地域分布。再次，要构建产学研结合的国家创新体系，不断完善促进产学研结合的政策环境，研究制定促进产学研结合的税收优惠政策，形成以市场为导向的科技创新成果转化系统。

第四，积极引导居民消费升级。过去一段时间，国外需求是我国产业结构升级的主导需求动力，国内市场对产业结构调整的拉动力相对较弱。随着我国人均 GDP 的不断提升，城乡居民收入大幅增长，国内市场需求不断扩张，居民消费升级趋势日益明显。因此，应该主动发挥国内市场需求的导向作用，通过引导居民消费升级推动国内产业结构优化调整。首先，要确保居民收入增加，要重视研究适应消费需求的扩大和升级。其次，建议提高个人所得税起征点，调整和完善收入分配政策。再次，要调整消费倾向和消费方式，大力提倡文化教育、旅游、娱乐、保健等消费，不断扩大消费领域，推动信贷消费的发展，提高信贷消费在消费中的比重。同时，要完善社会保障制度，加大健全农村保障制度的力度。此外，要高度重视农村市场，改善农村消费环境，建立健全农村市场的商业网点，全面搞活农村市场流通，让工业消费品能够更灵活顺畅地进入农村市场。

（摘编自《经济日报》2015 年 7 月 30 日，作者：曾铮）

袁剑琴：优化产业结构 化解产能过剩

近年来，我国经济持续高速增长，刺激了一些行业生产能力的大规模扩张；特别是 2008 年国际金融危机之后，产能过剩已成为影响我国经济持续协调发展的突出问题，加剧了产业结构不合理的矛盾。因此，要全面落实"国务院关于加快推进产能过剩行业结构调整的通知"，推进经济结构战略性调整，提升产业国际竞争力。

一、我国过剩行业的主要特征及分析

1. 产能利用率低，产能过剩严重。工信部数据显示，2014 年 1~3 月，钢铁、电解铝、水泥、平板玻璃、造船等严重过剩行业产能利用率都不到 75%，受产能过剩和有效需求不足交织影响，工业品出厂价格到今年 3 月份已连续 25 个月下降。截止到 2014 年 8 月末，钢铁协会 CSPI 钢材综合价格指数连续第 11 个月低于 100 点，环比下降 1.25 点，降幅为 1.36%。2014 年 1~3 月份，煤炭、石油和天然气开采、黑色金属冶炼和加工业以及有色金属冶炼和压延加工业是利润下滑较为明显的四大行业，特别是煤炭企业，煤炭开采和洗选业的利润总额较去年同期下降 41.2%。

2. 产能过剩由传统重工业向新兴行业蔓延。钢铁、水泥等传统行业的产能过剩是生产能力超过了市场需求和发展需要，是绝对的产能过剩。据钢铁工业协会统计，2013 年我国粗钢产量 7.82 亿吨，产能过剩达到 28%；水泥产能过剩达到 24.4%。根据中国有色金属工业协会数据，2012 年全国电解铝产能为 2 600 万吨，产量为 2 027 万吨，产能过剩 22%；汽车产能过剩为 12%，玻璃为 93%。另一方面，战略性新兴产业，如光伏行业也存在产能过剩，太阳能电池产能过剩达 95%，风电设备产能利用低于 60%。

3. 从行业来看，产能过剩呈现总量过剩、结构过剩和成长型过剩的特点。根据与经济周期的关系，产能过剩可划分为周期性产能过剩和非周期性产能过剩。由经济周期引发的产能过剩，为周期性产能过剩，如 2000 年和 2009 年受金融危机影响的"周期性产能过剩"。而在经济周期的影响之外，由其他因素作用而形成的产能过剩，则为非周期性产能过剩，如 2003—2004 年和 2006 年前后在经济过热下产生的"非周期性产能过剩"。"非周期性产能过剩"又可进一步划分为结构性产能过剩和体制性产能过剩。当前，在我国由计划经济向市场经济转轨的背景下，经济运行受到市场和非市场因素的混合作用，在一定时期内，在多数工业领域出现的产能过剩往往表现出周期性产能过剩与非周期性产能过剩的"混合型"特征。从各产业产能过剩的特点来看，产能过剩行业又可分为总量型过剩行业，表现为整个行业生产能力超过市场需求和发展需要，主要有钢铁、水泥、电解铝以及焦炭等行业；结构型过剩行业，表现为过剩集中在中低端产品上，高端产品依赖进口，即有效产能不足，无效产能过剩的低水平局部过剩，如平板玻璃、船舶行业；成长型过剩行业则表现为过度依赖投资和出口促进经济增长的局部过剩，如光伏和风电业。

二、产能过剩的原因

1. 经济增长方式不合理是我国产能过剩形成的深层次原因。从发达国家的经验来看，产能过剩是市场经济运行的一种常态，是企业提高效率和调整产品结构的动力，不需要宏观经济政策之外的其他措施来应对。然而，中国的产能过剩有着深刻的体制背景，在转轨经济体制中，经济增长方式不合理是我国产能过剩形成的主要原因。我国主要依靠投资来拉动的粗放式经济增长方式，使得通过投入更多的生产要素产出更多的产品成为经济增长的主要形式。

2. 利益驱动导致的投资潮涌现象也是产能过剩形成的深层次原因。林毅夫认为，我国所处的经济发展阶段特征也是产能过剩现象出现的重要原因之一。在发展中国家，由对产业良好前景的社会共识引起投资大量涌入、导致产能过剩的"潮涌现象"十分突出。随着我国工业化、城镇化进程的加快，全社会对于钢铁、水泥等几个行业的良好外部环境存在很强的共识，大量社会投资涌入几个主要行业，各地出现了盲目规划，竞相投资建设项目的现象，产能迅猛扩张，带动了钢铁等产业的快速发展，出现了史无前例的工业扩张。

3. 国内外需求疲软，产品出口的真实获益水平低，企业竞争力不足是产能过剩的直接原因。从国内投资需求看，为了应对国际金融危机，2008年底我国出台了4万亿元的经济刺激政策，导致2009—2011年经济的高速增长，其中2009年固定资产投资和社会消费品零售总额增速分别达到 30% 和 15.5%，2012 年由于刺激政策的逐步退出，我国固定资产投资和社会消费品零售总额增速分别回落至 20.3% 和 14.3%，国内需求开始显示疲软，经济增长显著放缓。据国家统计局数据显示，2014 年 1~8 月份，我国固定资产投资完成额约 30.58 万亿元，同比名义增长 16.5%，增速比 1~7 月份回落 0.5 个百分点，创下 2002 年以来近 13 年的投资增速新低；消费增速同样出现连续下滑，今年 8 月份，社会消费品零售总额同比名义增长 11.9%，增速连续 4 个月下滑，跌至年内低点。

从外需看，受国际金融危机的影响，全球经济低迷，我国出口增速明显回落，2009 年出口萎缩 16%，由于 2009 年较低的基数效应，2010 年出口增速明显回升至 31.3%，2013 年出口增速回落至 7.9%。

从产业的出口真实附加来看，1997—2011 年我国总量型产能过剩行业单位出口的获益水平较低且逐年下降，其中，石油加工、炼焦及核燃料加工业的出口获益水平最低，平均 1 美元出口所得增加值从 0.80 美元下降至 0.54 美元，金属制品业平均 1 美元出口所得增加值则从 0.84 美元下降至 0.69 美元，而结构性过剩行业的单位出口获益水平总体较高且下降幅度较小，如非金属矿物制品业平均 1 美元出口的增加值所得从 0.90 美元下降至 0.82 美元。从产业的国际竞争力水平来看，1997—2011 年，我国产能过剩行业的国际竞争力不断减弱，我们基于贸易增加值核算模型测算得到，非金属矿物制品业的出口显示性比较指数为从 1.79 下降至 1.43，金属制品业的出口显示性比较指数则从 1.11 下降至 0.83，说明我国产能过剩的行业与国际同行业相比竞争优势不强，甚至有些部门为竞争劣势，企业整体的竞争力较弱。

三、对策分析

对于目前国内严重的产能过剩问题，首先政府应转变职能，形成以市场为主体的资源配置方式，实现我国经济增长方式由粗放型向集约型的转变；其次，着眼于建立新产业发展模式和产业结构升级，对产能过剩行业既要总体指导，又要分类施策。

1. 解决产能过剩根本上要依靠深化改革。政府一方面应该从市场机制可以发挥作用的地方"退位"，避免对企业经营活动的过度直接干预；另一方面要主动"补位"，把主要精力放在完善市场机制上，主要包括：理顺包括土地、能源、资源、环境等生产要素的价格形成机制；通过设立设备规模、工艺水平、能耗、污染物排放等技术性指标作为市场准入门槛，阻止低水平、低效率生产能力的进入和扩张；建立科学的官员考核机制，转变地方政府"唯GDP"论的政绩观；深化国有企业改革，提高国有企业效率。

2. 根据行业特点制定产能政策，促进产业结构优化调整。对于总量型过剩行业应通过兼并重组等市场机制和环保杠杆逐步淘汰落后产能，实现产业结构的优化；结构型过剩行业则重点在结构调整，借市场供求宽松的时机，大力推进淘汰落后产能，提升产品的附加值及产业竞争力；转变出口产品结构，开拓新市场，促进产业结构升级；对于成长型过剩行业，则应以需求侧支持为主，一方面培育和提升国内市场需求，另一方面，优化国有资本配置，利用资金和技术优势提升在产业链中的位置，进而提高核心竞争力。

3. 借鉴国外经验，完善统计体系，尽快建立涵盖主要行业产能利用率的统计监测制度。大部分企业的投资决策建立在预期收益之上，信息不对称是导致许多投资者产生过高收益预期进而决策失误的重要原因，政府在数据、信息、宏观调控政策等方面居于权威地位，应该通过建立产业信息发布制度，有计划、分步骤地定期向社会公布重点行业产能和产能利用率等方面的信息，引导企业市场预期，科学做出投资和生产决策，防止出现投资不合理、盲目扩张等现象。

（摘编自国家信息中心网 2015 年 8 月 21 日，作者：袁剑琴）

在国际比较中坚持和拓展中国道路

　　当前我们坚持和拓展的中国特色社会主义道路，是人类追求文明进步的一条新路。过去几种建立在生产资料私有制基础上的文明形态演进，虽然在一定程度上标志着人类物质文明和精神文明的发展进步，但都包含剥削和压迫，包含等级和阶级对抗。始于 15 世纪的资本主义国家现代化，是通过对内剥夺农民、剥削工人和对外掠夺、扩张、殖民乃至发动侵略战争实现的。英国的工业化，对内始于"羊吃人"的圈地运动，对外靠掠夺和殖民扩张攫取巨额财富、开拓国外市场；在美国现代化进程中，西方殖民者大量杀戮北美土著印第安人，又从非洲贩运黑人充当奴隶，并通过东征西伐掠夺和购买大片土地；后起的德国和日本，更是通过发动侵略战争跻身列强。

　　与资本主义国家的现代化道路不同，中国道路是一条通过和平发展实现社会主义现代化的新路。和平发展是贯穿中国道路的主线，这既是由我国社会主义制度决定的，也是由和平与发展这一时代主题决定的。我国通过和平的国际环境发展自己，又以自己的发展维护世界和平、促进共同发展；坚持反对霸权主义和强权政治，严格约束自己，即使发展起来以后也永不称霸；坚持在国际事务中弘扬民主、和睦、协作、共赢精神，倡导国与国之间政治上相互尊重、平等协商，经济上相互合作、优势互补，文化上相互借鉴、求同存异，安全上相互信任、协力互助。中国的和平发展道路，在国内表现为科学发展、和谐发展。它把发展作为主题，把改革开放和科技进步作为动力，把提高人民生活水平作为根本出发点，把促进人的全面发展和社会全面进步作为追求目标。

中国道路超越了苏联的现代化模式。俄国十月革命开辟了人类由资本主义过渡到社会主义的新纪元，新生的苏维埃制度初步显示了社会主义的优越性。但正如邓小平同志所指出的："社会主义究竟是个什么样子，苏联搞了很多年，也并没有完全搞清楚。可能列宁的思路比较好，搞了个新经济政策，但是后来苏联的模式僵化了。"列宁的新经济政策之所以比较好，就在于他总结战时共产主义直接过渡到社会主义的失败教训，从俄国的实际出发，提出和实行向社会主义迂回过渡、逐渐过渡的政策。后来苏联的模式僵化了，是因为尔后苏联领导人思想僵化，把在特定历史条件下形成的发展模式凝固化、绝对化，致使其缺陷和弊端成了一些人背离社会主义的借口。

中国道路对苏联模式的超越主要表现在：坚持解放思想、实事求是、与时俱进、求真务实，超越苏联模式的僵化思想和教条主义；提出社会主义初级阶段论、社会主义本质论，超越苏联模式对一大二公三纯的社会主义生产关系的盲目追逐；坚持改革开放，超越苏联模式的关门搞建设、游离于世界科技革命之外；提出和发展社会主义市场经济，超越苏联模式中央集权的计划经济；等等。中国道路是适应中国和时代进步要求的科学发展道路，引领中国的社会主义现代化建设持续快速发展。正如习近平同志所指出的："无论搞革命、搞建设、搞改革，道路问题都是最根本的问题。30多年来，我们能够创造出人类历史上前无古人的发展成就，走出了正确道路是根本原因。"我们要以更加坚定的信念、更加顽强的努力，坚持和拓展中国特色社会主义道路，为中华民族伟大复兴不断添砖加瓦，为人类社会发展作出更大贡献。

(摘编自《人民日报》2015年8月11日，作者：徐崇温)

第五章

实施创新驱动发展的宏观设计

实施创新驱动发展战略，是我们党放眼世界、立足全局、面向未来作出的重大决策。党中央提出，深入实施创新驱动发展战略，发挥科技创新在全面创新中的引领作用，实施一批国家重大科技项目，在重大创新领域组建一批国家实验室，积极提出并牵头组织国际大科学计划和大科学工程。"十三五"规划立足我国的现实国情，着眼国家长远建设发展需要，对推动创新驱动发展作出了宏观的规划设计，这是我国适应当今世界发展潮流和历史大势，以更加自信和开放的姿态融入国际社会的必由之路。必须按照"十三五"规划明确的目标和要求，坚持走中国特色自主创新道路，切实抓好创新驱动发展战略各项工作，为全面建成小康社会、加快推进社会主义现代化作出新的更大贡献。

实施创新驱动发展战略面临的问题

从实施创新驱动发展战略的角度看，我认为现在有六大问题。一个问题是要素驱动，路径依赖，我们习惯于经济增长，习惯于扩大投资规模，加大资源投入，依靠过度的消耗资源，依靠低性能，低成本，低价格的竞争来谋求发展。一讲到发展，一讲到增长就是上项目，上大项目。政府如此，企业如此，每次开会经济发展快的时候就是要上项目，经济发展慢的时候也要上项目，已经形成一个路径依赖。

这为什么呢？你要分析一下，它有一些深层次原因。我在这也说三句话，如果不改变要素价格扭曲的状况，不打破知识产权侵权易，维权难的僵局，不消除靠垄断赚钱易，靠创新难的弊端，大家都觉得创新不赚钱，你知识产权得不到保护，所以这是一个。

第二个问题就是科技经济两张皮，主要的特征，一方面企业在国家创新决策中被边缘化。现行科技的管理体制行政和计划色彩比较多，政府主导的科研项目大量的向高校，和科研机构倾斜。这样就造成科研与市场需求脱节，与成果转化脱节。

我讲一个数字，我们国家科技成果转化率不到10%，部分重点大学科研院所的科技成果转化率不到5%，而发达国家是40到50，这是一个方面。另一方面企业也缺乏创新的动力和活力，刚才我说的前面那三个图都是有关的。我在发改委分管着高技术司，我每年跟踪这个受理，现在我们规模以上的工业企业37万个，就是有研发机构和开展研发活动的比例只占到13.7%，研发的投入占主营业务收入的比例不到1%。

中国说了一句话土话，"舍不得笼中鸡，哪能打的山中鸟"。华为研发投入占营销收入的比例是超过了 10%。所以华为他就是牛，他去年申请的国际专利 3 442 个，世界上企业第一，美国的高通排第二，但是只有 2 409 件，比他少了一千多件。在我们企业应用研究支出中，也做了个调查，只占全社会支出的 20%，发达国家是 50%。现在中国的企业搞基础研究的占比例 1.4%，美国的企业搞基础研究的占 17%，特别是当年日本和韩国他在转型的时候，就是依靠大企业牵头搞研究，既搞应用研究，又搞技术研究，政府把创新资源向企业倾斜。我们现在创新资源向高校科研机构倾斜了，迅速带动了国家转型发展。

第三个问题基础研究薄弱。我们国家基础研究的投入长期偏低，只占全世界研发支出的不到 5%，发达国家以后是 15 到 20。中国人干事不是打击大多数，他的的确确有一个急功好利，他都是重视短期见效项目，不重视长期布局的项目，如果你不加强基础研究的话，从源头上就缺乏技术供给。所以我们现在跟踪研究多，原创成果少，所以缺乏持续积累。

我们在一些重点的领域难以自主选择和引领技术发展的方向，在一些关键核心的技术上能力存在瓶颈制约。

第四个问题政府和市场的定位不清晰，该政府主导的没有做到位，集中力量办大事是我们一个优势，我们的制度优势，但是发挥不够。抓重点，抓尖端，抓基础力度不够，所以有些瓶颈制约解决不了。刚才讲我们每年大概，去年财政性的科研经费支出大概也已经达到 2 580 亿，这个支出中说实话这个项目，我后面参与才知道真的都是小散不全，原来我以为都是集中力量攻关，并且向企业倾斜的不够。

政府和市场的定位不清晰还有一个问题，该放的市场没有放开，政府管制过多，干预过多，什么都想管，什么都想批，不利于新技术，新产品，新形式，新业界，新生事物发展壮大。所以这样一个政府，李克强总理上来以后他承诺 5 年要把行政许可放掉 1/3，这两年就放的将近 7 成了，但是中央政府放给地方政府，地方政府都要放，但是放来放去还是放到政府手上。

第五个问题创新者动力不足，现行的科技成果，权力分配机制没有体现创新者的价值和贡献，所以科研人员缺乏面向市场研发奖罚的动力。美国1980年出台了一个《拜杜法案》，把联邦财政支柱形成的科技成果所有权和处置权，大幅度地纳给研究机构，科技人员创新活力就起来了。在这个方面我们还有一个产权制度，一个税收制度，一个人才制度，也没有达到激发创新动力的程度。

第六个问题自主创新开放水平不高。我们回想一下，我们这几年创新走过的路，什么路？引进吸收消化再创新，走的这一条路，还算不错的。但是我们充分利用全球的科技成果，智力资源和高端人才远远不够。所以现在引进的空间越来越小，难度越来越大，西方国家对我们崛起始终抱有戒心，动不动进行打压。但是与此同时信息化和网络化的来临，把全球的创新资源紧密地联系在一起，创新团队，创新成果，可以说正在打破空间和国界的限制，全球创新方式已经发生重大变化。

我们讲要自主创新，自主创新是我们的立足点。但是要在更高层次上推进自主创新就必须在更高层次上推动开放创新，开放创新是自主创新的应有之意，自主创新不是关起门来搞创新，开放创新也不是简单的拿来主义。

所以未来我们一定要有更加开阔的视野，更加灵活的方式，更加开放的政策来融入全球创新体制，充分发挥全球创新资源。

（摘编自财经网2015年4月9日，原标题：《创新驱动发展战略就是破除一切制约创新的障碍和制度》，作者：徐宪平）

【深度阐释】..

一、推动科技创新

习近平指出："科技是国家强盛之基，创新是民族进步之魂。"习近平高度重视科技创新，将其摆在国家发展全局核心位置，就科技创新发表了一系列重要论述。这些重要论述，是"十三五"时期推动科技创新的行动指南，指明了科技创新的方向，赋予广大科技工作者崇高使命。我国在一些科技领域已接近和达到世界先进水平，某些领域正在由跟跑者向并行者、领跑者转变。要努力通过扎实深入的科学研究为人类知识宝库增光添彩，早日把我国建设成为创新型国家和世界科技强国。

（一）在实现中国梦的宏伟事业中推动科技创新

实现中华民族伟大复兴的中国梦，唯一的出路就是要把创新驱动发展战略摆在十分突出的位置，推动以科技创新为核心的全面创新。一要勇担破解中国科技发展难题的重任。我国的现代化是一个并联式的发展过程，只用了 30 多年的时间就超越了西方国家 200 多年的历程，这就要求广大科技工作者深入研究经济社会发展面临的科技瓶颈问题，从关系全局和长远发展的战略必争领域、优先方向，实施非对称战略，力争掌握一批核心关键技术和自主知识产权，在创新驱动发展上迈出实实在在的步伐。二要积极应对新科技革命带来的战略机遇。科技革命和产业变革正方兴未艾，世界已经进入以信息产业为主导的新经济发展时期。必须紧紧抓住科技发展的战略机遇期，在基础前沿研究、战略高技术研究和社会公益技术研究领域，下好先手棋，打好主动仗，用强大科技实力为中国梦的实现提供强大动力。三要不断激发全社会的创新热情和创造活力。科技创新和科学普及是实现科技腾飞的两翼。要推动以科技创新为核心的全面创新。要把普及科学知识、弘扬科学精神、传播科学思想、倡导科学方法作为义不容辞的社会责任，提高全民科学文化素质，在全社会推动形成讲科学、爱科学、学科学、用科学的良好氛围。

（二）探索科技创新道路

实施创新驱动发展战略，最根本的是要增强自主创新能力，最重要的就是要坚定不移走中国特色自主创新道路。要以时不我待的精神积极行动起来，在实践中大胆探索，在创新中加快发展。一要坚持把自力更生作为科技创新的源泉。自力更生是中华民族自立于世界民族之林的动力源泉。要正视现实、承认差距，坚持把自力更生作为科技创新的基点，不断加强原始创新能力，攻克核心技术和关键技术。二要坚持在开放中提升科技创新能力。要牢牢把握科技进步大趋势、大方向，瞄准世界科技前沿领域和顶尖水平，更加积极地引进和学习世界先进科技成果，集成全球创新资源；要牢牢把握产业革命大趋势，把科技创新真正落到产业发展上。三要发挥社会主义制度的独特优势实现科技创新。社会主义制度能够集中力量办大事，这种制度也是我们成就事业的重要法宝。要突出国家目标，科学谋划、运用好"非对称"战略，明确任务，突出重点，抓重大、抓尖端、抓基本，集中力量办大事，力争在若干重要领域捷足先登，在重大科技创新上有所突破，带动我国创新能力和科技水平整体提升。

（三）深化科技体制改革

实施创新驱动发展战略，最紧迫的是要破除体制机制障碍，最大限度解放和激发科技作为第一生产力所蕴藏的巨大潜能。一要实现科技体制改革与经济社会领域改革同步。改革本质上就是利益格局的调整，深化科技体制改革必然会触动现有利益格局。要自觉跳出传统思维定势和利益藩篱的桎梏，推动科技体制改革与经济社会领域改革同步发力，围绕事关经济社会科技发展的全局性问题深入开展战略研究，以科学咨询支撑科学决策，以科学决策推动解决制约科技成果转移转化的关键问题。二要打通科技创新与经济发展的通道。科技成果只有同国家需要、人民要求、市场需求相结合，才能真正实现创新价值、实现创新驱动发展。要积极推动强化各类创新主体、各方面各环节的支撑和联动，建立健全科技成果转移转化和技术扩散机制，加快科技创新成果转化为现实生产力的进程，让科技创新的经济社会价值得到充分发挥。三要进一步提升科技创新成效。大力推动健全科技创新基础制度，发挥好第三方评估的客观公正性，促进创新制度和政策发挥更大效能。改革中央财政科技计划管理方式，建立公开统一的国家科技管理平台。建立国家科技管理信息系统依法向社会开放制度，提高科技资源开放共享水平，推动国家创新系统各主体之间良性互动，促进科研成果的快速传播和应用。推动完善国家科技决策咨询制度，发挥好科技智库作用，更好地服务党和政府的科学决策。

二、推动产业创新

产业技术进步和创新是直接推动经济和社会发展的核心原动力。推动产业创新是一个系统的产业运作过程，必须以经济社会发展为前提和基础，全力实施创新驱动战略，加快发展方式转变，推动产业创新转型，不断满足民生和社会事业发展需要。

（一）积极培育产业创新主导力量

推动产业创新要抓住产业主体力量，以改革为动力，引领产业创新发展。国有企业是产业创新的基础和生力军，非公有制企业是产业创新的潜在生力军。要抓住国有企业这个重点，逐步深化改革，建立和完善出资人责任机制和产权利益机制；积极推进国有企业经理人职业化建设，通过机制创新和资产转换，妥善解决好国有资产进退问题，充分发挥国有企业和国有资产在产业创新中的牵引作用。要发挥政策制度的作用，着力把非公有制企业和民营资本引向产业创新的主战场，通过强化产业辅导、产业培训和加强职业经理人队伍建设，为非公有制企业的产业创新提供高水平的服务资源和创业经理人资源。努力用好产业政策、国际规则和本土化策略，加大对三资企业创新的推动力度，争取最大的境外产业创新资源和产业创新成果。

（二）扎实推进科技成果产业化并承接国际产业转移

推进科技成果产业化，承接国际产业转移，是挖掘产业创新资源，推进产业创新的重要途径。在推进科技成果产业化方面，必须努力构建市场机制和政策机制相结合的产品中试群和产业孵化基地群，补强从科技成果到产业化过程中的薄弱环节；必须积极推进科技成果产业化的权威性签证或认证制度建设，为成果人和受益人搭起互信桥梁，疏通科技成果交易渠道，建立诚信机制和互利双赢交易机制。必须努力化解产业创新风险，消除产业创新风险顾虑，提高产业创新主体的信心。在承接国际产业转移方面，应建立企业、政府和金融保险三位一体的产业转移运作机制，做到与产业组织创新、建立现代企业制度和发展新兴产业集群有机结合，不断增强承接产业转移的多元效应和当量效应。

（三）逐步建立完善产业创新服务体系

推动产业创新是一项系统工程，各级政府必须高度重视，加强社会服务机制建设，形成有利于产业创新的社会服务体系支撑，努力构建集科技咨询服务、投资保险服务、产业融资服务、产业策划设计服务、创业教育培训服务、产业孵化服务以及政府公共行政服务等多种服务功能于一体的产业创新体系。各级政府不但要直接提供优质的公共行政服务，而且要有效组织各种社会资源乃至动用自身的经济资源和公信力资源，构建包括科技成果产业化签证或认证服务机构，产业投资保险公司，产业信息、产业政策和产业规划咨询服务中心的产业创新载体和平台。

三、推动企业创新

创新是企业发展的灵魂，创新是企业发展的动力。提高企业自主创新能力，建立企业为主体、市场为导向、产学研结合的技术创新体系，是企业生存、发展和提高综合竞争力的根本途径，是增强自主创新能力、建设创新型国家的迫切要求，是适应全球化、促进经济平稳较快发展的当务之急。

（一）建立现代企业制度

现代企业制度不是指某一单项的制度，而是通过企业而构成的反映新型生产关系的制度体系。要通过建立现代企业制度综合性地解决国有企业适应市场、走向市场的深层次的体制问题。国有企业建立现代企业制度，必须实现政企分开，重新构造国家与企业之间在财产关系上的责任和权利，使政府和企业在这种新型财产关系中能够各司其职，各负其责。要按照《公司法》的要求，健全和规范监事会制度，充分发挥监事会对企业财务和董事、经理层行为的监督作用。国有大中型企业尤其是优势企业，宜于实行股份制的，要通过规范上市、中外合资和企业相互参股等形式改为股份制企业，发展混合所有制经济，把国有企业改制为多元化产权关系的股份有限公司或有限责任公司。要建立优胜劣汰的机制、建立经营者的流动机制、建立企业的激励和约束机制、建立企业的创新机制、建立风险防范机制。

（二）加大对企业创新的支持力度

企业创新既要企业自身努力，也离不开来自各方面的支持。要通过支持企业更多地承担国家及地方重大科技项目，来提高创新能力。鼓励科研机构和高等院校面向企业开放共享科技资源。要建设一批面向企业的技术创新服务平台，帮助企业开发新产品、调整产品结构、创新管理和开拓市场，提升核心竞争力。要通过构建一批产业技术创新战略联盟，来促进产学研紧密结合。不断加大对科技型中小企业技术创新的财政支持力度，建立和完善支持中小企业发展的科技投融资体系和风险投资机制，扶持和壮大一批具有创新能力和自主知识产权的中小企业。要建立激励企业自主创新相关的税收优惠、金融支持、政府采购等政策，使企业能真正享受政策带来的优惠，激励企业增加研发投入，提高自主创新能力。深入做好政策实施的评估督促，在实践中健全和完善政策体系，为企业创新提供政策支持。

（三）加强企业研发条件和人才队伍建设

推动企业创新要创设良好的研发条件，建立企业创新的人才团队。鼓励企业探索建立知识、技术、管理等要素参与分配的制度和措施。利用科技中介机构、技术转移机构等搭建科技人员与企业双向选择的信息交流平台，形成科技人员服务企业的长效机制。从科研院所和高校选派一批科技人员进入企业，研发技术、开发产品。特别是鼓励科技人员带技术、带产品进入企业推广应用。鼓励科技人员直接创办科技型中小企业，促进科技创业。在具备条件的企业建立国家重点实验室、工程中心等基地，鼓励企业与大学、科研机构共建各类研究开发机构，支持企业研发能力建设。鼓励企业引进海外高层次人才，开展各类人才的培训，与高等院校和科研院所共同培养技术人才。

四、推动市场创新

市场创新是指市场经济条件下作为市场主体的企业创新者，通过引入并实现各种市场要素的商品化和市场化，以开辟新的市场，扩大市场份额，促进企业生存发展的新市场研究、开发、组织与管理等活动。市场创新是企业生存和发展的活力源泉。必须积极推动市场创新，为经济社会发展创造更加有利的条件。

（一）深化改革开放，为推动市场发展提供动力

与成熟市场比，我国的市场总体上仍处于探索培育阶段。通过深化改革开放、发展创新，推动市场不断走向成熟，还需要一个相当长的过程。要立足于中央全面建成小康社会的战略布局，不断深化对市场普遍规律和自身规律的认识，注重解决好影响市场功能发挥的体制机制障碍，科学谋划推进市场改革发展的思路和措施。要持续推动中央级事业单位市场创新成果所有权下放，完善市场相关财政税收政策。通过市场凝练若干战略性新兴产业研究方向，公开面向全球进行招标，组建联合项目研究团队进行研究。市场创新通常是随着技术创新和组织管理创新进行的，必须探索军民融合促进技术转移的新机制，探索消除目前我国制约国际技术转移和跨国技术并购的制度壁垒，加强组织管理创新，为市场发展提供动力。

（二）发挥市场功能，大力完善市场体系和结构

市场在经济发展中起着基础性作用，必须发挥市场在促进技术集聚流转、价格发现、资源配置、秩序规范和创新激励等方面的作用，不断提高市场服务经济社会发展全局的能力。促进资源整合、开放与共享，探索市场优化资源配置新机制，让更多的科技资源"露出来、聚起来、活起来"。要积极促进科技型企业并购重组，加快存量资源的整合，通过市场平台促进产业结构优化和升级。要进一步完善多层次市场体系，逐步形成结构合理、功能健全、运行高效的市场体系。加大对研发设计、技术转移、创业孵化、科技金融等高端服务业投入，以专业化、市场化、高端化、集成化为导向构建新型服务体系。立足国内市场实际，绘制国家创新能力地图，依托国家技术转移示范机构和中国创新驿站网络，与全国高新区和产业集群实现全面对接。

（三）加强改进管理，促进市场可持续发展

要实现市场创新发展，必须加强和改进对市场的监督管理，维护市场安全和主体权益。要健全各级市场管理机构，加快推进和完善市场管理和监督体系建设，规范市场秩序。加强对合同认定登记机构管理，完善统计管理办法，健全指标体系，规范统计口径，开展大数据应用，进一步提高统计与分析水平。逐步建立市场的社会信用体系，健全市场重大技术出口监管机制，增强监管能力。加强技术市场管理人员培训。与大学和行业协会合作共建技术市场管理人才培养基地或短期培训班，组织开展全国市场管理人员和合同登记统计人员轮训工作，加快培养具有宏观思维、宽阔视野、复合技能的高级市场管理人才。加强经纪人队伍建设，建立统一大纲、指定教材、共享师资、共建基地四位一体的经纪人培养体系。以全球视野谋划和推动市场发展，形成面向全球的国际市场合作网络。

五、推动产品创新

产品创新的意义是显而易见的，创新是发展的动力，产品创新就是企业发展的动力。通过产品创新，提升产品的竞争力，拓宽市场，树立良好的品牌，是一个企业的追求，也是国家创新发展的一个重要组成部分。

(一) 激发产品创新的动力机制

产品创新源于市场需求，源于市场对企业的产品技术需求，也就是技术创新活动以市场需求为出发点，明确产品技术的研究方向，通过技术创新活动，创造出适合这一需求的适销产品，使市场需求得以满足。在现实的企业中，产品创新总是在技术、需求两维之中，根据本行业、本企业的特点，将市场需求和本企业的技术能力相匹配，寻求风险收益的最佳结合点。产品创新的动力从根本上说是技术推进和需求牵引共同作用的结果。改善或创造产品，进一步满足顾客需求或开辟新的市场。要不断激发产品创新的动力机制，改善或变革产品的生产技术及流程，包括新工艺和新设备的变革。改善或创造与顾客交流和沟通的方式，把握顾客的需求，销售产品。改善或创造更好的组织环境和制度，使企业的各项活动更有效，形成市场需求—构思—研究开发—生产—投入市场的良好机制。

(二) 探索产品创新的可行模式

产品创新是以市场竞争为基本出发点的市场经济的企业行为，是从市场到市场的全过程。企业生产什么需要由市场和顾客的要求决定，并以能否取得最大的预期投资回报率为最终选择标准。根据创新产品进入市场时间的先后，产品创新的模式有率先创新、模仿创新。率先创新是依靠自身的努力和探索，产生核心概念或核心技术的突破，并在此基础上完成创新的后续环节，率先实现技术的商品化和市场开拓，向市场推出全新产品。模仿创新是指企业通过学习、模仿率先创新者的创新思路和创新行为，吸取率先者的成功经验和失败教训，引进和购买率先者的核心技术和核心秘密，并在此基础上改进完善，进一步开发。各企业可根据市场需求和企业实际选择适合自身的产品创新模式。

(三) 开拓产品创新的有效途径

产品创新可通过内部研发和外部获取两种途径实现。内部研发是指企业主要通过自己的力量来研制新技术，开发新产品。内部研发绝对不是闭门造车，实际上，企业的科技能力是通过与相关方合作而长期积累的结果。可以通过自主创新、逆向研制、委托创新、联合创新等方式实现。外部获取是指企业不通过自己的研究和开发，而直接从企业外部获取某种新技术、新工艺的使用权或某种新产品的生产权和销售权。主要形式是创新引进、企业购并和授权许可三种途径。一个有竞争力的企业，一项有前途的产品，必须通过内部研发和外部获取等多种途径，使生产出来的产品，既满足国内市场的需要，又要放眼国际市场，这样，产品创新了，满足消费者的需求，才能在激烈的市场竞争环境下永葆发展生机。

六、推动业态创新

业态是产业发展层次和阶段的外化体现。业态创新是指在业态发展进程中，以新的经营方式、新的经营技术、新的经营手段取代传统的经营方式和技术手段，以及由此创造出不同形式、不同风格、不同商品组合的店铺形态去面向不同的顾客或满足不同的消费需求。业态创新对产业升级、原创产业培育、经济增长和区域发展将产生巨大作用，由业态创新所引发的产业变革已经成为经济发展的新动力。

（一）推动业态创新引领和提升产业创新

推动业态创新涉及的产业研发环节处于价值链的高端环节，而高端环节的发展、变化对于相关产业的发展具有直接的引领和提升功能。当研发环节专业化后，新产品、新技术的出现将会加速，关联性创新将更加普遍；推动新业态的发展会使高技术园区丰富的研发资源得以充分利用，将大幅降低产业的总体创新成本；独立的专业研发机构往往带有明显的平台性质，它们并不是服务于某个企业，而是面向全行业提供研发服务，这些都会促进产业的整体提升。我国在技术创新路径的丰富性上与发达国家存在较大差距，而在高新区出现的独立的研发企业具有直接感受市场对于研发需求的特殊优势，能更直接地与用户的需求对接，这也是新经济现象在我国出现的重要例证。

（二）推动业态创新为中国经济带来新希望

随着全球化的不断深化，全球产业价值链的发展变化进入新阶段。站在全球化竞争的角度，要从技术推动、需求拉动、模式创新三个方面激励和带动业态创新，从而为中国经济发展带来新希望。鼓励和引导企业、科研机构等积极开展颠覆性技术研发，特别是在某一技术领域前沿实现原创性突破，研发出全新产品，围绕新技术逐渐衍生出新业态。从国家支持业态创新发展的层面来看，要在扶持传统产业发展思路上开展制度创新和管理创新，发挥市场在资源配置中的决定性作用，完善公平竞争环境，全面推动业态创新。要不断加强对新业态发展情况的追踪与监测，并进行研究、评估和预测，及时应对突发的问题和风险。鼓励充分竞争，营造公平有序、宽容失败的市场环境，使每一个企业都能公平地参与市场竞争，具有平等获得市场机会的资格。

（三）推动业态创新的有效路径

业态创新有四种有效路径，主要包括：技术引发的创新、社会组织方式的变化、需求引发的创新、产业价值链的分解融合引发的创新等。新技术的突破和变革是新业态出现最主要的因素。特别是重大技术在应用过程中往往会催生一系列新的业态。社会组织方式的变化能够带来新业态的产生。社会组织方式主要指的是生产组织方式和资源组织方式。新的消费方式是引发新业态的重要因素。根据马斯洛层次需求理论，随着社会的发展和人们生活水平的提高，新的消费需求会不断出现。产业价值链分解融合是新业态产生的直接原因。随着社会分工的不断细化，传统产业的价值链将进行不断分解和融合，在产业价值链变化过程中也会不断有新的业态出现，从而通过新业态的发展促进和带动经济社会发展。

七、推动管理创新

管理创新是指企业把新的管理方法、新的管理手段、新的管理模式等管理要素或要素组合引入企业管理系统以更有效地实现组织目标的活动。推动管理创新，最重要的是在组织高管层面有完善的计划与实施步骤以及对可能出现的障碍与阻力有清醒认识。

（一）推动管理思维创新

思想共识是行动一致的前提。要实施管理创新，就要在思想观念上有一个大的转变，建立符合发展要求的企业管理思维。首先，必须进行管理思维的变革。要改变过去那种单一的纵向思维模式，实行全面的管理。其次，要坚持"人本管理"的管理理念。以人的全面自由的发展为核心，管理无论如何创新，都必须靠调动广大职工的创造性和积极性，才能顺利地开展。要积极推动经营思路、组织结构、管理模式、管理制度的创新，改善管理创新的内外部环境，在组织内建立起浓厚的管理创新意识和氛围，让所有人员自觉接受管理、服从管理。再次，树立新的市场竞争观念。要追求管理思维的即时性和有效性，注重信息的挖掘、整合运用以及风险管控，确保管理发挥最大的效益，实现安全管理，从而为单位生产工作创造良好的条件。

（二）推动管理体制创新

由于工作数量的不断增加，生产产品和服务过程变得更加复杂，必须进行管理体制创新，将企业原来相对独立的管理职能组织成为联系紧密、协调一致的生产经营统一体。创新要获得成功，必须有一个有效的组织结构和富有经验的专业性管理。组织结构的创新在管理创新中有着重要的意义。管理的重点要由对物的管理转向对人的管理。重视企业文化，注意人际关系，使管理进入人的内心世界，相信人，尊重人的价值和能力。在经济全球化形势下，由于信息化、科学技术、网络化的迅猛发展，要求在管理方式上进行创新，使企业在激烈的竞争中求得生存和发展。信息时代的营销管理将彻底改变企业对传统营销管理所持有的旧观念，这样，就可以做到产品上市快、成本低、质量好和服务好，赢得各阶层的顾客，使企业得到持续发展。

（三）推动管理方式创新

随着社会主义市场经济的不断发展与深入，企业要想成功，必须要靠管理创新来实现。市场创新是对市场的挖掘和深化，提高产品的市场渗透率，或开拓新的市场，扩大产品的销售量和产品对市场的占有率，企业进行市场创新同时也是提高企业的实力和竞争力以及适应外部环境变化的需要。技术创新就是为了求得企业利润的最大化，企业要及时进行技术研制与开发，合理实施技术改造，发挥企业的技术优势。由于竞争环境千变万化，管理组织为了能更好地为企业服务，唯一的途径就是通过学习进行不断创新。同时要从传统的单一绩效考核转向全面的绩效管理，把绩效管理与公司战略联系起来，通过管理方式的不断创新，来提升企业的效益。

【专家观点】..

国家发展改革委经济研究所课题组：
用新思维推进创新驱动发展战略

自创新驱动发展上升为国家战略以来，相关意见和规划密集出台。继 2012 年和 2013 年分别出台《关于深化科技体制改革加快国家创新体系建设的意见》和《关于强化企业技术创新主体地位全面提升企业创新能力的意见》后，2014 年，我国在建立科技报告制度、科技经费管理体制改革、培育壮大科技服务业等方面继续发力，并强化了财税、工商和金融等扶持性政策的配套。

总体来看，已有政策体系的完备性不断提升。但是，我们到底应该寻求什么样的创新？创新体系建设的侧重点是否有所变化？如何认识和适应创新活动的新变化？这些问题直接关系到创新驱动发展战略的实施与成效。

激发全面、开放与包容的万众创新

国务院总理李克强在 2014 年夏季达沃斯论坛和 2015 年冬季达沃斯论坛等多个场合均强调，要掀起创业创新的新浪潮，大众创业、万众创新是中国经济的新引擎。当前，应努力转变将创新局限于科技创新的狭隘认识，努力推进以科技创新为核心的全面、开放和包容的万众创新。

万众创新是全面创新，它既包含科技含量极高的科技创新、也包含开辟市场、改造组织的其他形式创新。长期以来，我国力争发挥制度优越性在基础研究等方面成功赶超发达国家，把加速科技创新作为战略导向。其结果是，我国的技术创新依赖技术引进，同时，转化率低又使得创新对经济增长的拉动十分有限。

实现全面创新，并不否认技术创新的重要地位，而是强调要促进以科技创新为核心各种创新良性互动。在全面创新下，不同创新之间可以形成良性互动：技术创新刺激潜在需求，而市场和商业模式的创新会将这种潜在需求转化为现实需求，对技术创新形成需求侧的拉动，从而激发更多的技术创新。

万众创新是开放式创新，它既发生在产学研用等实验室平台，也发生在创客空间等大众化平台。

从我国创新平台的现状来看，部分平台没有发挥应有的作用：一些地方规划不少，但处于"空中楼阁"的居多；有的平台虽然建立了相关组织机构和运作机制，但处于"名存实亡"的不少。只有转变政府在服务企业创新方面的理念，才能最大程度释放平台的力量。

创新的关键是开放合作。只有立足于创新平台，以企业为主的创新主体才能更好地超越企业边界，与其他外部组织进行创新资源要素的交互，从而加速自身创新能力的提升。而平台的本质是中介组织，构筑互联互通的创新平台，除了"减少信息不对称、发挥市场配置资源的决定性作用"的考虑之外，更重要的含义是政府应在服务企业创新的中介组织培育、基础设施建设上精准发力，避免对企业研发活动进行直接干预。

万众创新还具有包容性，它既可以是推动人类技术进步的顶尖发明，也可以是服务草根等社会大众的"微创新"。在汇聚民智的基础上可以通过培育思想市场更好地激发创新。尤其是在中国等发展中国家，创新成果不应该只由其发明者或高收入人群独享。创新应是能提升社会整体福利，尤其在提高穷人生活质量、缓解和消除贫困方面有所作为的包容性创新。

建设区域创新体系与营造区域创新生态

创新体系建设一直是我国创新政策的重要内容。随着国家创新体系的逐步完善，区域创新体系建设和生态营造的紧迫性日益突出。

目前，我国的国家创新体系已经基本建立，但区域创新体系的建设还明显落后，不同地区的建设水平差距较大。在资源要素集聚十分不均衡、发展程度相差较大的不同区域中，创新本身被严重分化。重视区域创新体系建设，有利于推动创新拉动区域经济增长的落地，实现资源要素的跨区域流动可持续的均衡发展。

从创新体系在我国发展的历程来看，虽然国家与区域层面的两个体系很早就开始并行，但由于中央政府在资源分配上的绝对主导地位，国家创新体系的建设一直处于不断强化的过程中。当国家创新体系被广泛强调和推崇时，此时会导致区域创新体系在一定程度上被忽略。有研究表明，不同省份的制度性差异会导致产学研合作的创新收益相差巨大。因此，有必要更加突出区域创新体系的建设。

2009 年 3 月以来，北京中关村、武汉东湖、上海张江、深圳、苏南等国家自主创新示范区分别获批，预计在 2015 年还会有一批国家自主创新示范区相继成立。这些区域通常距离城市核心区较远，尽管有大量企业、高校和科研机构在园区内聚集，但更像一个大厂房，尤其是生活性基础设施建设不足，整个园区内未形成有利于创新的生态。

现实中，不论是新兴经济体还是发达经济体都广泛存在着创新园区，但这种创新园区的趋势正在发生变化。有研究指出，过去50年，美国的创新被硅谷这类地区所主导，但硅谷的缺陷也十分明显，例如郊外廊道、空间上孤立的企业园区、只有开车才能到达、轻视生活质量、工作生活和娱乐无法统一为整体。随着美国经济的复苏，创新活动的地理分布也发生了改变，一种"创新区"在欧美已经有很好的实践，如巴塞罗那、波士顿、西雅图、剑桥等地。

2014年，深圳成为我国第一个以整个城市为区域的自主创新示范区。它改变了以往高新区、经开区、自主创新示范区等通常设立在某一个城市区划内部较为偏远的小部分地区的做法。这种做法符合"创新区域"的概念，相信未来会有更多创新诞生在这些存在有机联系的生态区域中。

科学认识和适应创新活动的新变化

信息经济时代呈现两个显著特征：一是信息的传递突破了传统的地理距离限制，二是服务的价值可能超过产品制造本身。这种特征给企业创新带来重大变化。例如，现实中，一些根基牢固的企业可能在数月甚至数日之内被彻底颠覆，固守传统创新思维方式将会给企业留下致命的隐患。再如，创新企业"大资本"和"大生态"的现象开始涌现。创新企业市值不断积聚放大，可以在短短数月或数年之间一跃成为风险资本的宠儿，其身价倍增速度远远超过传统制造业企业；许多高科技企业都在试图打造围绕着自己品牌的产品生态圈，例如美国的谷歌、中国的淘宝、小米等，都在通过收购或培育孵化器等方式，将供应商、竞争对手和消费者纳入同一价值链上，形成独具特色的共生、共存、共荣生态圈。

面对这些变化，首先，应容忍打破秩序与规则的创新。信息技术的跨界对大量行业产生了颠覆性影响，也创造了全新的行业规则与秩序。一大批新的创新方式对原有的创新体制产生了根本性破坏，却极大加速了创新。比如创客空间，它将发明、设计、开发、制造等环节有机结合在一起，通过集聚众人智慧实现原始创新，这对于提升自主创新能力具有重要意义；以互联网金融为例，股权众筹可以成为传统创新融资渠道的有力补充，在风险可控的前提下，应积极稳妥地扩大其在我国金融活动中所占的比例，并创造条件鼓励其开展竞争。

其次，应更积极主动地防范未知风险。大数据、云计算等工具的快速发展，以及网络购物、智能穿戴等数据搜集渠道的日益丰富，给我们的生活带来了极大便利，但同时也带来了许多潜在的未知风险。对此，既要宽容看待这些打破秩序与规则的创新，也要采取必要的防范措施。例如，在对待信息安全上，个人隐私数据和信息安全问题将会逐渐显现，信息保护模式也需要及时升级。英国著名大数据研究学者维克托·舍恩伯格和肯尼斯·库克耶认为，应该让数据使用者为其行为承担责任，而不是信息所有者。在由新规则导致的创新变革中，积极作为、防范未知风险，将有助于社会大众更多享受创新带来的益处。

(摘编自中国经济导报网 2015 年 6 月 30 日，作者：国家发展改革委经济研究所课题组，执笔人：张铭慎、刘泉红)

崔伟：准确把握创新驱动发展战略的时代要求

适应新常态，离不开创新精神；解决新问题，必须走创新道路；实现新发展，需增强创新能力。近日，中共中央与国务院出台意见指出：必须深化体制机制改革，加快实施创新驱动发展战略。纵观世界近现代历史，创新是永恒的主题；纵看当今国际竞争格局，创新是强者的符号；纵览中国发展历程，创新是前行的旗帜。在未来，只有进一步深化体制机制改革，才能充分释放创新潜能；只有加快实施创新驱动发展战略，才能顺应时代脉络，践行时代使命，成为时代先锋。

一方面是我国经济开始从高速增长转变为中高速增长，另一方面是世界经济进入新的深入调整期；一方面是资源环境问题依然严峻，另一方面是产能过剩问题不断凸显；一方面是劳动力成本不断提高，另一方面是始终存在的就业难困局；一方面是科研腐败、学术不端现象横行，另一方面是科研成果转化率依旧低下。这无一不说明：只有深入推进创新，落实创新政策，才能够有效破解现实的困局和发展的难题。

让创新的源泉充分涌动，让创新的力量充分释放，还需要将创新行为切实落到实处，使创新活动得以有效开展。必须坚持需求导向的原则，切实发挥好市场在资源配置中的决定性作用，依靠科技创新培养新的经济增长点、抢占未来发展制高点；必须坚持人才为先的原则，不断完善高端人才引进机制与紧缺人才培养机制，让各类人才都能够获得施展自身才华的空间；必须坚持遵循规律的原则，以正确的理念统领创新发展，为科研学者的研究创新工作提供更宽松的环境；必须坚持全面创新的原则，以科技创新引领国家发展全局，实现科技体制改革与经济社会领域改革的有机结合。

"蓬生麻中，不扶自直。"深入实施创新驱动发展战略，还需要营造大众创业、万众创新的政策环境和制度环境。让创新不流于形式、让创新不成为虚言，这不仅需要国家的政策支持，科研学者的集体智慧，更需要聚全民之智，集众人之力，让创新文化为民众所吸纳，让创新精神为民众所认同，让创新理念为民众所接受，不断培养全体人民勇于创新的锐气，不断增强全体人民敢于创业的豪气，不断创造崇尚创新、宽容失败的社会氛围，唯有如此，才能使创新得以持续，才能使发展得以恒久。

奏响创新驱动发展的"最强音"，创新大潮必将在中国大地上更加激荡；高举创新驱动发展的"先锋旗"，创新之路必将在中国大地上更加宽阔；勇做创新驱动发展的"排头兵"，创新之基必将在中国大地更加夯实。没有永远的强者，唯创新者恒强；没有永远的胜者，唯创新者不败。过往三十年，中国探索出了改革开放的新道路，引领中国成为世界第二大经济体；未来几十年，中国只有继续以创新驱动发展战略为导向，才能在日趋激烈的国际竞争中争得一席之地。

（摘编自求是网 2015 年 4 月 2 日，作者：崔伟）

新常态当创新思维

我国经济发展进入新常态，面临的任务、环境、条件以及需要解决的问题都发生了变化，既有的思维方式、行为方式很难解决新问题，因而应当创新思维。

形成适应新常态的创新思维，需要正确理解新常态，也就是正确认识我国经济发展的阶段性特征和需要解决的关键或瓶颈问题。一般说来，后发展国家的追赶型经济发展大致要经历三个阶段。第一阶段通常会有较快的增长速度。其原因在于产业空间大，可以模仿式发展，资源环境压力不大，有充裕而便宜的劳动力，GDP 的基数小。在我国，还应特别强调改革开放对生产力的解放。进入第二阶段，快速发展的条件不复存在，产业空间相对饱和，模仿式发展的效应迅速递减，资源环境压力加大，劳动力成本提高，经济规模增大，经济增长速度势必慢下来。但这不是退步，而是一种进步，是进入一个稳健的增长期。这个时期的关键任务是通过鼓励创新探寻新的经济增长点，追求速度、质量和效益的统一，重点在提高质量和效益。第三阶段，接近或达到发达国家水平，经济发展速度放慢且基本稳定。其原因在于经济规模增大，而且产业精细，新层次的比较优势主要靠人力资本和科学技术，而不是靠自然资源和廉价劳动力。我国经济发展新常态对应的大体是第二阶段，面临的主要任务是通过创新探寻新的增长点。

创新思维，必须围绕新常态的重点任务，从市场经济的要求出发思考问题、解决问题。我们每天作出的选择和决策，其中都有下意识、不自觉的习惯使然成分。长期发展实践形成的思维惯性，使我们即使面对新常态下的新问题，依然很难抛开原来的思维和行为模式。例如，只要经济增速放缓，就习惯于实施刺激政策，结果保护了落后产能，延误了创新。又如，一些地方面对新常态的发展思路依然是铺摊子、上项目。一些人嘴上说的是新常态，但思维方式、行事方式还是老一套。其中最为根深蒂固的，还是过分相信和依赖行政力量。这种习惯影响之深，有时会使人们认识不到它是一种与新形势新任务不相适应的旧习惯。

那种认为我国过去发展靠的是劳动力红利的说法是不全面的。如果说劳动力便宜就可以带来红利，那么，比我国劳动力便宜的国家有很多，为什么他们没有取得我国这样的发展成绩？对我国发展更为准确的阐释是，改革开放解放了人这一最具革命性的生产力，激发了人的活力和创造力。从这个角度看，新常态下寻找新的增长点，必须通过全面深化改革，进一步释放人的创新创业活力。

（摘编自《人民日报》2015 年 1 月 13 日，作者：李义平）

第六章

加快转变农业发展方式的创新指导

党中央提出，大力推进农业现代化，加快转变农业发展方式，走产出高效、产品安全、资源节约、环境友好的农业现代化道路。农业现代化是我国农业发展的根本方向，改革开放以来特别是进入新世纪以来，我国的现代农业建设取得了长足发展，农业现代化水平有了明显提高。当前，我国正处在全面建成小康社会、加快推进现代化的关键时期，农业发展面临农产品价格"天花板"封顶、生产成本"地板"抬升、资源环境"硬约束"加剧等新挑战，迫切需要加快转变农业发展方式，这是现实与历史的重大任务。

当前农业发展需要突出关注四方面变化

第一，农产品价格"天花板"封顶效应开始显现

现在，全球粮油供求短期内正在发生重要的周期性变化，特别是石油价格跌破 50 美元一桶以后，对国际农产品市场影响非常明显。短期之内国际农产品价格下跌的趋势仍然非常明显，所以说国内外农产品价格的倒挂可能会成为常态。这意味着国内农产品涨价的空间开始受到了挤压，这是我们制定农业政策必须面对的新情况。

第二，成本"地板"抬升的挤压越来越明显

农产品成本，我们称之为"地板"。它的不断提升对农业的挤压已经非常明显。由于劳动力越来越贵，租金越来越高，农业生产中像农机、化肥、农药、农膜等的投入越来越多，使农业的成本处在快速上升的通道。比如，在新疆收棉花，收一亩棉花的人工成本是 800 元，机械化成本可以下降到 200 元。西南和广西的甘蔗种植，收一亩甘蔗要用五个人工，每个人工的每天费用高达 150 元。如果没有机械化的推进，甘蔗靠人工收割已经没有任何优势。

第三，农业生产和价格补贴的"黄线"开始逼近

我们加入 WTO（世界贸易组织）的时候有承诺，比如说，对生产和贸易产生扭曲作用的"黄箱补贴"，我国承诺补贴的上限不超过农业产值的 8.5%。现在一些农产品已经逼近黄线。

在目前的贸易保护政策下，我国农产品价格触及"天花板"以后，价格驱动型进口会不断增加，进口对国内农业造成的冲击会难以避免。这是我们面对的非常严峻的挑战。

第四，资源环境的"红灯"开始亮起

长期以来，为了增加农产品的产量，农业资源存在过度开发利用的问题，生态存在严重透支的问题。有些地方地没法种，水也不能浇，资源环境旧的欠债没有还，新的欠债还在继续发生。可以说，农业发展既面临着"天花板""地板"双重挤压，又面临着"红灯"和"黄线"双重约束。在这样的环境下制定农业政策，我们面临的空间受到很大的挤压。特别是国外廉价农产品对我们的强势竞争就在眼前，入世对中国农业的大考才真正开始。

面对这些巨大变化和挑战，出路只有一个，按照中央经济工作会议和中央农村工作会议作出的重要部署，必须加快转变农业的发展方式。

（摘编自人民网 2015 年 1 月 28 日，原标题：《新常态下如何加快转变农业发展方式》，作者：韩俊）

【深度阐释】∙∙

一、增强粮食生产能力

我国是一个有着 13 亿多人口的发展中大国，粮食问题始终是国计民生中的头等大事。近年来，在消费带动和国内外粮价倒挂的影响下，我国出现了粮食增产、库存增加、进口同时增多的新情况，同时又面临着农产品价格"天花板"封顶、生产成本"地板"抬升、资源环境"硬约束"加剧等新挑战，粮食生产发展空间受到多重挤压。未来我国粮食生产是否能够继续保持稳定增长的势头，直接关系到国家现代化能否稳步进行。

（一）坚守耕地红线建设高标准农田

要坚守耕地红线，做到面积不减少、质量不下降、用途不改变，稳定提升粮食产能，确保饭碗任何时候都牢牢端在自己手中，夯实转变农业发展方式的基础，并把增强粮食生产能力，提高粮食安全保障水平作为转变农业发展方式的首要任务。加快建设高标准农田。高标准农田就是土壤性能好，能灌能排，农业机械进得去、出得来，其地块规模、建设要求能够适应机械化专业化作业。把保障主要农产品有效供给作为发展现代农业的首要任务，认真落实"米袋子""菜篮子"行政首长负责制，严格保护耕地特别是基本农田、标准农田，加快推进粮食生产功能区建设，保障和提高粮食生产能力。进一步加大对粮食生产的政策扶持，提高种粮效益，调动农民种粮积极性，确保粮食种植面积基本稳定。有计划分片推进中低产田改造，改善农业生产条件，建立奖惩等有效机制，鼓励金融机构支持高标准农田建设和中低产田改造。切实加强耕地保护。落实最严格的耕地保护制度，加快划定永久基本农田，确保有地种粮。在工业化城镇化进程下，耕地占用及流转加快，实现耕地占补平衡，还必须做到面积不减少、质量不下降、用途不改变，尽快研究制定耕地质量等级国家标准，完善耕地保护补偿机制，实施耕地质量保护与提升行动。

（二）积极发挥比较优势推进粮食生产基地建设

进一步发挥粮食主产区比较优势，结合永久基本农田划定，探索建立粮食生产功能区，优先在东北、黄淮海和长江中下游等水稻、小麦主产区，建成一批优质高效的粮食生产基地，将口粮生产能力落实到田块地头，实行优质优价。粮食生产基地是我国粮食生产能力最强、产出最为集中的区域，这些地方不仅能够满足区域内粮食自给，每年还能调出大量商品粮外销，在我国粮食生产中具有举足轻重的地位和作用。

（三）大力推广绿色增产模式引导农民创新创业

通过粮食高产创建活动，推广绿色增产模式，实现大面积均衡增产。引导农民创新创业，分享粮食全产业链发展中的储运、加工及营销增值收益。健全粮食主产区利益补偿机制，国家扶持粮食生产的政策措施、项目投入要向主产区倾斜，使农民种粮不吃亏；通过财政转移加大对粮食主产区的奖补力度，保证其人均财力水平逐步达到全国和全省平均水平，使地方抓粮有动力。

二、创新农业经营方式

创新农业经营方式，就是要积极探索多种形式的农业适度规模经营，努力提升现代农业发展水平，着力促进农业增效、农民增收，形成更多可复制可推广的改革经验，为推动现代农业建设迈上新台阶提供强有力支撑。

（一）培育壮大新型农业经营主体

逐步扩大新型农业经营主体承担农业综合开发、中央基建投资等涉农项目规模。支持农民合作社建设农产品加工仓储冷链物流设施，允许财政补助形成的资产转交农民合作社持有和管护。鼓励引导粮食等大宗农产品收储加工企业为新型农业经营主体提供订单收购、代烘代储等服务。落实好新型农业经营主体生产用地政策。推进多种形式的农业适度规模经营，稳步开展农村土地承包经营权确权登记颁证工作，采取财政奖补等措施，扶持多种形式的农业适度规模经营发展，引导农户依法采取转包、出租、互换、转让、入股等方式流转承包地。加快培育农业经营性服务组织，开展政府购买农业公益性服务试点，积极推广合作式、托管式、订单式等服务形式，在坚持农村土地集体所有和充分尊重农民意愿的基础上，在农村改革试验区稳妥开展农户承包地有偿退出试点，引导有稳定非农就业收入、长期在城镇居住生活的农户自愿退出土地承包经营权。

（二）大力开展农业产业化经营

把发展多种形式农业适度规模经营与延伸农业产业链有机结合起来，立足资源优势，鼓励农民通过合作与联合的方式发展规模种养业、农产品加工业和农村服务业，开展农民以土地经营权入股农民合作社、农业产业化龙头企业试点，让农民分享产业链增值收益。加快发展农产品加工业。扩大农产品初加工补助资金规模、实施区域和品种范围，支持精深加工装备改造升级，建设一批农产品加工技术集成基地，提升农产品精深加工水平，支持粮油加工企业节粮技术改造，开展副产品综合利用试点，加大标准化生猪屠宰体系建设力度，支持屠宰加工企业一体化经营。创新农业营销服务。

（三）加强农产品产地市场建设

加强全国性和区域性农产品产地市场建设，加大农产品促销扶持力度，提升农户营销能力。培育新型流通业态，大力发展农业电子商务，制定实施农业电子商务应用技术培训计划，引导各类农业经营主体与电商企业对接，促进物流配送、冷链设施设备等发展。加快发展供销合作社电子商务。积极推广农产品拍卖交易方式，积极开发农业多种功能，加强规划引导，研究制定促进休闲农业与乡村旅游发展的用地、财政、金融等扶持政策，加大配套公共设施建设支持力度，加强从业人员培训，强化体验活动创意、农事景观设计、乡土文化开发，提升服务能力，保持传统乡村风貌，传承农耕文化，加强重要农业文化遗产发掘和保护，扶持建设一批具有历史、地域、民族特点的特色景观旅游村镇，提升休闲农业与乡村旅游示范创建水平，加大美丽乡村推介力度。

三、推进农业结构调整

农业结构调整，就是要按照中央提出的稳粮增收、提质增效、创新驱动的总要求，努力转变发展方式，实现农业竞争力和农产品供给质量的全面提升。从改革开放以来30多年的历程看，中央在政策上曾三次明确提出农业结构调整的任务。

第一次是1985年，当年的中央一号文件提出："大力帮助农村调整产业结构"，"支持发展畜牧业、水产养殖业、林业等产业。"这是农村改革以来中央文件中首次明确提出农业结构调整问题。总的来看，这一时期的农业结构调整是需求导向型的。

第二次是 1998 年，这一时期农业结构调整的主要目标是优化区域布局，主要任务是优化种植业作物和品种结构，发展畜牧业和农产品加工业，发展无公害和绿色食品等。2004 年以后，提高粮食综合生产能力又成为农业结构调整的重心和基础。总体来看，这一时期农业结构调整是以市场需求为导向。

第三次就是 2015 年中央一号文件提出的新一轮农业结构调整。这次农业结构调整就是要以国际市场为导向，充分挖掘国内各种农业资源的潜力，利用好国际国内两种资源、两个市场。为了全面贯彻落实中央的决策部署，适应新常态下经济社会发展需要，当前，必须要科学推进农业结构调整，促进农业提质增效，大力发展牛羊肉生产，构建粮饲兼顾、农牧结合、循环发展的新型种养结构。稳妥调整优化农业结构，优化玉米种植结构，推进农牧结合、一二三产业融合互动。要加强规划引导，科学合理布局，东北四省区要把玉米结构调整纳入农业农村经济发展规划中，统筹谋划，稳步推进。要抓好政策落实，特别是价格政策、补贴政策、补助政策、金融政策。要强化创新驱动，抓好种业创新，培育新型经营主体和发展适度规模经营，示范带动结构调整。要搞好产前、产中、产后指导服务，及时准确发布信息，引导农民主动调整，加强技术指导，搞好流通、加工、贮藏、金融、保险等服务，促进农民增收益。

四、提高资源利用效率

现代农业必须是资源节约、环境友好的农业。资源利用效率低下是我国农业经济发展所面临的突出问题，要坚持"保护"与"治理"并重，走可持续发展道路。要切实加大耕地、水、草原、水域滩涂等保护力度，坚决执行最严格的耕地保护制度和集约节约用地制度，要大力发展节水农业，实施化肥和农药零增长行动，推进农业废弃物资源化利用，提高资源利用效率，建设节约型社会。

（一）高效利用水资源

在水的利用方面，应特别注意提高占水资源使用量70%的农用水的利用效率，落实最严格水资源管理制度，逐步建立农业灌溉用水量控制和定额管理制度。进一步完善农田灌排设施，加快大中型灌区续建配套与节水改造、大中型灌排泵站更新改造，推进新建灌区和小型农田水利工程建设，扩大农田有效灌溉面积。大力发展节水灌溉，全面实施区域规模化高效节水灌溉行动。分区开展节水农业示范，改善田间节水设施设备，积极推广抗旱节水品种和喷灌滴灌、水肥一体化、深耕深松、循环水养殖等技术。积极推进农业水价综合改革，合理调整农业水价，建立精准补贴机制。开展渔业资源环境调查，加大增殖放流力度，加强海洋牧场建设。统筹推进流域水生态保护与治理，加大对农业面源污染综合治理的支持力度。

（二）高效利用农药化肥

实施化肥和农药零增长行动。坚持化肥减量提效、农药减量控害，建立健全激励机制，深入实施测土配方施肥，扩大配方肥使用范围，鼓励农业社会化服务组织向农民提供配方施肥服务，支持新型农业经营主体使用配方肥。探索实施有机肥和化肥合理配比计划，鼓励农民增施有机肥，支持发展高效缓（控）释肥等新型肥料，提高有机肥施用比例和肥料利用效率。加强对农药使用的管理，强化源头治理，规范农民使用农药的行为。禁用一批高毒农药，探索建立高效低毒农药补贴制度，推行高毒农药定点经营和实名购买制度，力争到2020年主要农作物统防统治覆盖率达到50%，测土配方施肥覆盖率达到90%。开展产地环境污染治理，集中解决土壤重金属污染，在污染较重地区改种非食用农作物。

（三）推进农业废弃物资源化利用

农业废弃物资源化利用难在可持续性。在明确和突出政府对农业废弃物资源化利用主要责任的基础上，强化市场在农业废弃物资源化利用中的作用，以市场化理念认识农业废弃物的资源价值，看待其发展前景，以产业化制度推进农业废弃物的综合利用，拓宽其开发利用的途径。政策支持与市场化、产业化相结合是农业废弃物资源化利用可持续发展的现实途径。建立激励补偿机制，加大农业废弃物资源化利用扶持力度，引导和激励工商企业投资农业废弃物利用产业。大力发展发展龙头企业，带动农业废弃物资源化利用产业化发展。健全市场化利益分配机制，完善以企业需求为龙头、专业合作经济组织为纽带、农民为基础的收集贮运体系。加大农业废弃物资源化利用技术的研发。大力发展农牧结合的生态循环农业，实现农业废弃物的区内循环利用。

五、强化农业科技创新

农业科技创新是加快现代农业发展，实现农业增效、农民增收、农村繁荣的根本出路。

（一）加强农业科技自主创新

健全农业科技创新激励机制，完善科研院所、高校科研人员与企业人才流动和兼职制度，推进科研成果使用、处置、收益管理和科技人员股权激励改革试点，激发科技人员创新创业的积极性。建立优化整合农业科技规划、计划和科技资源协调机制，完善国家重大科研基础设施和大型科研仪器向社会开放机制。加强对企业开展农业科技研发的引导扶持，使企业成为技术创新和应用的主体。加快农业科技创新，在生物育种、智能农业、农机装备、生态环保等领域取得重大突破。建立农业科技协同创新联盟，依托国家农业科技园区搭建农业科技融资、信息、品牌服务平台。探索建立农业科技成果交易中心。充分发挥科研院所、高校及其新农村发展研究院、职业院校、科技特派员队伍在科研成果转化中的作用，加快科技进村入户，让农民掌握更多的农业科技知识。

（二）深化种业体制改革

科技兴农，良种先行。着力培养具有自主知识产权的作物品种，抢占农业高技术领域的制高点。应加快培育一批育繁推一体化的大型种子企业，形成大中小种子企业各具特色、相互补充、共同发展的企业集群，推动科研院所、高等院校与种子企业联合与合作，把我国的种业做大做强。

（三）推进农业生产机械化

农业科技创新的一个重要方面是进一步提高农业生产机械化水平，在提高土地生产率的基础上着力提高农业劳动生产率，促进农业增产农民增收。完善适合我国国情的农业机械化技术与装备研发支持政策，主攻薄弱环节机械化，推进农机农艺融合，促进工程、生物、信息、环境等技术集成应用。

（四）加快发展农业信息化

农业信息化是加快农业现代化的重要途径。开展"互联网+"现代农业行动。鼓励互联网企业建立农业服务平台，加强产销衔接。推广成熟可复制的农业物联网应用模式，发展精准化生产方式。大力实施农业物联网区域试验工程，加快推进设施园艺、畜禽水产养殖、质量安全追溯等领域物联网示范应用。加强粮食储运监管领域物联网建设。研发推广实用信息技术和产品，提高农业智能化和精准化水平。强化农业综合信息服务能力，提升农业生产要素、资源环境、供给需求、成本收益等监测预警水平，推进农业大数据应用，完善农业信息发布制度。大力实施信息进村入户工程，研究制定农业信息化扶持政策。

（五）大力培育新型职业农民

以提高农民科技素质、职业技能和经营能力为重点，加快建立教育培训、规范管理和政策扶持"三位一体"的新型职业农民培育体系。建立公益性农民培养培训制度，深入实施新型职业农民培育工程，推进农民继续教育工程。大力开展现代农业实用技术、农村经营管理技术、农村信息化技术、农民就业创业技能培训和农村实用人才培训。

加强农民教育培训体系条件能力建设，深化产教融合、校企合作和集团化办学，促进学历、技能和创业培养相互衔接。重点培养科技致富带头人、种养业能手、农村经纪人、专业合作社领办人、农民企业家和农村高技能人才。鼓励进城农民工和职业院校毕业生等人员返乡创业，实施现代青年农场主计划和农村实用人才培养计划。

六、提升农产品质量安全水平

现代农业首先是质量安全的农业，要让消费者吃饱吃好、吃得安全放心，要坚持"产出来"与"管出来"两手抓。

一方面，大力推进标准化生产。农业标准化是发展现代农业的重要基础和重要标志，这也是提高农产品质量安全水平的治本之道，是优化农业结构、促进农业转型升级的重要内容。要继续推进园艺作物标准化生产、畜禽标准化规模养殖和水产健康养殖，加强源头治理，规范生产过程，着力打造一大批农业标准化生产基地和农产品知名品牌。

另一方面，不断强化食品安全监管。要对食品生产、流通企业的食品安全行使监督管理。抓紧健全农产品质量安全标准体系和监测评估体系，启动追溯管理信息平台建设，完善监管机构和监管机制，加大综合执法与专项整治力度，全面提升农产品质量安全水平。推动修订农产品质量安全法等法律法规，与食品药品监管部门无缝对接，共同形成生产、流通、加工、消费全程监管链条。深化突出问题整治，严打非法添加、制假售假、私屠滥宰等行为。加强基层监管队伍建设，推进综合执法，着力提升执法能力，坚决惩治不作为、乱作为。开展国家农产品质量安全县创建活动，强化属地管理责任，鼓励基层探索有效监管模式。建立农产品质量安全信用体系，鼓励社会监督，加强科普解读。推进农业品牌化建设。转变农业发展方式，推进农业现代化，增强我国农产品在国际市场的竞争力，必须着力打造优秀农业品牌，以强农、富民为核心，以多样化的特色农业资源为基础，以农业科技为支撑，推进中国特色农业品牌化建设。发挥有关行业协会作用，加强行业自律，规范企业行为。

七、加强农业国际合作

实施"一带一路"战略、推进国际产能合作，是党中央、国务院根据全球经济深刻调整变化，统筹国内国际两个大局，构建全方位对外开放新格局所作出的重大战略决策。

（一）推动双边或多边现代农业产业化合作机制形成

建立"一带一路"农业产业国际合作示范区，充分利用"一带一路"沿线国家丰富的农业资源，推动互惠互利、优势互补的双边或多边现代农业产业化合作机制形成。拓展与"一带一路"沿线国家和重点区域的农业合作，带动农业装备、生产资料等优势产能对外合作。要做好整体规划，将参与"一带一路"建设作为企业"十三五"和中长期发展规划的重要内容，与企业年度计划、境外重大项目投资计划紧密衔接，充分发挥战略引领作用。

（二）健全农业对外合作部际联席会议制度

在充分利用现有政策渠道的同时，研究农业对外合作支持政策，加快培育具有国际竞争力的农业企业集团，积极引导外商投资现代农业。加强农产品贸易调控。积极支持优势农产品出口，进一步完善农业贸易发展支持体系，促进农产品贸易健康发展。进一步强化贸易磋商谈判和国际规则标准制定参与度，着力提高国际粮农事务主导能力。进一步加快境外农业资源合作开发步伐，提升主动参与国际合作与竞争的能力。进一步完善有中国特色的农业南南合作发展体系，加强农业及粮食领域国际合作。进一步做好利用外资工作，提高农业"引进来"质量和水平。切实加强国际农业科技合作，提升农业产业发展的科技支撑能力。

(三) 健全农业国际合作工作体系

进一步加强体系建设，为全面推进农业国际合作工作提供强有力的保障。健全农产品进口调控机制，完善重要农产品国营贸易和关税配额管理，把握好进口规模、节奏，合理有效利用国际市场。加快构建全球重要农产品监测、预警和分析体系，建设基础数据平台，建立中长期预测模型和分级预警与响应机制。

【专家观点】..

韩长赋：坚定不移加快转变农业发展方式

一、我国农业加快转变发展方式的任务十分紧迫

从总体上看，这些年我国农业正在朝着现代化的目标稳步推进。但也要看到，制约我国农业农村发展的长期性矛盾仍然很多，各种新的风险在积聚，农业现代化仍是"四化"同步的"短板"。农业农村是保障经济持续健康发展的"压舱石"，是调节劳动力就业的"蓄水池"，是扩大消费新的增长点。抓紧补上这个"短板"，不仅是农业自身转型升级、夯实基础的需要，也是我国经济适应发展新常态、稳定市场信心、扩大回旋空间、应对风险隐患的底气所系。李克强总理在中央农村工作会议上强调，要加快推进农业现代化，促进农业发展方式转变。

提高农业综合效益，迫切需要加快转变农业发展方式。近年来，农业生产成本处在"上升通道"，人工、农机作业等费用上涨很快，种子、化肥、农药等投入品价格也不便宜，农业生产成本的"地板"不断抬升。国际大宗农产品到岸价已不同程度低于国内同类产品价格，农产品继续提价遭遇"天花板"。国家对小麦、玉米、稻谷等的支持已接近加入 WTO 时的承诺上限，加大"黄箱"支持也遇到了"天花

板"。在两块"天花板"和一块"地板"的挤压下，农业比较效益下降。特别是随着农民大量进城务工，农业兼业化、农民老龄化、农村空心化在加快，"谁来种地""如何种地"的问题日益凸显。出路只能是依靠转变农业发展方式，促进农业提质增效、节本降耗。

实现农业可持续发展，迫切需要加快转变农业发展方式。这些年我国农业稳定发展，粮食总产连续两年超过 1.2 万亿斤，成绩来之不易，但也付出了不小的代价，农业资源环境已经亮起"红灯"。生态环境受损严重、承载能力越来越接近极限，资源开发利用强度过大、弦绷得越来越紧，农业面源污染、耕地质量下降、地下水超采等问题越来越突出；特别是温饱问题解决后，公众对生态环境和农产品质量的要求越来越高，对农产品质量安全问题零容忍。这些问题带有明显的阶段性特征，倒逼农业必须加快转变发展方式，破解农业生态环境和资源条件制约这两道"紧箍咒"，走可持续发展之路。

提高农业竞争力，迫切需要加快转变农业发展方式。目前，我国农业发展方式仍然是传统与现代并存。虽然农业技术设施装备条件逐步改善，但"毛细血管"不发达，农业投入品利用率仍然不高；虽然新型经营主体快速发展，但小规模经营仍占大多数，限制了农业劳动生产率的提高；虽然农产品市场体系初步形成，但农业生产仍然走不出"多了多、少了少"的烦恼循环；虽然我国是种养业生产大国，但农业区域比较优势还未充分发挥，农业产业链条不完整，农业市场竞争力不强。只有加快转变发展方式，推进农业科技和经营方式创新，才能提高农业的产业素质和综合竞争力。

二、准确把握转变农业发展方式的重点任务

更加注重提高粮食产能，挖掘粮食生产新潜力。转变农业发展方式，首要任务就是要稳定粮食生产，提高粮食产能，持久保障国家粮食安全，把饭碗牢牢端在自己手里。要落实扶持政策，保护调动好农民务农种粮和主产区重农抓粮两个积极性，稳定粮食播种面积特别是谷物播种面积。加快推进旱涝保收高标准农田建设，划定永久基本农田，实施耕地质量保护与提升行动，推动建设粮食生产功能区，做到藏粮于地。开展绿色增产模式攻关和高产创建，重点推广标准化高产高效、绿色环保技术模式，做到藏粮于技。粮食不可能总是增产，但绝不能出现大的滑坡。

更加注重农产品质量安全，确保"舌尖上的安全"。现代农业首先是质量安全的农业。要坚持"产出来"与"管出来"两手抓、两手硬。一方面，大力推进畜牧、渔业、水果、蔬菜标准化生产，着力打造一批农业标准化生产基地和农产品知名品牌。另一方面，不断强化监管，抓紧健全农产品质量安全标准体系和监测评估体系，启动追溯管理信息平台建设，完善监管机构与机制，狠抓执法监管与集中整治，全面提升农产品质量安全水平。

更加注重农业资源环境保护，实现农业可持续发展。现代农业必须是资源节约、环境友好的农业。要坚持保护与治理并重，首先是做到资源环境上不欠新账，再逐步还历史账，使透支的农业资源、环境得到休养生息。一方面，要切实加大耕地、水、草原、水域滩涂等保护力度，坚决执行最严格的耕地保护制度和集约节约用地制度，发展生态循环农业，提高资源利用效率。另一方面，要打好农业面源污染治理攻坚战，力争 2020 年实现"一控两减三基本"目标，即农业用水总量控制，化肥、农药施用总量减少，地膜、秸秆、畜禽粪便基本资源化利用。同时，以创建美丽乡村为目标，持续改善农村人居环境。

更加注重优化调整结构，培育现代农业产业体系。现代农业必须是发挥比较优势的产业。要进一步优化农业区域布局，逐步形成具有区域特色的主导产品、支柱产业和知名品牌，打造大宗农产品优势产业带，培育一批特色明显、类型多样、竞争力强的专业村镇。进一步优化种养业结构，引导农民以市场为导向，大力发展草食畜牧业，打通种养业协调发展的通道，形成粮饲兼顾、农牧结合的新型农业结构。大力发展产业化经营，开发农业多种功能，提升农业的生态价值、休闲价值和文化价值，特别是要加快发展直销、配送、电子商务等农产品现代流通业态，促进一二三产业融合发展，提升农业全产业链的附加值。

更加注重技术创新，给农业插上科技的翅膀。推进农业发展方式转变，根本要靠创新驱动，加快农业科技创新步伐。要深化农业科技体制改革，推动农业科技资源整合与协同创新，促进农业科技成果转化应用。加快现代种业发展，推进种业成果权益比例改革试点。推进农业机械化和信息化，主攻水稻机插、玉米机收等薄弱环节，加快三大谷物生产全程机械化，搞好跨区机收和农机后续服务。积极开展信息进村入户试点、物联网应用示范、农产品电子商务示范，提高农业信息化水平。

更加注重经营方式创新，促进农业增效农民增收。创新农业经营方式是转变农业发展方式的客观要求。要构建新型农业经营体系，坚持家庭经营的基础性地位，推进家庭经营、集体经营、合作经营、企业经营等多种经营方式共同发展，建立健全农业社会化服务体系。推进新型职业农民培养和新型农业经营主体培育融合发展，培育种养大户、家庭农场、合作社、龙头企业等新型经营主体，扩大新型职业农民培育工程覆盖面，打造高素质现代农业生产经营者队伍。

更加注重统筹两个市场两种资源，提高农业竞争力。我国农业已经处于全面开放的国际大市场中，加快转变农业发展方式必须有世界眼光，在全球化背景下来谋划和推动。要推进农业对外开放，提高引进国外发展资金、关键技术、种质资源、高层人才、管理经验的水平。要完善粮棉油糖等大宗农产品进出口调控政策，适当进口国内紧缺的资源性农产品，支持有比较优势的农产品出口。要着力构建农业"走出去"政策体系，抓住"一带一路"建设的重大战略机遇，培育一批"走出去"大型农业企业。

三、加快转变农业发展方式必须坚持正确的指导思想和原则

坚持市场导向，把握经济规律。要深入研究市场需求特点及其变化，善于利用市场信息引导农业生产，善于通过市场流通链条带动农业生产，善于运用市场的办法指导和组织农业生产，防止盲目跟风、搞"一窝蜂"。

坚持从实际出发，发挥各地优势。要综合考虑各地资源禀赋、产业基础和市场条件，加强分类研究，科学制定规划，因地制宜，因势利导，少犯理想化、简单化、片面性错误，提高工作的科学性和政策的针对性、实效性。

坚持农民主体地位，尊重农民意愿。农民中蕴藏着无穷的智慧和力量。推进农业发展方式转变，必须尊重农民的意愿和经营自主权，充分发挥他们的主动性创造性。政府部门重点是做好规划引导和服务、及时总结推广创新实践、创造良好市场环境，坚决防止一刀切、下指标、定任务，切忌越俎代庖，搞行政命令。

坚持改革创新，激发内生动力。过去我国农业发展取得巨大成就，靠的是改革创新。现在加快转变农业发展方式，更要依靠改革创新。要全面深化农村改革，积极推进制度创新，破除制约农业农村发展的体制机制障碍，激发农业农村经济发展的内生动力。

（摘编自人民网—中国共产党新闻网 2015 年 1 月 16 日，作者：韩长赋）

陈锡文：适应经济发展新常态
加快转变农业发展方式

在中央经济工作会议上，习近平总书记深刻指出，我国经济发展进入新常态，是我国经济发展阶段性特征的必然反映，是不以人的意志为转移的。新常态反映在农业领域，表现为农村经济发展的速度变化、结构优化和动力转化，归根结底是要加快转变农业发展方式。

一方面，农业生产成本持续上升，导致主要农产品国际竞争力下降。近年来，随着工业化、城镇化的快速推进和人民生活水平的不断提高，农业的生产成本也在持续攀升。化肥等投入品的价格不断上涨，土地租金、劳动工资的价格不断上涨，农民用于购买各种生产性服务的价格也在不断上涨。农业生产成本的持续上升推动了农产品价格的持续上涨。

另一方面，长期靠拼资源、拼投入的粗放增长方式，导致农业资源过度开发，生态环境不堪重负。民以食为天，对于我们这样一个有着十几亿人口的国家而言，为保证日益增长的人口能吃饱饭，追求农产品产量的增长无可厚非。但问题在于：长期无节制地毁林、毁草开荒，围湖、填河造地，使生态系统受到严重破坏；不断增加化肥、农药、农膜的使用以及乱烧乱扔农业废弃物，使农业农村环境受到严重污染。目前，全国农业每年使用农用塑料薄膜约250万吨，而回收不足150万吨，这意味着每年有约100万吨废弃的农膜碎片残留在土壤中。在每年使用的180多万吨农药中，真正能够作用于农作物的不足1/3，更多的是造成了对水、土壤和空气的污染。长此以往，农业的资源环境必然难以承受，有些地方已经陷入了恶性循环：减少化肥投入，单位面积农产品产量就下降；而增加投入，则造成更严重的土壤板结和退化。对我国的农业而言，资源和环境这两盏"红灯"已经频频亮起，再不接受这严厉的警告，农业可持续发展的目标就难以实现。

实践表明，农业是国民经济的基础，也是保障经济持续健康发展的"压舱石"。面向经济发展新常态，正确应对当前农业所面临的内外压力和挑战，必须坚定不移加快转变农业发展方式，从主要追求产量增长和拼资源、拼消耗的粗放经营，尽快转到数量质量效益并重、注重提高竞争力、注重农业技术创新、注重可持续的集约发展上来，走产出高效、产品安全、资源节约、环境友好的现代农业发展道路。

要大力推行绿色农业、循环农业、生态农业。习近平总书记指出：农业发展不仅要杜绝生态环境欠新账，而且要逐步还旧账。首先，可持续发展的农业必须是能够保护生态环境的农业。要采取更为严格的措施对山水林田湖加以保护，严禁违反规划对自然资源随意开发，对生态脆弱地区更要严禁开发。对由于过度开发而造成的地下水漏斗区、土壤重金属污染区，必须下决心采取根治性措施，使其逐步得到恢复。其次，可持续发展的农业必须是资源节约、环境友好型的农业。要按农业标准化实行清洁生产，制定科学而严格的用水、用肥、用药标准，深入开展测土配方施肥，大力推广使用低毒低残留农药，既节约资源、降低成本，又保障农产品质量安全和提高经济效益。再次，可持续发展的农业必须是物质、能量可循环利用的农业。我国农业生生不息，很重要的原因就在于长期以来农民坚持将投入农业的物质、能量加以循环利用。但进入现代以来，出现了片面以石油农业替代有机农业的倾向，急功近利地只注重矿物肥料的利用，忽视了有机物质对农田的返还，致使土壤板结、地力下降。因此，要加快建立农业废弃物资源化利用和使用有机肥的激励机制，使秸秆和畜禽排泄物变废为宝，成为生物质能源和生物有机肥的重要来源，从而使宝贵的农田能永续利用，产出的农产品有质量安全保障。

要按照市场需求和健全产业链的方向调整农业结构。习近平总书记指出，农业结构往哪个方向调，市场需求是导航灯，资源禀赋是定位器。要根据市场供求变化和区域比较优势，向市场紧缺产品调，向优质特色产品调，向种养加销全产业链调，拓展农业多功能和增值增效空间。要以合理利用国际国内两种农业资源、两个农产品市场的视野，科学审视国内农业资源的潜力，合理安排国内农产品生产的优先序，确保关系国家安全的战略性农产品的自给水平。在此基础上，要尽快建立需求导向的农业结构调整机制，使市场紧缺农产品的"短板"尽快得到提升，使各地农业资源的不同优势得到充分发挥。当前，尤其要注重健全农业全产业链和拓展农业多种功能，促进农村一、二、三产业的融合发展。拓展农业多种功能，就是要摆脱把农业单纯看作第一产业的观点，去发掘农业所能体现的适应自然和气候变化以及动植物生命活动生生不息的过程，去展现农村社会的人文自然景观、历史文化传承与变迁等复合功能，而这些正是农业农村的魅力和现代城镇居民的向往之处。乡村旅游业即是合理开发利用农业多种功能的集大成者。创新了观念和思路，农业结构调整就有着广阔的空间。

要以土地制度改革为动力加快农业经营体系创新。改革是推动我国农业发展的不竭动力。党的十八届三中全会对新时期的农村改革作出了全面部署，2015年的中央一号文件，又从推进土地制度改革试点到改革集体经济产权制度，从完善农业支持保护体系到改革农产品价格形成机制等诸多方面，对农村改革作出了具体安排。在深化农村改革的诸多任务中，如何加快创新农业经营体系，解决好谁来种地和发展适度规模经营的问题，无疑是一个广受社会关注的重大问题。对这一问题的解答，当然离不开我国的具体国情和发展阶段。我国目前还有6亿农村常住人口，短时期内要使他们中的大多数人转移到城镇居住显然并不现实。农业人口的减少，只能是一个伴随着城镇化水平逐步提高的自然进程，农村在相当时期内还难以彻底改变人多地少的格局，这就是我国农业现代化的现实起点。因此，在社会转型阶段要切实保障农民生计和社会稳定，就要坚持农民的地由农民种和因地制宜发展多种形式适度规模经营的基本取向。还要看到，家庭经营在相当时期内仍然是我国农业生产的基本力量，而通过周到便利的社会化服务，把农户经营引入现代农业的发展轨道，则是创新农业经营体系所必须破解的重大课题。

当然，转变农业发展方式、调整农业经济结构、创新农业经营体系，都不能放松粮食生产，否则就会因失去根基而付出沉重代价。在使市场对农业资源配置起决定性作用的同时，还必须发挥好政府的作用，进一步加大国家对农业的支持和保护力度。应当看到，在我们这样一个农业人口众多的国家，农业政策绝不是单纯的产业政策，它关系到数亿农民的生存与发展，关系到农村能否不拖全面建成小康社会的后腿，关系到现代化进程中整个社会能否保持稳定。因此，在经济发展进入新常态的大背景下，仍须坚持把解决好"三农"问题放在全党工作重中之重的位置，才能补上我国现代化的"短板"，为经济社会持续健康发展提供有力支撑。

（摘编自人民网—中国共产党新闻网2015年3月16日，作者：陈锡文）

宋洪远：转变农业发展方式
加快推进农业现代化

农业现代化是我国农业发展的根本方向，改革开放以来特别是进入新世纪以来，我国的现代农业建设取得了长足发展，农业现代化水平有了明显提高。当前，我国正处在全面建成小康社会、加快推进现代化的关键时期，加快发展现代农业、推进农业现代化建设，是现实与历史的重大任务。

（一）随着我国经济进入新常态、改革进入深水区、经济社会发展进入新阶段，农业发展的环境条件和内在动因正在发生深刻变化，依靠转变农业发展方式推进农业现代化的要求更为迫切。

其一，应对我国农业发展面临的诸多挑战，必须加快转变农业发展方式。近些年来我国的农业现代化步伐加快推进，但各种风险和结构性矛盾也在积累和聚集。比如，农业资源偏紧和农业环境恶化的制约日益突出；农村劳动力就业结构变化的挑战日益突出；农业生产结构性失衡的问题日益突出；农业比较效益低与国内外农产品价格倒挂的矛盾日益突出。这些矛盾和问题都可能不是短期内出现的暂时现象，都带有明显的阶段性特征。要解决上述矛盾和问题，必须加快转变农业发展方式。

其二，提高农业发展质量和效益，迫切需要加快转变农业发展方式。近些年来，我国农业虽然保持了增粮增收的好势头，但是数量与质量、总量与结构、投入与产出、成本与效益、生产与环境、当前与长期等方面的矛盾也日益突显。总体上来看，我国农业发展的方式仍然是传统与现代并存。只有加快转变农业发展方式，才能提高农业的产业素质、发展质量和经营效益，才能使农业成为有前途、有吸引力的产业。

其三，加快转变农业发展方式，还面临着难得的机遇和有利条件。

一是当前我国主要农产品供应充足，为加快转变农业发展方式提供了保障。二是国家粮食安全新战略的全面实施，为加快转变农业发展方式留出了余地。三是居民农产品消费结构转型升级，为加快转变农业发展方式增添了动力。四是国际农产品市场供给充足，为加快转变农业发展方式提供了条件。当前，全球谷物市场供求形势总体上产大于需，大宗农产品库存消费比均处于历史最高水平，为更好地统筹利用国内外两个资源、两个市场提供了现实可能和操作空间。

（二）推进我国农业发展方式转变，要坚持以改革为动力，以科技为引领，以法治为保障。在这一过程中，要根据市场需求变化和资源禀赋特点，科学确定主要农产品自给水平、生产优先和区域布局，在确保"谷物基本自给、口粮绝对安全"的前提下，不断优化种养结构、产品结构、区域结构。

第一，要更加注重提高粮食产能，挖掘粮食生产潜力。推进农业现代化，要坚持把保障国家粮食安全作为首要任务。一方面，稳定粮食产量是前提。要始终绷紧粮食安全这根弦，把饭碗牢牢端在自己手里。要把最基本最重要的谷物、口粮保住，在这个前提下，要统筹兼顾棉油糖、"菜篮子"等重要农产品生产。要坚持数量质量效益并重，实现更均衡更全面的发展。另一方面，提升粮食产能是根本。要坚持"一稳、两保"的基本要求，要稳定粮食播种面积特别是谷物播种面积，保护调动好农民务农种粮和主产区政府重农抓粮两个积极性。

第二，要更加注重农产品质量安全，提升食品质量安全水平。现代农业首先是质量安全的农业，要让消费者吃饱吃好、吃得安全放心，要坚持"产出来"与"管出来"两手抓。一方面，大力推进标准化生产。要继续推进园艺作物标准化生产、畜禽标准化规模养殖和水产健康养殖，加强源头治理，规范生产过程，着力打造一大批农业标准化生产基地和农产品知名品牌。另一方面，不断强化食品安全监管。要按照中央的部署和要求，抓紧健全农产品质量安全标准体系和监测评估体系，启动追溯管理信息平台建设，完善监管机构和监管机制，加大综合执法与专项整治力度，全面提升农产品质量安全水平。

第三，要更加注重农业技术创新和经营方式创新，促进农业增效和农民增收。一是要推进农业科技创新。加快选育高产稳产、优质高效新品种，推进农机农艺融合，加强农业农村人才培养，提高农业科技进步贡献率和农业设施装备水平，提高农业生产效率和经营效益。二是要构建新型农业经营体系。坚持家庭经营的基础性地位，推进家庭经营、集体经营、合作经营、企业经营等多种经营方式共同发展，培育种养大户、家庭农场、合作社、龙头企业等新型经营主体，建立健全农业社会化服务体系。三是要发展农业适度规模经营。要坚持适度规模经营的发展方向，推进土地经营权有序规范流转，提高规模经营效益。四是要提高农产品加工流通效率。

第四，要更加注重农业资源环境保护，实现农业可持续发展。一方面，要切实加大耕地、水、草原、水域滩涂等保护力度，坚决执行最严格的耕地保护制度和集约节约用地制度，发展生态循环农业，提高资源利用效率。另一方面，要强化农业环境突出问题治理，加大治土治水治环境力度，降低农地开发利用强度，推广农业节本增效技术，严格管制滥用乱用农业投入品，净化、修复农产品产地生产环境。

第五，要更加注重适应市场需求和资源条件，深入推进农业结构调整。发展现代农业必须适应市场变化、满足市场需求，必须立足资源禀赋条件、充分发挥比较优势，通过进一步优化农业区域布局，优化种养业结构，开发农业多种功能等，推进农业结构调整。

与此同时，还要更加注重利用两个市场两种资源，提高农业市场竞争能力。不仅要扩大农业对外开放，还要着力构建农业对外开放政策体系，要抓住"一带一路"建设的重大战略机遇，积极参与农业国际竞争与合作。

（摘编自中国农业新闻网 2015 年 5 月 28 日，作者：宋洪远）

探索"富碳农业"的发展模式

"富碳农业"是一种全新的农业理念和模式,即"将工业生产的、巨量的、大自然已不能自然消纳的二氧化碳用于工农业生产"。探索和实践"富碳农业"的发展方式,对于系统解决我国经济、社会与环境发展面临的若干综合性问题具有重要意义。

什么是"富碳农业"

"富碳农业"是指:在人工密闭环境中,利用光、气、温、水、肥、种等最佳条件组合,创造高效率的光合作用环境,将二氧化碳作为气肥大量地使用,生产出丰富的粮食作物供给人类生活。秸秆等其他干物质,可以加工成为化工、建筑、燃料等原料回馈工业生产。此外,"富碳农业"生产出的粮食、蔬菜、水果只利用人工光源和营养液水进行栽培,完全不用土壤甚至基质,可以有效抑制害虫和病原微生物的侵入,在不使用农药的前提下实现无污染生产,形成一个新兴产业,创造巨大的经济效益、社会效益和环境效益。

一是"富碳农业"的产业组织模式。将工业排放由原来的被动减排、限制转变为主动疏导、利用,建设高效率、高科技的劳动密集型农业工厂;激励当前工业排放气体的处理、再利用,变成新的能源与资源后,将企业减排的压力化为经济动力;构建完整的碳循环产业链,减轻大气污染和水资源短缺等资源环境压力,实现低碳工业与"富碳农业"的互补成长。

二是"富碳农业"产业链循环基本经济模型。对于工业企业而言,捕获二氧化碳的成本将被向下游销售二氧化碳的收入抵消,随着下游二氧化碳市场需求量的上升,逐渐积累"碳循环利润"。这与德国处理垃圾的经济思维是一致的。对于下游的"富碳农业"工厂而言，"富碳农业"产业不仅可以使农业大幅增产，提高食品总供给，而且可以消耗二氧化碳，进而改善我们的生态环境。

三是"富碳农业"的推广路径。推广"富碳农业"工厂的劳动技术需要成建制的技术推广组织。可以借鉴发达国家的经验，由非盈利组织深入到乡村，脚踏实地地给村民提供教育和培训，一方面可以直接提升农村劳动者的知识和技能，另一方面则帮助科研机构获得一线的数据、案例和经费，进一步推进科技创新。

"富碳农业"的实践和探索

日本曾经建设过一种"植物工厂"，在密闭空间内给植物提供所谓最佳的条件生长。虽然其结构与"半埋式农业车间"有相似之处，但其"最佳的生长条件"需要额外的能源和物质供给，因此极其昂贵，缺乏经济可行性。而"富碳农业"理念的创新之处在于，这些生长条件全部取自当前的工业排放以及可再生能源（太阳能、风能等），农业工厂可以建设在毫无地力的盐碱地甚至暗无天日的废弃矿井中。利用当今国内外科学技术成果，将太阳能、碳捕集、农业工厂三个领域结合起来的"富碳农业"产业在技术上可行，以其作为经济、环境和社会综合性问题的系统化解决之道，则需要国家产业政策的配合。

中国农科院从 20 世纪 70 年代便开始了"植物工厂"的相关研究和实践，论证通过计算机对作物生育过程中的温度、湿度、光照、二氧化碳浓度以及营养液等环境要素进行自动控制，实现不受或很少受自然条件制约的省力型生产方式。"植物工厂"模式的推广和普及已在国外和国内全面展开。以碳排放的大省——山西为例，有研究认为，仅富碳设施农业一项，CO_2 减排量就十分可观：以山西 180 万亩温室大棚为例，按照目前世界上比较先进的温室施放 $CO_2 35kg/m^2$ 计，1 年就可固定 CO_2 420 亿公斤，这相当于山西全省的碳减排任务，如果全省的设施蔬菜在目前基础上增施 $CO_2 2 \sim 3$ 倍，可吸收 $CO_2 1\,000$ 万 $\sim 1\,500$ 万吨；另外，全省年产秸秆 1\,900 多万吨，利用露天焚烧的 400 万吨秸秆用于食用菌生产，可减排 CO_2 670 万吨；光伏食用菌大棚 1 万亩每年发电可达 3 亿度，节约标煤 120 万吨，折合减排 CO_2 300 万吨，效益约 2 亿元；增施 CO_2 后，设施蔬菜产量可以大幅度增产，仅此一项全省可以增产增收上千亿元。同时，在"富碳农业"促进可再生能源的利用上，山西开展利用能源微藻转化 CO_2 生产清洁燃油，开展工厂化微藻养殖、高效吸收 CO_2 和生产清洁燃油的关键技术工艺和配套装备研发，年产 170 万吨微藻燃油及副产品，年产值达 180 亿，形成具有市场竞争力的新型微藻燃油产品和产业。

我国已经有万吨级燃煤电厂二氧化碳捕集装置投入运转。来自电厂石灰石湿法脱硫系统（FGD）脱硫处理后的烟气进行再脱硫处理，通过有机胺吸收溶剂溶液与烟气中的二氧化碳反应，最终得到纯度达 99.5% 的液体二氧化碳产品，并可随时转化成固体、气体等其他产品形态，满足社会经济发展的不同需求。工业碳捕集系统的成功实施不但验证了"富碳农业"中碳捕集环节的有效性和低成本，更完成了"富碳农业"产业链中最重要的环节——二氧化碳的系列商品化。自此，二氧化碳正式从工业废气变成了价值不菲的商品，翻开了生态保护和经济可持续发展的全新篇章。

我国发展"富碳农业"优势独特

在发展"富碳农业"方面，我国拥有独特优势。中国的人口、资源压力是西方市场经济发达国家所未曾遇到的。富碳农业产业所依赖的太阳能、碳捕集、农业工厂综合技术近年在我国取得了重大进展，尤其是高效太阳光能、热能和电能的综合开发利用取得了世界领先的成果。发达国家如美、英、德、法的历史不尽相同，但它们早已在 21 世纪前完成了农业产业化，大规模生产使得农产品市场供给充足，价格低廉。各粮食巨头间的产业格局已经稳定，在某种程度上降低了科技创新的动力并阻碍了成果的综合运用。同样是基于以上原因，发达国家才会将注意力集中在其他解决办法上，如碳捕集与封存技术（CCS）等。

发展"富碳农业"，可以促进我国工业、农业乃至整个国民经济的可持续发展，支持各地区因地制宜地探索和发展生态农业、循环农业、有机农业、精品农业、资源农业，充分挖掘我国农耕文明的精髓，为探索中国特色的农业现代化道路，保证中华民族生存在"地肥、水美、粮丰、人富"的人与自然、人与人和谐的生态和社会环境中提供有力保障。

（摘编自人民网 2015 年 3 月 23 日，作者：朱又德等）

第七章

改革体制机制的整体设计

"十三五"时期正处于我国经济社会发展的关键历史机遇期，既是中国经济步入"新常态"的初始阶段，也是我国经济社会发展转型的重要时间节点。要确保全面建成小康社会的宏伟目标胜利实现，确保转变经济发展方式取得实质性进展并最终迈向经济更高发展阶段，"十三五"时期必须加快推进全面深化改革，科学筹划改革体制机制的整体设计，清晰确定改革的具体路径，使全面深化改革在重要领域和关键环节取得决定性成果。

当前深化改革面临的几个问题

党的十八大尤其是党的十八届三中全会以来，以释放市场活力对冲经济下行压力，我国在深化经济体制改革的许多重要领域和关键环节改革上取得了重要成果。但同时应看到，在多种利益与多重困难的相互交织下，需要清醒地对改革进程中出现的一些新问题加以辩证认识，这样才能在深化经济体制改革道路上走得更稳更好。

一是稳定增长与经济改革的力度。2015 年 5 月 13 日国家统计局公布的数据显示：我国 4 月份规模以上工业增加值同比增长 5.9%，社会消费品零售总额同比增长 10%，1～4 月城镇固定资产投资同比增长 12%。应当说，这些指标数据与预期目标有些距离，经济下行压力比较大。从 2013 年上半年以来，中央层面出台了一系列激发市场活力的改革措施，在促进简政放权、产业结构调整、创新驱动发展、稳定外贸出口等方面加大了改革配套的力度。然而，我们在实际调研中发现，一些地方政府在碰到稳定经济增长的难题时，往往出现放弃或者回避改革措施的状况，以为稳定增长就是靠投资刺激，最终又回到依赖上项目做工程来拉动经济增长的老路上来。

二是顶层设计与经济改革的落实。从整体上看，要破解发展面临的各种难题，化解来自各方面的风险和挑战，要推动我国经济社会持续健康发展，除了深化改革开放，别无他途。调查研究表明：不少企业经营者和群众反映，中央改革力度确实很大，但企业能实实在在获得的改革红利还不是特别明显。中央层面对改革的决心大、动作大，但一些地方对改革还存在担心多、动作小、跟进不力等方面的现象。

例如在行政审批体制改革领域，一些地方和部门将"含金量"低的审批事项取消和下放，而对那些"含金量"高的审批事项却抱着不放。当中央层面对落实任务压得紧了，这些地方和部门就将保留的事项分解，下放一些事项滥竽充数，有些甚至出现以"文件落实文件"的现象。

三是评估绩效与经济改革的深化。评估是绩效管理的关键环节，第三方评估是政府绩效管理的重要形式，通常包括独立第三方评估和委托第三方评估。第三方评估作为一种必要而有效的外部制衡机制，弥补了传统的政府自我评估的缺陷，能在深化经济体制改革的进程中发挥不可替代的促进作用。2014年夏天，由国务院办公厅委托，全国工商联等四家单位负责的第三方评估，针对"落实企业投资自主权，向非国有资本推出一批投资项目的政策措施""加快棚户区改造，加大安居工程建设力度"和"实行精准扶贫"等方面做了相对独立的政策绩效评估，实现了良好的社会影响。但应看到，相关职能部门和省级政府对第三方评估之后的整改情况，却没有在后续的评估环节中加以体现。同时，如何建立第三方评估的长效机制等，都需要进一步深化研究。

四是红利共享与经济改革的导向。"天下顺治在民富，天下和静在民乐。"深化经济体制改革必须使改革发展成果更多更公平惠及全体人民，若不能给老百姓带来实实在在的利益，若不能创造更加公平的社会环境，甚至导致更多不公平，改革就失去了意义，也不可能持续。应当说，当前"与民争利""挤出效应"等问题还是客观存在的，少数官员的腐败、权力寻租等问题没有得到根本解决。尤其是一部分群体如失地农民、农业转移人口等，限于各种因素难以共享发展改革所带来的红利，由此引起不满，其中因土地征用、房屋拆迁等利益冲突引发的群体事件还时有出现。从根本上讲，"让发展成果更多更公平惠及全体人民"的改革导向需要更加扎实地贯彻落实。

改革以重大问题为导向。当然，以上所梳理的深化经济体制改革所面临的几个方面的问题，与全面深化改革的其他领域相比较而言，有些具有普遍性，有些具有特殊性。在未来一段时期，我们要在深化经济体制改革中寻找新的经济增长点，力图通过深化科技体制改革、投融资体制改革等途径，为稳定经济增长提供更加可靠的途径。要进一步推动经济体制改革顶层设计与地方具体落实之间的有效衔接，积极构建第三方评估长效机制，促进经济体制各项改革措施扎根落地。同时，还要通过深化改革不断激发人民群众的创新、创造和创业热情，让改革红利被更多人所共享，确保经济改革的航程达到最终目的地。

（摘编自人民网—中国共产党新闻网 2015 年 5 月 18 日，作者：周跃辉）

【深度阐释】

一、增强改革意识

目前，我国改革正处于关键时期，各种利益矛盾相互交织，社会不稳定因素增加，面临的风险挑战仍然很多，需要我们增强改革意识，善于抓住机遇，勇于迎接挑战。

（一）增强责任担当意识

当前，全面深化改革处于攻坚期、深水区，经济社会发展既面临前所未有的机遇，又面临复杂艰巨的矛盾问题。一些同志知难而退，无为而治唯恐担责，成为改革的观望者、局外人。因此，全体党员同志特别是各级领导干部要有直面问题、迎难而上的勇气，争做"有为"干部，深刻理解全面深化改革的内涵及要义，正确把握改革大局，勇于担当谋改革、抓改革、推改革，按照中央的统一部署全面推进改革工作，成为信念坚定、为民服务、勤政务实、敢于担当、清正廉洁的好干部。

（二）增强创新意识

破困局、解难题的根本出路在改革创新。但一些同志因循守旧、思想僵化、固步自封，使改革和发展停滞不前。因此，我们要直面改革深水区的利益调整，树立创新意识，大胆地试，大胆地闯，敢于啃硬骨头，冲破传统思维观念的障碍，突破利益固化藩篱，做到与时俱进，在应对新情况时有新思路、新办法，解决新问题时有新举措、新路数。

（三）增强实干意识

习近平总书记反复强调，空谈误国、实干兴邦。一些同志思想认识不到位，推动改革的能力不强，工作的主动性、积极性、创造性不够，作风不实。因此，全体党员同志特别是各级领导干部要提高改革行动自觉，按照"三严三实"的要求，在其位谋其政、尽其责，把功夫下在抓落实上，见诸推进改革的具体行动和实践中，做到想干事、能干事、干成事。

二、提高改革行动能力

党的十八届三中全会提出，经济体制改革是全面深化改革的重点，核心问题是处理好政府和市场的关系，使市场在资源配置中起决定性作用，更好发挥政府作用。政府和市场的关系是我国经济体制改革的核心问题。能否真正使市场在资源配置中起决定性作用，除了取决于政府发挥什么样的作用外，还取决于政府如何发挥作用。因此，在"十三五"规划中，经济体制改革的重点在于处理好政府和市场的关系，更好地发挥政府和市场"两个作用"，解放生产力、激发创造力，推动社会经济的又好又快发展，实现"十三五"规划的既定目标。

（一）要搞好新常态下的宏观经济调控，保持宏观经济稳定运行，防止大起大落

政府是经济发展的组织者、发动者和参与者，必须发挥主导作用。但政府主导作用必须是在宏观经济领域发挥，立足于保障市场的决定性作用进行宏观经济调控。宏观调控的主要任务是保持经济总量平衡，促进重大经济结构协调和生产力布局优化，减缓经济周期波动的影响，

防范区域性、系统性风险，稳定市场预期，实现经济持续健康发展。

新常态是我国当前经济发展的阶段性特征。新常态下，经济增速换挡回落，经济增长的动力转换和发展方式转变；同时，新常态下各种经济运行的潜在风险在显现。在这样一种新形势下，为了有效发挥市场配置资源的决定性作用，一是政府必须建立健全科学高效的宏观调控体系，以国家发展战略和规划为导向、以财政政策和货币政策为主要手段，推进宏观调控目标制定和政策手段运用机制化，加强财政政策、货币政策与产业、价格等政策手段协调配合，提高相机抉择水平，增强宏观调控的前瞻性、针对性、协同性。二是政府必须坚持政策引导，通过财政政策、货币政策、产业政策、创业政策等措施来进行宏观调节，营造良好的环境，优化经济结构，防止经济大起大落，引导经济可持续发展。三是政府必须深入地推进各项改革，进一步破除体制机制障碍，释放改革红利，优化产业结构，推进产业转型升级，激发经济发展内生动力。四是政府必须积极搭建经济合作的新平台，吸引外来资金、项目的进入，促进不同经济主体的协同发展。

（二）加强市场活动监管，维护市场公平竞争秩序

在社会主义市场经济条件下，政府主要是裁判员而不是运动员。如果政府监管不力，就会直接影响市场配置资源的方向、结构和效率。因此，政府的另一项重要经济管理职能是市场监管，真正形成公平竞争的市场环境。

为了对市场进行有效监管，维护市场秩序，一是政府要加强发展战略、规划、政策、标准等的制定和实施，尤其是制定并完善市场准入规则、交易规则、竞争规则和市场退出规则等市场规则，这些市场规则应该是公平开放透明的，这样才能建设统一开放、竞争有序的市场体系。二是政府要履行好市场监管的责任，按照市场法律、法规、制度、规则和标准加强市场活动监管，实行统一的市场监管，对各种违反法律、法规、制度和标准的行为，要进行相应的行政处罚、经济处罚和法律处罚。三是政府要形成良好的市场监管机制，通过形成科学、规范的工作机制、运行机制和制度机制，保障市场的健康发育，

激发市场的生机活力，规范市场的有序运行，对监管不力和违反监管规定的政府部门和有关人员，应给予相应的处罚。

（三）加强和优化公共服务

公共服务包括公共教育、公共卫生、公共文化、公共安全、社会保障、促进就业、社会救助等。其中纯粹的公共物品和公共服务，要由政府无偿向社会提供；准公共产品和服务，则应由政府和市场共同提供。公共服务，特别是公共物品的提供，基本上属于市场失灵的领域。因此，政府运用行政手段和法律手段加强和优化公共服务，目的是满足人民群众日益增长的获得更高质量公共服务的热切期待，让发展成果更多、更公平地惠及全体人民。

要充分发挥政府独特的作用，一是政府必须提高资源的配置效率，既要尽可能满足社会需要，又要注意节约资源，降低服务成本。二是政府必须深化教育体制、医疗体制、社会保障管理体制等公共服务领域的改革，提高公共服务和公共物品配置效率。三是政府必须创优政务服务，推进依法行政，做到行政权力公开透明，简政放权，优化行政审批流程。四是政府必须创新公共服务供给机制，改变以政府为主体的单一公共服务供给模式，引入市场化、社会化机制，有些公共物品和公共服务可以由政府直接提供，但更多的则应由其他公共组织、社会组织和市场主体提供，不以盈利为目的，政府对那些提供公共产品（服务）和准公共产品（服务）的机构可给予必要的经济补贴，以保证其正常运行。

（四）完善社会治理，加强社会管理，促进社会公平正义和社会稳定，促进共同富裕

政府在社会治理中居于主导作用。为了促进社会和谐和全面进步，一是政府要加快社会管理职能转变，把不该由政府管理的社会事项转移出去，进一步清理、减少和规范社会管理领域的行政审批事项，办好应当由政府承担的社会治理事务。二是政府要健全政府社会治理的职责体系，科学界定各职能部门在社会治理和公共服务中的职责任务，合理划分中央政府和地方政府在社会治理中的事权。三是政府要强化

政府的公共安全职责、社会治安职责、应急管理职责、流动人口和特殊人群的管理服务职责、信息网络管理职责、政府维护群众权益职责等。

（五）保护环境和生态，建设"美丽中国"

加强环境保护，提高生态文明建设水平，建设"美丽中国"，是政府的一项极为重要的职能。一是政府要划定生态保护红线，建立健全包括自然资源资产产权制度、用途管制制度、资源有偿使用制度和生态补偿制度等在内的系统完整的生态文明制度体系，用制度保护生态环境。二是政府要改革生态环境保护的监管体制，着力改变"重视事前监管、放松事中监管和缺乏事后监管"的监管现状，既要重视项目审批中的环评和能评等，更要加强在实施过程中相关措施的落实、强化事后监管，还要有效运用市场化的监管手段。三是政府要运用经济手段、法律手段和行政手段加强生态环境保护，对于经济运行中产生有利于环境保护的行为，政府要给予鼓励、支持和一定的经济奖励，对那些社会无法承受和容忍的各种污染，要加以限制、处罚和禁止，严重的土地污染、空气污染和水污染的造成者要交纳必要的环境修复和补偿费用。

三、形成对外开放新体制

"十三五"时期，我国要在国际经济合作中巩固传统优势、增创新优势，在日趋激烈的国际竞争中站稳脚跟、把握主动，必须在涉外经济体制改革和结构调整上加快步伐，解决有些体制不适应国内外形势和开放型经济自身发展需要的突出问题，建立符合自身国情和世界贸易组织规则的开放型经济体制。

（一）放宽外商投资市场准入

中国成为全球外资主要流入地。联合国贸发会议发布的《2015年世界投资报告》调查显示，2015—2017年中国依然是跨国公司最看好的市场。"十三五"时期，我国扩大对外开放的重点是推进金融、教育、文化、医疗等服务业领域有序开放，放开育幼养老、建筑设计、会计审计、商贸物流、电子商务等服务业领域的外资准入限制。深入实施新一轮高水平对外开放。推进准入前国民待遇加负面清单的管理模式，扩大服务业市场准入，进一步开放制造业，创新外商投资管理体制，不断完善投资环境。

（二）创新利用外资管理体制

多年来，我们采取逐案审批和产业指导目录的外资管理方式，同时，在一些领域对内外资企业实行不同的法律法规。改革我国的外商投资管理体制，要更加积极有效利用外资，突破单一投资利用外资方式，探索以参股、并购等方式整合产业链，提升产业发展水平。同时，要注重借鉴国外先进的外资管理方式，通过建立"准入前国民待遇"和"负面清单"，将禁止或限制外资进入的领域列入清单，未列入的领域外资均可进入，内外资企业享受同等待遇。这种管理模式克服了审批环节多、政策稳定性不足的缺陷，最大限度减少和规范行政审批，降低行政成本和营商成本，纠正"重事前审批、轻事后监管"的倾向，赋予各类投资主体公平参与市场竞争的机会。

（三）改革对外投资管理体制

十年来，我国对外投资以年均 40% 以上的速度高速增长，累计对外直接投资超过 5 000 亿美元，跻身对外投资大国行列。但总体看我国企业走出去仍处于初级阶段，特别是对外投资管理体制建设相对滞后，不能完全适应对外投资加快发展的新形势，在投资审批、外汇管理、金融服务、货物进出口、人员出入境等方面存在诸多障碍。因此，加快实施走出去战略，关键是深化对外投资管理体制改革，通过实行"备案制"等管理创新，帮助本土企业积极开拓国际市场，加快企业"走出去"步伐，其目的在于更好发挥两个市场、两种资源优势，拓宽本土企业发展空间，提升国际竞争力。放宽对外投资的各种限制，落实"谁投资、谁决策、谁受益、谁承担风险"的原则，确立企业及个人对外投资的主体地位。通过创新体制机制，转变政府监管和服务方式，构建科学规范、高效透明的服务业促进体系，建设国际化、市场化、法治化的营商环境，为开放提供有效保障。

（四）加快自由贸易区建设

要加快上海自由贸易试验区、广东自由贸易试验区、天津自由贸易试验区、福建自由贸易试验区的建设。自贸区的重要宗旨是推进投资、贸易的便利化。根本出路在于制度创新。因此，各个自贸区要明确改革创新要求，特别是政府功能转变、投资监管模式、贸易监管模式以及金融的改革创新，是制度创新的核心内容。自贸区参与"一带一路"建设，对加快自贸区建设既是重大机遇也是重大举措，二者对接好，便会相互促进、取得共赢。这对于提升自贸区作为深化改革、扩大开放试验田的水平和成效，意义重大，所以，要大胆先行先试，在这些核心问题上统筹安排，有计划有步骤地研究、论证，根据条件适时试验、推广，为推进"一带一路"的投资、贸易的便利化创造最好的条件。

（五）扩大内陆地区对外开放

当前，我国内陆地区开放型经济发展面临历史性机遇，但由于既不靠海也不沿边，存在开放口岸少、物流费用高、区域转关难等诸多亟待破解的制约因素。扩大内陆开放是一篇大文章，要从体制机制、政策环境等方面下功夫，全面夯实内陆开放型经济发展的基础。当前，国际国内形势已发生深刻变化，我国经济进入新常态，逐步向形态更高级、分工更复杂、结构更合理的阶段演化，在此背景下，我国对外开放的战略思路需要新的调整。"一带一路"的提出正是顺应时代要求的全方位对外开放新战略。通过共建丝绸之路经济带向西开放，把"一带一路"建设与区域开发开放结合起来，可以有力推动中西部内陆和沿边地区的对外开放，保障和加速中西部地区全面建成小康社会进程，进而实现区域协调发展、协同发展和共同发展的战略目标。要统筹推进内陆地区国际大通道建设，加快建设面向东南亚、中亚、欧洲等地区的国际物流大通道，支持内陆城市增开国际客货航线，发展江海、铁海、陆航等多式联运，形成横贯东中西、联结南北方的对外经济走廊。从根本上讲，"一带一路"战略是一个事关全局的扩大开放和深化开放的战略，既是内外开放的战略，又是东西互济的战略，还是海陆统筹的战略，不仅要全面提升对外开放的层次和水平，而且要实现东西互济、陆海统筹，着力推动海洋文明和大陆文明的融合发展。

（六）加快沿边开放步伐

我国与14个国家接壤，是世界上陆地边界线最长、邻国最多的国家。与中国陆地接壤的不乏非常重要的经济体，比如东盟、俄罗斯和印度。因此，中国与沿边国家合作潜力巨大。加快沿边开放，对优化对外开放格局、促进区域协调发展、建设繁荣稳定的边疆具有重大战略意义。鉴于沿边地区在"一带一路"建设中的重要地位和作用，应抓住机遇，加快改革开放步伐，打造中外合作发展平台，尽快形成"一带一路"建设的开放窗口与前沿辐射地带。一是加强跨境工业合作区建设。在贸易方面，要由边境小额贸易和边民互市贸易向综合贸易功能区拓展，支持符合条件的边贸区扩大规模和调整定位，配套设立综合保税区或与现有海关特殊监管区进行整合。二是加强跨境工业合作区的建设，积极推动不同国家之间互补性强的产业向沿边合作区转移集聚，吸引有实力的大型生产企业和贸易公司入驻，形成贸易、产业、投资、技术开发、信息咨询等多种功能兼备的合作开发区。三是提升沿边地区开放发展与国际合作能力。我国沿边地区需要进一步完善管理体制，实现一般贸易、边境小额贸易、边民互市贸易与特殊经济合作区建设的统筹管理，注重加大沿边语言、外贸、管理类人才培养力度，鼓励高层次人才到沿边地区工作，支持咨询代理、信息服务、法律援助等高端服务业发展。

四、加快培育国际竞争新优势

改革开放30多年来，我国经济发展依靠出口和招商引资双轮驱动，GDP跨过10万亿美元大关，年外贸总额达到4.3万亿美元以上，成为全球第二大经济体。但是在经济新常态下，传统外向型经济模式的利好正在削弱，其单纯依靠廉价资源和廉价劳动力支撑的发展模式终究是不可持续的。因此，我国必须继续改革创新，在外向型经济模式基础上构建开放型经济新体制，形成参与和引领国际经济合作竞争新优势。

（一）培育产业的综合竞争优势

从我国产业的情况看，总体上仍处于全球价值链的中低端，不具备核心竞争力，出口附加值水平也不高；本土企业不具备国际竞争力的技术、品牌优势，出口定价权控制在跨国公司手中，高技术产品对外资企业的依赖程度高；我国的金融、保险等技术知识密集型高端服务业领域的出口规模也不大、竞争实力弱。这就要求我国促进开放型经济从规模扩张向质量效益提升转变，实现由成本优势向以人才、资本、技术、服务、品牌为核心的综合竞争优势的转变，保证在国际产业分工中的地位不断提高。一要推动出口从成本优势向核心竞争优势转化。积极借鉴吸收经验，注重增强企业技术创新、自我转型的内生动力，不断夯实出口的产业和技术基础，推动技术含量高的机电产品和战略性新兴产业开拓国际市场，实现由"中国制造"向"中国创造"和"中国服务"的跨越。二要加快对外投资管理方式的改革。要以提升竞争力为目标，努力加强健全金融、法律、领事等服务保障，积极为走出去提供便利、保障和支持。要把创新驱动战略作为突破口，通过深化改革开放提高产业的创新能力与核心竞争力，不断抢占未来全球产业发展制高点，形成参与和引领国际经济合作竞争新优势。三要拓展国际合作发展空间。利用丝绸之路经济带、21世纪海上丝绸之路、孟中印缅和中巴经济走廊建设等大区域国际化平台，不断拓展国际合作发展空间，鼓励国内企业在科技资源密集的国家和地区，采取自建、并购、合资、合作等方式在海外设立研发中心，推动引进消化吸收再创新，利用全球资源促进产业的创新，努力掌握相关的关键核心技术，提升我国产业创新发展能力和核心竞争力。

（二）形成全方位的开放优势

我国中西部地区在全方位对外开放中具有巨大潜力和回旋余地，

有着广阔的发展空间，便于开放型经济不断向广度和深度拓展。但从当前的实际情况看，中西部地区只拥有全国 13% 的进出口、17% 的外资、22% 的对外投资，只要把这些地区的潜力发挥出来，就会对我国开放型经济提供强劲的发展动力。要充分挖掘中西部地区的开放潜力，不断激发开放活力，加快形成海陆统筹、东西互济的开放新格局。一要实现全方位的开放。着力探索全方位对外开放的途径和模式，全面形成沿海、内陆和沿边地区联动的全方位开放新格局。二要推动出口升级和外贸发展。通过稳定出口政策，逐步完善外贸促进政策体系，加强通关等贸易便利化的改革，通过试点健全完善鼓励跨境电子商务等新业态发展的政策体系等。三要统筹多双边和区域开放合作。积极参与高标准自由贸易区建设，加快中美、中欧投资协定谈判步伐，推动与韩国、澳大利亚、海湾合作委员等自贸区的谈判进程，促进贸易和投资自由化便利化，不断提升开放软实力。

（三）打造良好的营商环境优势

当今世界，经济软实力主要体现在人才、资源、资金、技术、市场竞争日益激烈，营商环境已成为一个国家参与国际经济合作与竞争的重要依托。近年来，我国劳动力成本逐年上升，水、电、工业用地的价格也有较大幅的上涨，要素成本优势慢慢弱化。面对这样的现状，必须加快转变政府职能，努力培育营商环境的新优势。一要深化行政体制改革。通过采取行政措施和手段，统一内外资法律法规，统一市场准入制度，统一市场监管，建立公开透明的市场规则，积极对接国际先进理念和通行规则，着力营造竞争有序的市场环境、透明高效的政务环境、公平正义的法制环境，确保各类所有制经济依法平等使用各种生产要素、公开公平公正地参与市场竞争，受到法律的同等保护，不断增强各类企业在中国长期投资的信心。二要积极有效利用外资。进一步放开投资准入，推动服务业扩大开放，积极营造透明、稳定、可预见和内外资企业公平竞争的营商环境，强化对境外跨国公司投资的吸引力。

(四) 共享规则和标准的制定优势

我国加入了 WTO 以后，也就进入了重大经贸问题谈判的核心圈，在全球经济治理中的作用越来越重要，但是我国还是现行国际经贸规则适应者、遵循者角色的地位仍然没有根本改变。当前和今后一个时期内，全球经济结构还会进行深度调整，围绕市场、资源、人才、技术、规则等方面的竞争将会更加激烈。因此，要增强我国在国际经贸规则和标准制定中的话语权，就要积极参与、引领国际规则的制定，推动国际经济秩序朝着更加公正合理的方向发展，使中国进一步融入世界经济，既推动国内经济发展，也为世界经济发展发挥更加积极的作用。

在经济全球化的滚滚大潮中，面对全球贸易、投资规则重构的巨大变化，必须主动作为、乘势而上，紧紧抓住和用好难得的战略机遇期，以大气谦和、海纳百川的气度，以壮士断腕的决心和勇气，以积极开放的新举措，努力使自己成为新一轮国际竞争中各项规则的制定者、引领者。要依据世界贸易体制的规则，坚持双边、多边、区域次区域开放合作，加紧进行环境保护、投资保护、政府采购、电子商务等国际经贸领域的谈判，扩大同各国各地区利益汇合点，以更加积极、自信、负责的新姿态，在国际体系变革、国际规则制定和全球性问题治理上积极参与，把握我国在国际经贸规则和标准制定中的话语权，以维护国家利益和人类共同利益为目标，推动国际经济秩序朝着更加公正合理的方向发展。

【专家观点】......

盛斌：读懂开放型经济新体制的新意 (节选)

通过发展开放型经济融入国际分工，集聚大量国外高级要素，提升资源配置效率，推动国内经济增长及产业升级，是改革开放以来我国经济快速发展的主要经验。然而近年来，随着我国开放型经济发展的基础条件、竞争优势及面临的外部环境发生变化，开放型经济原有的发展动力、发展目标及运行机制亟需调整。为此，党的十八届三中全会，2014年中央经济工作会议都明确提出了构建开放型经济新体制的要求，这不仅是推动我国开放型经济转型升级的顶层设计，更是全面深化经济改革路线图中的重要组成部分。

……

开放型经济新体制的战略设计

围绕开放型经济新体制的政策框架及新特点，应当从以下几个方面着手战略设计。首先，重新评估、审视与制定突出发展新导向的经贸政策目标。重新评估审视发展导向的目标，把现代国际经贸的先进经验做法融入到经贸战略的顶层设计框架当中来。一是要求我们立足于全球价值链，以提升价值链为导向制订经贸政策；二是要融入注重收入分配公平性的包容发展和重视与环境、资源可持续发展的重要理念；三是作为发展中国家中的一员，我国必须统筹考虑诸如产业升级、民族经济、自主创新、经济、安全、社会政策、减贫等重大问题。但另一方面，这些目标的融入并不意味着国家要对市场经济进行系统的干预，任何保护干预都应当有一定的期限，如果在规定的期限内达不成目标，就应彻底转向开放和竞争。四是要求我们考虑到全球贸易协定与规则，包括已经存在的和演进中的约束。

其次是强化政策决策与执行的协调机制。开放型经济发展涵盖国民经济各个部门，社会生活各个领域，随着我国对外开放广度和深度的推进，难免出现某些地方、某些部门利益受损的情况，因而需要各级政府、各职能部门的协调合作、共同推进，在进一步扩大开放，构建开放型经济新体制的基础上，尽可能地做到互利共赢。为此，完善政策决策与执行的协调机制显得尤为重要，其中包括开放型经济发展目标的协调、开放型经济发展政策的协调，以及开放型经济组织机构的协调。

再其次是完善和优化度量指标和数据。有效地监控开放型经济政策的制定及实施，需要以相关指标数据来衡量，如贸易规模、贸易质量，从传统的规模贸易过渡到增加值贸易，FDI 流量与类型，贸易与投资壁垒。还有在国际贸易谈判当中，要有攻势利益以及守势利益，对行业部门的竞争有一个正确的估价。值得注意的是，这里说的数据，还包括文本，如相关国际贸易投资协定、规则与条款。

第四是确立新优势与新利益。构建开放型经济新体制，重点在于确立开放型经济发展的新优势与新利益。一方面应明确各经济部门的竞争新优势，如农业部门应重点发展蔬菜、花卉、水果、鱼类等农产品；制造业部门应优化发展铁路、能源、信息技术、装备等；建筑业部门应加快发展工程承包与劳务承包；服务业部门应提升发展电子商务、中医药、旅游、海运等，从而推动我国开放型经济国际竞争力的整体提升。另一方面应重视开放过程中的新利益，主要体现为自然人流动、反倾销、出口管制及投资安全审查等。

第五是创造新动力与机制。构建开放型经济新体制，关键在于推动对内对外开放相互促进，打造开放型经济发展的新动力与机制。为此，一方面应该坚持以开放促改革，进一步扩大开放的广度和深入，继续加快 WTO 多哈回合谈判进程，推动 GPA、EPA 等多边贸易协定；继续加快 RCEP、TTP、FTAAP 等区域经贸协定谈判，积极推动区域经济一体化进程；继续推动中美、中欧 BITs 谈判，建立及高标准 FTAs 网络。通过积极开展双边多边谈判，倒逼国内体制机制改革，加快与国际规则接轨。另一方面应加快内部制度创新平台建设，进一步推动以行政审批制度、贸易便利化、投资体制、服务业开放、人民币资本项目下可自由兑换、离岸金融等为制度创新重点的自贸试验区建设，鼓励各类开放型经济体制机制改革专项示范区、综合试点与基地建设，总结可复制的经验与做法并进一步在全国范围推广。

第六是确定优先改革领域。开放型经济的体制机制改革涉及领域很多，应合理制订改革时间路线图，而优先改革的领域主要包括：一是有关贸易便利化的改革，如海关特殊监管区改革、跨境电子商务、政府采购等；二是有关投资便利化的改革，如投资准入的"负面清单"

管理、行政审批制改革等；最后是有关开放载体的建设及改革，如"一带一路"经贸产业园区或经济合作区等。

（摘编自人民网—中国共产党新闻2015年6月7日，原标题：《读懂开放型经济新体制的新意——盛斌教授在"中国自由贸易区与开放新阶段"高峰论坛上的演讲》，作者：盛斌）

迟福林：以全面深化改革引领新常态

当前，我国经济转型升级正处在关键时期，增长、转型、改革深度融合的特点突出。在这样的背景下，适应和引领经济新常态，重要的是把握发展大势、突出创新驱动、狠抓改革攻坚，使经济新常态建立在经济结构调整优化的坚实基础上。

以深化改革破解结构性矛盾。当前，我国经济发展出现趋势性重大变化，服务业正在成为稳增长、转方式、调结构的主要力量。例如，高端制造业与现代服务业融合成为大趋势，现代生产性服务业成为提升制造业竞争力的主要因素。实现"中国制造"向"中国智造"的转型升级，关键是通过信息、研发、设计、物流、大数据等生产性服务业发展引领高端制造业发展。但问题在于，多年来形成的某些政策与体制安排从总体上看是同传统大工业发展相适应的，实现服务业主导的转型升级还面临多方面的结构性矛盾。例如，服务业与工业公平税负、公平资源配置的大格局尚未形成；作为服务业主体的中小微企业仍存在融资难问题；现代服务业发展缺乏相应的专业技术人才；等等。这些情况表明，现代服务业发展面临的矛盾和问题是结构性的，不是单纯推进哪一项改革就能奏效的，必须加大结构性改革力度。这样的改革发展，不仅对缓解经济下行压力有重大作用，而且对主动适应和引领经济新常态有决定性影响。

推动服务业市场开放。服务业发展不缺国内需求、不缺资金，关键在于市场开放。过去30多年的改革开放，放开的主要是工业领域。

目前，工业部门大多已高度市场化。虽然服务业也在放宽市场准入，但某些行政性垄断尚未打破。社会资本进入某些服务业领域，不仅面临政策制约，还需要通过繁琐的行政审批。尽管中央一再强调社会资本可以进入法律未禁止进入的服务业领域，但由于行政性垄断和管制的存在，由于部门、行业利益结构的固化，社会资本事实上依然不易进入教育、医疗、通信、金融、运输等服务业部门。这就使得某些重要服务业领域难以通过公平竞争提高供给能力、供给质量和供给效率。在服务消费占比越来越高的社会消费发展趋势下，应确立服务业市场开放新思路，尽快实现一些重要服务业领域对社会资本全面开放。应把破除行政性垄断作为加快服务业市场开放的重点，逐步放开服务业领域的价格管制，形成主要由市场决定资源配置的新格局。

从多方面深化结构性改革。我国经济转型升级正处在爬坡过坎的关口，面临诸多体制性弊端和结构性矛盾。这就需要以破解制约服务业发展的结构性矛盾为导向深化经济体制改革，配套推进政策调整。例如，启动消费税改革，将其明确为地方主体税种，这有利于激励地方政府营造良好市场环境、更好提供公共服务；财税体制改革在"放水养鱼"上应有更大力度，为社会资本创新创业提供良好的预期，进一步对小微企业实行结构性减税；支持为中小微企业提供服务的社区银行、互联网金融机构等民间金融创新发展、规范发展；进一步降低社会资本进入职业教育领域的门槛，提高技术应用型高校所占的比重；深化以简政放权为重点的政府职能转变，以实行负面清单管理倒逼转方式、调结构，倒逼服务业市场开放。

新常态下的经济改革具有全面性、深刻性、复杂性，不仅涉及经济领域，还涉及政治、文化、社会、生态文明建设等领域；不仅涉及增量，还涉及存量的利益关系调整。这就需要跳出短期看中长期、跳出速度看结构、跳出政策看改革，以全面深化改革主动适应和引领新常态。

（摘编自《人民日报》2015年5月7日，作者：迟福林）

郭彦金：正确认识金融发展、改革与稳定的关系

发展是目的，改革是动力，稳定是前提。发展、改革和稳定的关系，是我国经济社会发展和现代化进程中必须正确认识、妥善处理好的重大关系之一。"发展是硬道理"，解决我国所有问题靠发展、增强国家综合实力靠发展、改善人民生活水平靠发展。改革是发展的动力和手段，发展必须依靠改革创新来推动。我国改革开放30多年的快速发展，最根本的动力来自改革。30多年的发展历史可以说就是一部改革历史，每一次的发展浪潮和发展繁荣从根本上都是改革浪潮和改革繁荣。稳定是前提，没有稳定就难以推动改革，也就没有发展。我国改革推进比较快、发展比较好的时期，都是稳定工作做得比较好的时期。发展、改革和稳定的关系不仅是我国改革开放30多年的经验总结，也被转轨和新兴市场经济体的实践多次证明。

发展、改革和稳定的关系同样适用于金融领域。金融发展并以此更好服务实体经济和促进经济发展，是金融工作的根本目的。金融改革和创新是金融发展的根本动力和重要手段，防范和抵御金融风险、保持金融稳定则是金融发展和改革的重要前提。不仅如此，实际上稳定对于金融体系的重要性远远超过了经济的其他方面，以至于金融稳定成为金融理论与实践的重要内容，各国政府和理论界无不投入大量的人力物力、作为专门的问题来进行管理和研究。特别是在广大发展中和转轨中国家，或传统金融体系不能适应经济起飞和进一步发展需要，迫切需要通过发展改革来建立现代金融体系。或已有金融体系发展发育既不充分又存在这样那样的缺陷，深化金融发展改革势在必行。同时，金融体系又比较脆弱，防范和抵御金融风险的能力相对不够强，保持金融体系稳定非常重要。改革开放以来，我国金融发展改革取得了重大成绩，但我国金融体系总体上仍不健全，金融发展与金融深化

任务十分艰巨，金融体制改革与金融创新任重道远，金融稳定和防范风险十分重要，认识并处理好金融发展、金融改革和金融稳定的关系是现阶段面临的重要课题。

改革开放以来，我国金融发展取得了显著的成绩。银行业、证券业、保险业全面发展，商业性金融机构和政策性金融机构齐头并进，互联网金融等新业态异军突起；金融市场建设取得显著进步，货币市场、票据市场、债券市场、股票市场、保险市场和外汇市场等协调发展。货币政策与金融宏观调控体系不断完善，现代金融监管体系建设取得阶段性成果，金融体系较好抵御了2008年全球金融危机。2014年，我国金融业增加值占GDP比重达到7.38%，银行业占据全球前十大银行中的四席，债券发行量居全球第二位。但总体来看，我国金融业仍处于发展过程中，发展空间巨大，改革任务繁重。相对于发达市场经济体金融业几百年的发展历史而言，我国现代金融业历史要短得多。不仅金融机构还处于发展过程中，金融管理也处于发展过程中。1978年人民银行结束与财政部合署办公到现在只不过37年，1990年上海证券交易所建立至今也刚刚25年。在管理水平、风控体系、产品创新、服务提供等方面还存在差距和不足，金融发展任务光荣而艰巨。要坚定不移地坚持深化金融发展，不断完善金融体系。要清醒地认识到自身的差距，要勇于承认自身的不足，才能找到发展的突破口和着力点。

同时，我国金融改革也不断深化。改革创新是金融发展的根本动力和重要手段，没有改革创新就没有金融发展。30多年来，在改革方面，我们进行了专业银行分设改革、专业银行商业化改革、商业银行股份制改革、利率市场化改革、汇率市场化形成机制改革、资本项目可兑换、金融市场双向开放、金融宏观调控体系改革、金融监管体系改革等。在创新方面，我们建立了货币市场、股票市场、债券市场，形成了多层次资本市场体系；设立了政策性银行、商业银行、资产管理公司、信托公司、财务公司、金融租赁公司、证券公司、基金公司、保险公司、保险资产管理公司，形成了多样化的金融机构体系。这些措施有力地推动了金融业发展，支持了实体经济发展。

在金融发展和改革过程中，时刻不能忘记金融稳定这个重要前提。金融稳定既是金融发展的前提，也是金融改革的前提。这一点已经被国内外的经验教训反复证明。如果金融稳定出了问题，可能在短短的时间内让长期不懈努力获得的金融发展改革成果毁于一旦，可以说保持金融体系稳定是"压倒一切"的任务。对此，我们不能有任何侥幸心理，也不能有"例外"思想。无论发展还是改革，一般都不会一帆风顺，必然会遇到一些困难和挑战，总是存在这样那样的风险。改革创新要容忍风险，但并不是无视风险，更不是放任风险。要监测风险、识别风险、管理风险和处置风险，在试错过程中允许出现风险个案，但绝不允许引发区域性系统性风险。

从长远来看，实现金融稳定根本上还要靠发展改革。真正的金融稳定必须是积极的稳定、长期可持续的稳定，而不是消极、短暂、不可持续的稳定。要做到积极、长期可持续的金融稳定，必须进一步深化金融发展与改革，培育强大的金融体系，提高抗风险能力。无论遇到什么困难，都要坚持培育公开透明、长期稳定、健康发展的资本和货币市场不动摇，坚持深化金融改革不动摇。要一手抓发展，一手抓改革。我国金融市场的问题不是发展过度，而是发展不足。要促进金融市场稳定健康发展，建设公开透明的金融市场。要加快完善金融体系，扩大金融业对内对外开放，发展民营银行，健全多层次资本市场体系，提高直接融资比例。要凝聚改革共识，加快推进利率市场化，完善人民币汇率市场化形成机制，推动资本市场双向开放。要推动发行定价市场化改革，去除金融体系的行政色彩。要把稳定市场措施和金融改革合起来，认真研究金融市场波动暴露出的问题，制定实施针对性措施。例如完善大股东和董高监减持规定、完善股票现货市场交易机制、完善股指期货产品设计等。

实现金融稳定必须加强和改进金融监管、构建金融安全网，必须在推进金融市场化改革的同时，更好地发挥政府在金融监管和风险防范、保持金融稳定中的作用。要落实金融监管改革措施和稳健标准，完善监管协调机制，界定中央和地方监管职责和风险处置责任。要加强资本市场风险监测、识别和预警，及早发现风险及早处置风险，坚守不发生区域性系统性金融风险的底线，确保金融市场稳定。要完善金融机构退出机制，加强金融基础设施建设，保障金融市场安全高效运行和整体稳定，真正实现以稳定促发展、以稳定促改革。

保持金融稳定一定要树立底线思维，坚持金融稳定在金融工作中的优先地位。始终要坚持防范金融风险。金融是经济的"血脉"。只要金融是稳的，经济的核心部分就是稳的，我们在发展和改革中遇到的各种问题，就都有比较充分的时间和空间去解决。如果出现市场大幅波动和机构异常情况，必须果断行事，该出手时就出手，不能犹豫不决，延误战机。宁可高估困难，也不能盲目乐观。在发生异常波动的情况下，政府出于稳定目的进行应急干预是必要的、也是必然的，是履行监管职能的应有之义，不是越位，也没有出界。应急管理是特殊时期的特事特办，不能按照一般监督管理的标准来衡量和要求。应急管理中采取的一些措施可能具有短期性质，但既不能理解为发展转向，更不能理解为改革倒退。发展的方向没有变，也不会变。改革的决心没有变，更不会变。对符合发展改革方向的应急管理措施，要逐步完善，并规范化、机制化，对临时性的应急管理措施要择机退出。

实际上，发展、改革和稳定都是一个干中学、学中干的过程，市场主体要总结经验，创新求实。管理部门要把握规律，完善机制。社会各界要鼓励成功，宽容失败。风物长宜放眼量，对没有先例的创新与探索，要有发展的眼光，要有改革的思维，要有稳定的意识。大家共同努力，构建一个公开透明、长期稳定、健康发展的金融市场。

（摘编自《人民日报》2015 年 7 月 23 日，作者：郭彦金）

【视野拓展】

后起大国的发展问题

后起和大国这两点，决定了后起大国发展问题的复杂性、特殊性和艰难性。研究后起大国的历史和现实，经验和教训，对我国进一步发展非常重要。

一、后起大国遇到的一般问题

我们可以对历史作一个划分，以 19 世纪末、20 世纪初为界，在这条分界线之前，某些特定的落后国家可以通过向英国等国家学习，使自己获得发展，之后，就很难了。学习的内容：一是不断推进工业革命后的技术和科学进步，发展新型工业，扩大世界性商业贸易；二是突破封建制度的政治束缚，商人和企业家在政治上有了发言权；三是完成从冷兵器时代到热兵器时代的转变，依靠武器优势进行殖民扩张和掠夺。在时间分界线以前，只要后起国家向发达国家学了这三条，国家就会发展，就会强大。在亚洲，日本是一个好学生，明治维新后，也是靠着这三条得到发展。1894 年，日本对中国发动甲午战争，就获得几亿两白银赔款，还割据台湾和澎湖，这对日本以后发展非常重要。但到 20 世纪以后，由于殖民地和国际市场基本上被列强瓜分完毕，发达国家之间的争夺加强了，后起国家想照搬西方发达国家的很多做法就行不通了。

从 20 世纪以来的 100 多年，还没有一个人口在六七千万以上的大国，能从典型农业社会发展成工业化的发达国家。俄罗斯情况特殊一点。20 世纪前，俄国还是封建沙皇国家，虽然彼得大帝做过一些改革，引进一些西方工业，但其水平不高，它的工业化是在 20 世纪的十月革命以后进行的，经过几十年发展，苏联经济水平曾达到美国 70%，属于发达国家。但是，由于内部和外部原因，苏联解体，俄罗斯又衰败下来，经济水平一度跌至美国的 2%，现在约为 12%。这从另一方面说明后起大国的发展有多不容易。

20 世纪后，落后大国的发展为什么这么难呢？因为，后起国家已经不能通过使自己成为列强，依靠对外掠夺，来获得发展。它们会相继遇到几个难题：一个是如何解决自身安全问题；另一个是如何集聚工业化初始资金问题；再一个是如何实现经济创新发展。只有解决好这三个基本问题，后起大国才能进入强国行列。

一是安全问题。在这条分界线以前，所有进行工业化的国家，虽然发展程度有一些差别，但从世界范围来说，他们都处于高端顶层位置，是发达国家，在他们头顶上没有比他们更先进的国家了。但是，进入20世纪后，落后国家特别是落后大国在发展中必须面对一个比自己发达得多、强大得多的国家群体存在，这必然对后起国家构成严重安全问题。这可以从两方面说：一方面，当你落后弱小时，很容易成为强国侵犯掠夺对象；另一方面，如果落后大国有一些发展，也会遭遇严重安全问题。因为大国发展后，将会引起世界资源和市场的重新分配，引发发达国家的担忧，从而可能对后发国家采取遏制策略。美国提出亚太再平衡战略反映出它们对中国发展的焦虑。所以说，后起大国的安全问题，成为其发展的沉重负担，因为它们要想有一个和平环境，就需要有一定的军事力量和军事工业来支撑。

二是工业化初始资金问题。从老牌西方发达国家看，它们主要采取资本原始积累方式创造最初的工业化条件，其中货币资本主要通过殖民地来获取。在殖民地，他们不仅通过强制不等价交换，获取超额利润，而且还以强力攫取其他资源财富。因此，殖民地对于早期工业国来说是一个重要条件，它们以此获得原始积累资本，为以后发展奠定了基础。但是，20世纪以后的落后国家就不能这样做了。怎样解决工业化初始资金，是困扰这些国家的严重问题。有人计算过，新中国成立后若以自然方式进行资金积累，需要两个多世纪才能完成工业化，这还没考虑外国的干扰。许多国家都因没有依靠自身积累资本的有效方式，而发展迟缓。

三是创新发展问题。说到大国，可以从人口或GDP规模上来划分，但说到强国就不能这样划分了，鸦片战争前，中国的GDP最高，占全球29%，不照样挨打，被人欺负吗？英国凭什么做了世界霸主那么长时间，就是凭它最早完成一系列重要科学发现，最早进行工业革命。它是凭借领先的创新活动，取得世界霸主地位。从历史上看，世界科技中心在哪一个国家，哪一个国家就是强国。原来英国是世界科技中心，后来，美国成为世界科技中心。当然，世界科技中心可能不是只有一个，而是会有几个中心。比如像中国这样一个大国，至少应成为其中一个中心，才能说进入了发达国家行列。

二、我国解决工业化初始资金问题的途径

后起大国在工业化初期，由于已经存在一个发达国家群体，靠外部攫取或自然积累解决初始资本已无可能。市场化国家通常有两个途径：一是负债工业化，由于很难与发达国家竞争，自己又缺少积累资本的特有方式，结果债台高筑，无法偿还；二是外国资本直接进入，结果是无法建立完整的工业体系，经济命脉被外资控制，利润外流，成为发达国家附庸。

我国没有选择以上途径，而通过统购统销和计划经济完成了工业化初始资本积累。

一是实行统购统销制度。1953年夏季以后，国家收购粮食越来越难，而城市销售却迅速增长，一些大城市甚至马上会出现供销脱节的严重局面。本来，1952年粮食总产已经超过历史最高水平的9.3%，1953年总产也很好，粮食紧张的主要原因是朝鲜战局稳定后，我国已经开始大规模工业建设，城市人口明显增加，粮食需求也迅速扩大，粮商和农民储粮惜售，引起粮价上涨。粮价上涨的直接后果是工人工资上涨，而工资上涨，就意味着工业利润流到农业和农民那里，工业发展就没有了资金。中央经过反复研究决定，对粮食实行统购统销，即统一收购和统一销售。同时，中央还认为，面对成亿的个体农户进行统购，工作量极大，如果把一亿一千万个农户组成一二百万个农业生产合作社，以社为单位进行购销，就方便多了。很快中央就把统购统销与合作化运动结合在一起进行宣传和推动。

统购统销制度，对我国工业化发展产生了深刻影响。它的本质是，通过调整农业与工业的利益关系，形成农业向工业提供资本积累的机制。它通过从农业低价收购粮食等农产品，保证了城市的低物价、低工资，进而实现了工业较高利润和积累，为工业化快速发展提供了可能。以后，我国逐步扩大统购、定购、议购范围，涵盖了大部分农产品。虽然集体经济在这一过程中，对于稳定农业生产和农民生活，起了重要作用，但在低价政策下，农业生产和农民生活不可避免地受到严重影响，这是我国农业长期落后的主要原因。

二是实行计划经济制度。计划经济形式上是资源配置方式，本质上是为积累工业化初始资本和建立完整工业体系服务的，在很大程度上，它是调整工业内部利益关系的机制。我国通过这一机制，实现了传统轻工业向新建设的工业体系提供初始资本积累。具体说，就是将传统轻工企业的经济剩余汇集起来，投入到国家工业体系建设中去。经济剩余主要包括利润、折旧和提取的大修理基金等，这里的折旧和大修理基金实际上是成本，只是不需马上运用的成本。国家规定，大修理基金留给企业，但是，利润和折旧要全部上交。当时，有些产品是中央直接管的，而对大量像油盐酱醋、烟酒糖茶这些普通轻工产品，中央计划是管不到的，是由各级地方政府来管，但地方的经济剩余必须遵守中央统一管理和严格纪律，例如，工资是不能随便提高的。可以说，在我们的工业化中，传统轻工业也付出了代价。因为，传统轻工业失去了自我发展、自我更新的条件，生产设备普遍陈旧落后。对早一点建设的重工业企业，也同样采取这样的方式，为工业体系建设提供积累。当时，我国是牺牲微观活力来换取宏观迅速布局。

到 20 世纪 70 年代末，我国已经建立了比较完整的国民经济体系和工业体系，工业产值已占总产值的 75%，与新中国成立初期相比发生了根本变化，这意味着我国工业化初始阶段已基本结束，工业具有一定自我积累、自我发展的能力。然而长期的计划经济体制也积累了较多的矛盾：一方面，微观企业活力低下；另一方面，统购统销和计划经济虽为工业化积累了初始资本，但也积累了一定的社会矛盾，农业和轻工业落后、农产品和工业消费品匮乏、人民生活提高很慢等问题越来越突出。因此，需要调整和改革经济管理模式。

改革从农业开始，国家在 1979 年大幅提高粮食等农产品收购价格，以后，又不断提高农产品价格，逐步减少统购品种和数量，到1992 年最终取消了统购统销制度，全面放开粮食等农产品价格。随后，我国立即进入工业反哺农业阶段，主要采取国家财政补贴方式，对农业给予帮助。现在，我国每年的粮食直补、良种补贴、保护价补贴、农业生产资料补贴、农机补贴等，有几千亿元。2006年，国家又取消实行几千年的农业税，进一步减轻了农业和农民负担。对工业企业改革，最早是以搞活企业为核心，把企业应得利润、折旧返还给企业，使企业具有自我发展的能力，并赋予企业经营自主权。以后又进行了利改税、拨改贷、放开产品价格等一系列改革，企业逐步成为独立的商品生产者，计划经济的历史任务基本完成，经济体制内涵发生根本变化，市场经济获得快速发展，经济增长进入快车道。

三、跨越中等收入陷阱应注意的问题

我国经历过艰难的原始资本积累阶段，也经历过高速发展时期，但是，近年来我国经济却面临越来越严重的下行压力，经济增长速度不断下滑。我国是否会掉入所谓的中等收入陷阱呢？

"中等收入陷阱"的概念，是世界银行专家在2006年首先提出的，主要指经济体从低收入到中等收入的发展战略，不再适用于向高收入阶段发展，其经济增长被原有增长机制锁定，进入经济增长的停滞徘徊期。一些学者还认为，在这一阶段，不仅经济增长缓慢、停滞，而且伴随着各种政治和社会问题，社会容易处于不稳定和动荡状态。

但是，从低收入到中等收入的发展战略是什么？为什么它当时能促进经济发展，以后又不行了呢？还有，从中等收入到高收入的战略又是什么？他们没有解释清楚产生这一现象的根本原因，由于没有从理论上作出说明，就容易使人们陷入迷雾之中。

解开这个谜团，要从人类最基本的经济活动——劳动说起，劳动可以分为重复性劳动和创造性劳动，中等收入阶段是以重复性劳动为特征，而高收入阶段是以创造性劳动为特征。

重复性劳动在企业生产中表现为引进和复制别人的生产方式，由于自己创新的东西不多，增长只能靠外延式扩大再生产，其增长能量依赖于压低工资和消费的货币资本积累，它会引起生产与消费之间的矛盾，社会只有通过扩大出口才能解决生产过剩问题。这种增长方式的好处是，只要条件具备，增长就会很快。例如，我国钢产量在这三十多年增加了二十多倍，达到约8亿吨，这里有技术进步因素，但主

要还是外延扩张。但是，随着经济外延扩张，劳动力、资源、土地等生产要素供需矛盾加剧，成本上升，产品出口阻力增大，环境问题日益突出，制约了经济发展。这就是中等收入阶段的经济特征，也是我国当前主要的经济特征。

创造性劳动则引起内涵式扩大再生产，增长能量主要依靠科技创新的智力积累，它具有无限增长潜力。科技创新引起的分工和专业化，又使劳动者在生产中地位提高，收入增加。过去，在资本积累时代，若提高工人收入，效益就会下降，因为工人的收入增加，意味着成本上升。但是，在智力积累情况下，人是作为创造性主体参与生产过程，适度提高收入，不仅不会抑制增长，反而能刺激创新。同时，内涵扩大再生产，也不是表现在产品数量增加上，而是体现在产品质量和性能提高上。因此，智力积累对生产数量影响减少，市场趋于稳定，这是高收入或发达国家的经济特征。

党中央提出创新驱动战略，就是要发展创造性劳动，实行内涵增长和智力积累，这是非常正确和重要的战略选择。但是，真正实现创新驱动是很难的，特别是系统和复杂创新活动，就更难了。因为，创新、创造性劳动是人类最高级的活动方式，是人与动物最本质的区别。人类劳动向高级形态发展，最主要的标志就是创造性劳动数量的增长和水平的提高。中国作为一个传统农业国和一个依靠引进技术来发展的工业国，要实现自我创新、依靠自身力量研制新产品，要克服很多困难。

落实创新驱动战略，不仅要对一些重点领域作出详细规划，而且在宏观政策上要注意以下几点：

第一，处理好积累与消费的关系。现在，一些同志认为，我们的GDP已经是全球第二，可以减少一点积累，多分一点蛋糕了。实际上，我们在重复性劳动向创造性劳动过渡阶段，积累率不仅不能下降，甚至还需要一定增长。这是因为，在经济转型期，我们面临双重压力：一方面，由于我国仍以重复性劳动为主，只有保持高的货币资本积累率，才能实现经济较快增长，不仅为解决就业等社会问题，而且也为下一步创造性劳动发展提供物质条件。另一方面，我们在经济转型时，只有追加投入，才能实现创新突破。

第二，扩大出口仍是重要战略选择。从国际经验看，掉进"中等收入陷阱"的国家，多是在劳动密集型产品出口增长阶段，没有积聚能量向内涵扩大再生产过渡，后因收入和福利增加，成本上升，竞争优势丧失，引起出口下降，经济开始朝内向型经济转型。而内向型经济缺少积累来源，在增长和就业压力下，这些国家以超发货币替代积累，结果出现"滞胀"，也就是既经济停滞，又通货膨胀。我们要避免重蹈覆辙，就必须把发展出口和外向型经济作为战略选择，力争实现高技术产品出口增长。我们不仅要努力开拓新的国际市场，而且要有针对性地解决自身问题，防止不利因素扩大。应该看到，外向型经济是一种积极主动的经济模式，重复性劳动向创造性劳动转变的根本标志，就是创新产品具有国际竞争力。

第三，加强国家在智力积累中的作用。随着科学技术发展，随着智力积累成为扩大再生产的主要力量，积累的社会化要求也在提高，国家和社会在智力积累中的作用越来越突出。这是因为，现代科学技术的复杂程度不断提高，某一领域的综合体系也日益扩大，企业在很多领域必须依托国家和社会智力积累成果，才能开展自己的创新，从而形成企业、社会、国家不同层面的智力积累。例如，我国开发建设北斗卫星定位系统，可带动大量企业为之配套服务，逐步形成庞大产业。在发达国家，它们可利用自己优先地位获得超额利润，利用大财团规模优势，进行一些长期智力积累，但即便如此，它们也同样需要国家和社会深度参与。像关系国家长远发展的航天、可控核聚变等研究开发，国家和社会都是主要力量。我国是发展中大国，一方面要推动企业自主创新，发展核心技术和开发新产品；另一方面也要建设"国家队"，加强国家在智力积累中的作用，抢占创造性劳动制高点，保证生产力长远发展。国家通过开展像载人航天、卫星技术、新能源、大飞机等重大科研工程，推动创造性劳动集约发展，经过长期积累，一定会产生一大批高科技产品，并惠及和带动更多企业创新。

四、影响经济安全的若干理论问题

苏联当年实行计划经济，存在与我国相似的优势和问题，其在完成工业体系建设后，没有转变经济模式，并且在实力明显不足情况下，继续利用计划经济集聚资本，长期与美国进行军备竞赛，使自己背上了沉重包袱。轻工企业落后、消费品匮乏、人民生活提高慢等问题日益突出，成为导致苏联解体的经济原因。刚独立的俄罗斯听信西方新自由主义经济学家"休克疗法"改革意见，致使经济严重恶化，经济总量大幅下降。因经济安全严重受损，进一步导致政治、军事地位急剧下降，使美国等西方国家不战而胜。从中可见，决定政策的理论观点正确与否，对后起大国经济安全，乃至政治、军事、社会安全至关重要。下面就几个理论问题谈一点认识：

1. 不能否定国家参与经济活动的重要性。

实行市场经济，国家参与经济活动的内容和形式要调整和变化，但不能否定国家参与经济活动的重要性。

这是因为，现代市场经济仍不能超越国家利益而存在。所谓全球化、国际化，只是发达国家利益和意愿在国际分工体系上新的表现形式，完全不存在他们利益的自愿让渡。在新的国际分工体系下，重复性劳动转移到发展中国家，创造性劳动成为发达国家的重要特征，资本、商品和服务的全球性流动，都服务于这一新的分工体系。在国际市场中，不存在新自由主义经济学所说的平等自由的市场竞争。例如：发展中国家需要进口高技术，但却受到发达国家的严格控制；本来发展中国家具有工资成本低的优势，却被发达国家以倾销为由加以严厉制裁；发达国家要自由进入发展中国家的所有产业，却严格限制发展中国家资本进入自己的重要产业。所有这些，都是发达国家在自由竞争旗号下实行的国家干预。新的国际分工使富国和穷国的竞争力出现根本性差距，如果发展中国家没有新的举措，将永远被抛在后边。因此，国家必须参与到经济活动中去：一是保证社会资源向科学技术领域，特别是基础科学和重大科研工程倾斜；二是要按市场经济规则，控制经济命脉和关系国计民生的重要产业，保障经济安全，带动整体经济发展；三是利用人类已有的知识和经验，对市场运行实施科学调控。

2. 不能夸大消费的作用。

我们刺激消费，加快经济循环，这是对的，但不能夸大消费的作用。认识我国经济的主要问题，是在生产领域？还是在消费领域？对于我们战略制定和经济安全非常重要。

生产与消费的一般规律是：生产是消费的源泉和根据，消费是生产的目的和结果。在生产与消费的关系中，生产是第一性的，是起决定作用的。从经济哲学上看，消费在生产目的和再生产中的地位是重要的，但得不出通过提高消费，就能拉动生产的逻辑关系。因为，第一，消费是目的，生产是根据，不能颠倒两者关系，使生产成为目的，消费成为根据。第二，人若能脱离生产而先提高消费，生产还有何意义？正确的逻辑应是，只有先提高生产，才能提高消费。并且也只有随着生产发展，人的消费品才能在质量、数量和品种上相应发生变化。

许多中等收入国家在外需下降，增长缓慢时，不从生产本身找原因，而采取超发货币，刺激消费和内需，试图以此推动生产增长。但是，通货膨胀却造成：第一，由于个人收入和储蓄贬值，社会消费不仅没有提高，反而被压缩；第二，养老和医疗等社会保险支出增大，入不敷出，政府债务激增。此举容易引发民怨，极易形成恶性循环。一旦出现"滞胀"和社会动荡，就意味着掉进了"陷阱"。

如果我们把注意力更多放在生产上，就会发现现在的问题主要是创新不足，推动创新发展才是解决问题的根本出路。

3. 不能以错误理论否定国有企业。

改革开放以来，我们一直鼓励发展多种经济成分，鼓励民营经济发展，但这并不意味要把国有企业特别是大型国有企业私有化，对这一问题必须要有清醒认识。

现代西方经济学的理论渊源，主要来自古典经济学关于人的本性是自私的假设，他们认为满足个人利益最大化的利己理性，是市场存在和效率发挥的基础。这一理论由于脱离生产力发展，抽象地分析人的本性，存在许多问题。例如，劳动者会通过偷懒来获取个人利益最大化，表明私有制存在效率下降的内因，那么，又该如何对现代以创造性劳动为特征的生产进行管理来提高效率呢？因为，过去可以通过生产定额管理，现在创造性劳动多了，难以用定额管理，那么，新的管理又是什么样呢？20世纪70年代，美国经济学家阿尔契安和德姆塞茨提出"索取剩余论"，认为由于劳动者会偷懒，而它的产出又无法计算，所以，要有监督者来督查，以提高生产效率，但监督者本人也会偷懒，因此，所有者需要让渡给他们一定"索取剩余权"。但是，剩余权的让渡，一方面动摇了私有制的基本法则，另一方面仍然无法解释以创造性劳动为特征的生产如何管理的问题。

其实，现代所有制关系正在发生活跃和深刻变化，某人在法律上可以占有某物，但从实际利益关系上看，可能并没有完全，甚至完全没有占有某物。如今，在发达国家一些大企业中，以职业经理人为首的经营团队，已全面负责企业重大决策和管理，私有者基本退出管理层。这一情况表明，在科学技术迅速发展的条件下，劳动特征从重复性劳动向创造性劳动转变，社会分工日益细化和复杂化，所有制关系也随之发生深刻变化：一方面，资本积累向智力积累转变，资本的效能在下降，资本所有者对企业实际占有水平也在下降；另一方面，创造性劳动不仅使劳动者地位提高、收入增加，而且也使人们对劳动的兴趣大大增加。因此，不存在人类永恒不变的自私本性，也不存在不变的私有制关系。

作为后起大国，我国的国有企业是保障经济安全，参与国际竞争，提高生产水平，实现创新发展的中坚力量，我们不能以错误的理论认识否定其作用。

（摘编人民网—中国共产党新闻网2015年8月24日，作者：陆文强）

第八章

推动协调发展的战略统筹

2015 年 5 月，习近平总书记在浙江召开华东 7 省市党委主要负责同志座谈会，听取对"十三五"时期经济社会发展的意见和建议时指出，"谋划'十三五'时期发展，要清醒认识面临的风险和挑战，把难点和复杂性估计得更充分一些，把各种风险想得更深入一些，把各方面情况考虑得更周全一些，搞好统筹兼顾。"从战略高度统筹协调发展，是"十三五"时期有效应对经济社会发展面临的机遇和挑战的客观需要。"十三五"时期是国内经济增长速度换挡期、结构调整阵痛期、前期政策消化期"三期叠加"的阶段，城乡、区域发展存在较大不平衡性，统筹协调发展任重道远。因此，"十三五"时期必须深入实施区域发展总体战略，缩小城乡差距，从主要配置和协调地区间的经济资源，向全面配置和协调地区间经济资源、社会资源和生态环境资源转变，实现全国基本同步全面建成小康社会的目标。

解决好人的问题是城镇化的关键

城镇化是农村人口向城镇集聚的过程，其核心是人的城镇化。但在过去的城镇化过程中，一些地方出现了重物轻人、"兴城不兴业，见物不见人"的现象，违背了城镇化规律。所以，中央一再强调"坚持走中国特色新型城镇化道路，推进以人为核心的城镇化"，明确提出"解决好人的问题是推进新型城镇化的关键"。

"以人为核心"，就是突出人在城镇化过程中的本体地位，更多从人的需求和发展出发，以城镇化建设的实效满足人民群众对幸福生活的追求。过去，有些地方一味加大对现有城镇的投资，土地城镇化快于人口城镇化，城镇公共福利门槛抬高，出现人口"半城镇化"现象，导致凋敝的乡村与繁荣的城市并存、"城市病"与"乡村病"并发，牺牲了农民、农村的利益，拉大了城乡差距，破坏了人居环境。这与以人为本的理念背道而驰，是低质量的城镇化。新型城镇化要求提高城镇化质量，推进以人为核心的城镇化，把解决人的问题放在城镇化的首要位置。唯有如此，才能将城镇化潜在的巨大红利充分释放出来，更好地应对当今国际国内复杂经济形势，发挥城镇化的重要引擎作用，推动我国经济社会持续健康发展。解决好人的问题，主要包括：转移人，促进农业转移人口市民化；提升人，使农业转移人口的能力素质与现代城市文明相适应；发展人，尊重新市民的需求，切实保障他们各方面权益，有效促进人的全面发展。

转移人。大力推进农业转移人口市民化，有助于扩大农民的劳动参与率，增加农民收入，改变他们的生活方式，有效扩大消费需求、促进消费升级。由此产生的基础设施、公共服务设施以及住房建设等投资需求，能够有力拉动投资、有效增加就业，推动教育、交通等领域的改革与发展。通过为新转入的城镇人口创造就业机会，大力发展二、三产业，特别是推动公共服务业、消费性服务业和生产性服务业发展，能够调整和优化产业结构，有利于化解钢铁、水泥等行业产能过剩压力，推动经济持续健康发展。实现人口在城镇聚集，可以带动各类生产要素集聚和分工细化，形成技术溢出效应、规模经济效应等，从而大大提高全要素生产率。

提升人。在人的城镇化过程中，农民从土地的束缚中解放出来，逐渐融入城市，在工作和生活交往中不断适应现代城市文明，发展舞台由传统乡土亲缘拓展到整个社会。在不断缩小城乡差距、促进城乡共同发展的过程中，城乡居民共享城镇化成果，过上现代化生活，为人的自由全面发展创造有利条件，促使人的能力素质快速提升，进而释放更大的经济社会发展潜能和城镇化红利。

发展人。提高城镇化质量，必须坚决摒弃单纯增加物质财富的狭隘发展观，把满足人、发展人作为城镇建设的出发点和落脚点。解决好"进得来"的问题，充分体现身份公平、待遇公平，推进农业转移人口市民化；解决好"住得好"的问题，让进城农民在城镇生活得更舒适、更便利，提高城镇宜居程度；解决好"融得进"的问题，把基层建设作为城镇治理的关键，把社区建设成和谐家园。惟有如此，才能充分调动与发挥人在城镇化中的积极性、主动性、创造性，实现新型城镇化建设与人的全面发展良性互动。

（摘编自《人民日报》2015 年 8 月 26 日，作者：彭焕才）

一、促进区域、城乡协调发展

推动区域均衡发展，是增强可持续发展能力的根本途径。针对我国各个区域的经济发展水平差距较大，区域发展不平衡问题突出，目前国家实施的"区域协调发展战略"可简称为"4+4+4"战略。第一个"4"指西部、东北、中部、东部四大地域板块，战略重点是西部大开发、东北振兴、中部崛起和东部率先发展；第二个"4"指"老少边穷地区"，即"革命老区""民族地区""边疆地区"和"贫困地区"四类国家重点援助的问题区域；第三个"4"指"优化开发的城市化地区""重点开发的城市化地区""限制开发的农产品主产区和重点生态功能区"和"禁止开发的重点生态功能区"四类国家主体功能区。区域协调发展战略体现了"均衡（公平）优先、兼顾增长（效率）"目标导向，既首要追求促进各区域之间均衡发展的"公平目标"，又兼顾促进国民经济增长的"效率目标"。"十三五"时期推动区域协调发展，必须以"区域协调发展战略"为依据，明确区域发展的目标指向和战略布局，完善政策体系和具体举措，不断增强区域发展的协调性，使落后地区与发达地区基本同步全面建成小康社会。

（一）落实完善区域规划和区域性政策文件，促进区域经济发展

区域经济发展是整个国民经济的平稳较快发展的有力支撑，是有效应对国际金融危机冲击的重要基础。为了清晰定位各区域的功能，进一步规范区域开发秩序，不断拓展区域合作广度深度，大幅提升区域开发开放水平，必须继续落实完善区域规划和区域性政策文件，促进区域经济发展，使区域经济增长极不断涌现，新的区域发展战略版图加速形成。

为了提高区域规划和区域性政策文件的精准性，让区域政策的制定和落实更加明确，一是着眼于区域政策的落地实施，突出构建长效机制，继续开展区域规划和区域性政策文件实施的跟踪评估与监督检查，在中期评估试点基础上研究制定《区域规划实施中期评估暂行办法》。二是组织编制若干重大区域规划，重点做好"一带一路"、京津冀首都经济圈发展规划、环渤海地区发展规划纲要、珠江—西江经济带发展规划、长江中游城市群一体化发展规划等编制工作。今后，我国要把长江经济带打造成为支撑中国经济的脊梁，把"一带一路"、尤其是丝绸之路经济带打造成西部大开发的升级版，把京津冀协同发展打造成国家区域治理现代化首善之区。三是做好促进中部地区崛起工作。全面落实《国务院关于大力实施促进中部地区崛起战略的若干意见》，推动武汉城市圈、长株潭城市群、环鄱阳湖城市群、皖江城市带开展战略合作，支持中原经济区加快发展，指导建立高层协商机制。四是实行保障性住房项目向欠发达城市倾斜、绿色经济项目向欠发达地区优先配置、小额信贷项目向农村倾斜三个重大项目倾斜政策，以促进区域城乡协调发展。

（二）进一步扩大区域开放合作

　　深化区域合作，推动重点地区一体化发展，有利于充分发挥各地区比较优势，优化区域发展格局，增强区域发展的协调性。一是积极开展国际区域合作。坚持推动贸易和投资自由化便利化，积极参与高标准自贸区建设，实现与各国互利共赢，形成对外开放与改革发展良性互动新格局。做好大湄公河次区域经济合作、东盟—湄公河流域开发合作、中亚区域经济合作以及图们江区域国际合作相关工作。推进中国图们江区域（珲春）国际合作示范区建设。推进《中吉毗邻地区合作规划纲要》编制工作。深化中欧区域政策合作机制。二是大力推进国内区域合作，促进省区之间互联互通，改变区域发展版图。通过适当调整行政体制实现区域的资源整合和协调发展，或在不改变大的行政体制的条件下，首先促使区域间达到规划、土地利用、基础设施、环保、社会政策的统一。改变中国区域发展版图，更多强调省区之间

193

的互联互通，产业承接与转移。继续深化连云港国家东中西区域合作示范区以及前海、横琴、平潭、南沙等合作平台建设，因地制宜设立一批各具特色、富有潜力的合作区。制定支持中西部地区进一步扩大开放合作的有关政策。支持中西部地区有序承接产业转移，推进承接产业转移示范区和产业园区建设。三是分类指导，完善指标，对不同地区采取不同政策。用人类发展指标代替人均GDP指标对31个地区进行分类指导，强化主要基本公共服务指标，制定最低服务标准；分类开发，加大生态补偿机制建设，实现主体功能区布局；在中西部地区打造若干个大城市群，以打造丝绸之路经济带为抓手，促进内陆开放。

（三）全面推进陆海统筹发展

由于以前人们的国土概念没有包括海域，因而"十二五"规划对海域没有足够的重视。"十三五"时期，我国要将国土空间开发的战略布局重点向海洋拓展，把海洋纳入国土开发体系，全面推进实施陆海统筹发展。一是制订和实施海洋发展战略，从国家发展战略高度统筹陆海一体化建设。制订陆海一体化发展的具体战略和相关体制机制，推动建立全国海洋经济发展部际联席会议制度，加强陆海之间的相互支援和相互促进，实现陆海资源互补、陆海发展并举、陆海安全并重的发展目标，促进我国由陆地大国向陆海强国的转变。二是推进海洋经济科学发展，提高海洋开发、控制、综合管理能力，统筹好陆地、海洋开发，更好地开发、利用海洋资源，拓宽资源来源，增加资源供给，破解我国可持续发展的资源瓶颈。三是加强海洋污染防治，促进沿海、近海有序开发以及环境与资源保护，建设海洋生态文明。

二、加快欠发达地区发展

我国是一个发展中国家，区域发展不平衡是当前我国经济社会的一个明显的阶段性特征。促进区域协调发展，提高欠发达地区经济发展的质量和水平，是当前和今后一个时期的一项重要任务。2012年11月党的十八大报告对欠发达地区发展提出了"两个加大"的基本要求，即"国家要加大对农村和中西部地区扶持力度，支持这些地区加快改革开放、增强发展能力、改善人民生活"；"继续实施区域发展总体战略，充分发挥各地区比较优势，加大对革命老区、民族地区、边疆地区、贫困地区扶持力度"。同时明确提出："深入推进新农村建设和扶贫开发，全面改善农村生产生活条件。着力促进农民增收，保持农民收入持续较快增长。"截至2014年底，我国还有7000多万农村贫困人口，因而"十三五"时期实现脱贫目标的任务非常艰巨，必须不断加快欠发达地区发展。

（一）加大扶贫开发力度

一是创新扶贫开发工作机制，利用好中央及地方的各项扶贫政策，抓好对接落实，支持集中连片特殊困难地区等欠发达地区加快发展。尤其是落实好扶持革命老区发展的政策，编制并组织实施赣闽粤原中央苏区、大别山革命老区等区域振兴发展规划。二是加大对口支援力度，继续做好对口支援新疆、西藏、青海、贵州、赣南等原中央苏区及南水北调对口协作规划计划实施，全面启动实施对口支援川、甘、滇三省藏区工作。三是对欠发达地区的农村要加大扶持力度，支持欠发达地区加快发展农业龙头企业和专业合作社，加快发展农产品加工业，大力发展设施农业和节水农业，强化社会化服务体系建设，不断提升欠发达地区农业产业化经营水平。

（二）发展特色经济

很多欠发达地区都有独具特色的农业资源、文化历史与自然景观，蕴含着巨大的发展潜力。欠发达地区要立足自身实际，发挥自身优势，突显自身特色，把经济增长与结构调整更好地结合起来，把经济发展与改善民生更好地结合起来，把发展生产力与调整生产关系更好地结合起来，努力提高发展的质量和效益，促进经济长期平稳较快发展。一是发展高效生态农业，重点支持欠发达地区建设一批绿色农产品基地、有机农业基地和特色畜禽生态养殖基地，形成一县一品、一镇一品的具有区域特色的农业生产格局。二是大力发展旅游业，因地制宜发展生态旅游、海洋旅游、红色旅游、民俗风情旅游以及"农家乐"等不同的休闲旅游形式，形成有特色的旅游景区和旅游产品。三是加大对传统历史文化的宣传力度，发展特色文化产业，形成新的经济增长点。

（三）强化保障，为欠发达地区经济社会发展注入了新的强劲动力

一是通过扶贫开发的专项规划和相关政策，广泛动员社会力量积极帮扶欠发达地区发展，使社会公共资源向欠发达地区集中倾斜，推动欠发达地区加快转变经济发展方式，促进欠发达地区人民增收致富。二是进一步增强"造血"功能，加强提高群众素质和就业创业的能力水平。尤其是加强对农民工的职业教育和技能培训，拓宽农民就业增收的渠道。三是切实加大改革创新力度，充分利用欠发达地区的有利条件，在土地、金融等方面积极探索，努力突破体制机制上的束缚与制约。

三、推进城乡发展一体化

推进城乡发展一体化，是工业化、城镇化、农业现代化发展到一定阶段的必然要求，是全面建成小康社会、实现城乡共同富裕的现实需要，是国家现代化的重要标志。"十三五"时期促进城乡一体化的基本思路是，通过新型城镇化、工业化、信息化和农业现代化的"四化"同步，破解城乡"四元"结构难题。推进城乡一体化，根本要以经济发展推动，完善乡镇、农牧区的基础设施与各项保障政策，使城市、乡村平等享有公共服务资源，促进大中小城市和小城镇协调发展，避免人口过分集中，造成区域发展不均衡。

（一）加快推进农业农村现代化

推进农业农村现代化，是加快经济发展方式转变的重要突破口。一是推进农业现代化，促进现代农业要素增加和集聚，促进农业劳动生产率的大幅度提高。要打破农村土地改革会冲击农户在农村的经济主体地位的思维定式，释放土地和劳动力的潜力。二是推进农村工业化，继续发展乡镇企业，支持返乡农民工创业，提高农民家庭非农收入及财产性收入。鼓励引导城市工商企业向农村扩散、产业链条向农村延伸，集聚农村土地、人力和自然资源，实现城乡产业互动融合，加速农村工业化进程。三是大力推进新型城镇化建设，重点打造功能互补、资源共享、城乡一体的城市群，有效地推动了城乡一体化进程。

（二）加快建立现代农业产业体系

一是发展农民专业合作和股份合作，培育新型经营主体，发展多种形式规模经营，构建集约化、专业化、组织化、社会化相结合的新型农业经营体系。二是在稳定和完善以家庭承包经营为基础、统分结合的双层经营体制基础上构建新型农业经营体系，在切实保障农民合法财产权益基础上提高农业生产经营的组织化程度、发展多种形式的规模经营，在增强农村集体经济组织实力和服务能力的同时发展各类农民专业合作组织、农业社会化服务组织和农业产业化经营体系，提高农业生产的专业化、集约化、规模化、社会化、组织化程度。三是延伸农业产业链、价值链，促进一二三产业交叉融合。

（三）缩小城乡收入差距，实现共同富裕

要缩小城乡差距，就要把收入分配改革作为突破口。一是大力调整国民收入分配结构，"提低、扩中、控高"，把扩大中等收入群体作为调节利益关系和收入分配的一个重点，形成"橄榄型"利益分配格局，不断完善税收制度，强化对高收入人群的税收征管，逐步增加财政收入占 GDP 的比重，提高中央政府对于国民收入再分配的能力。二是利用财政手段，加大对于中西部地区和广大农村的转移支付力度，通过兴建保障房、加大公共教育、增加公费医疗等手段，建立公平合理的农村义务教育体制，创新农村医疗和基本社会保障制度，实际增加中低收入阶层的收入，缩小城乡收入差距。

四、促进城乡基本公共服务均等化

推进城乡基本公共服务均等化，对于改善民生发展、维护社会公平、促进社会和谐建设、推动小康社会全面建成具有重要的意义。但由于城乡二元结构的长期存在，导致城乡资源不能合理流动和优化组合，城乡生产要素难以平等交换，城乡公共资源配置严重不均衡，城乡基本公共服务严重不均等，使农村发展滞后、城乡发展差距拉大。因此，必须进一步强化城乡均衡发展理念，努力推进城乡基本公共服务均等化。我国城乡一体化发展的关键，是做好新型城镇化建设，建立高质量的、均等化的城乡公共服务体系。

（一）加大公共财政投入力度

加大公共财政投入力度，是推进城乡基本公共服务均等化的基础。为统筹区域基本公共服务发展，国家将加大对贫困地区、革命老区、民族地区、边疆地区的基本公共服务的投入力度，尽快提高这些地区的基本公共服务的提供能力；同时鼓励发达地区通过对口支援帮助贫困地区发展。一是将财政收支运作立足于满足包括城乡在内的全社会的公共需要，不断扩大财政收支的受益面，特别是从城市向农村扩展。中央财政向中西部地区、农村地区、落后地区、欠发达地区加大投入力度，促进资源均衡配置。二是按照事权与财力相匹配的原则，注重改革公共收入制度、公共支出制度，科学界定中央政府与地方政府在农村公共服务供给方面的职责。为此要加快建立县级基本财力保障机制，实现县级财政从过去的"两保"（保工资、保运转）向今后的"三保"（保工资、保运转、保民生）迈进，从根本上解决县乡基层财政困难、促进省域范围城乡公共服务均等化。三是提高财政一般性转移支付的比重，构建中央对农民工流入地的转移支付制度，增强地方政府公共产品供给能力，从而形成以政府主导、广泛参与、覆盖城乡、可持续的基本公共服务体系，加快城乡公共服务水平和生活水平的趋同。

（二）完善公共服务的提供策略，保障人人公平地享有基本公共服务

均等化意味着不论贫富、性别、地域都可以公平地获得基本公共服务。一是以服务半径、服务人口为基本依据，制定实施城乡统一的基本公共服务设施配置和建设标准，推进城乡基本公共服务制度衔接。二是推进农村居民市民化，创新管理机制，做好户籍制度改革，全面放开县城和建制镇落户限制，有序放开主城区落户限制，合理配置教育、医疗卫生、就业培训等公共服务资源。三是建立基本公共服务多元化供给机制，大力拓展社会扶贫。在坚持公益事业发展由政府主导的原则下，探索基本公共服务多元化、多样化供给，充分发挥社会组织在提供基本公共服务方面的积极作用，建立基本公共服务供给的市场机制，提高公共服务效率和质量。一些基本公共服务领域，包括基础教育、医疗卫生、就业培训等方面，都可以对传统的预算拨款、政府直接举办并提供的方式进行大胆改革，探索、创新有效的供给机制。

（三）统筹城乡基础设施建设

教育设施、医疗卫生设施、文化体育设施、社会福利设施、生活性基础设施等基本公共服务设施，是基本公共服务的载体。因此，必须加快农村基础设施建设步伐，缩小城乡基础设施差距。一是统筹城乡基础设施建设规划，构建完善的基础设施网络体系。尤其要在农村地区缺乏基础设施建设资金的情况下，政府要调动和引导各方面的力量着力加强对农村道路、交通运输、电力、电信、商业网点设施等基础设施的投入，使乡村联系城市的硬件设施得到尽快改善。优先发展社会共享型基础设施，扩大基础设施的服务范围、服务领域和受益对象，让农村居民也能分享城市基础设施。二是适应新型城镇化建设的新形势，统筹城乡教育事业、医疗卫生事业、文化事业，加快保障性住房建设，使农村居民平等享受公共服务、住房有保障，享有与城市居民同等的国民待遇，逐步缩小城乡公共服务水平差距。三是发挥政府在统筹城乡基础设施建设中的主导作用及农村居民的主体作用。由于农村基础设施建设属于公益性事业，各级政府负有义不容辞的责任，

必须不断加大投入力度。同时必须发挥农村居民在基础设施建设中的主体作用，引导他们通过自己的辛勤劳动改善生产生活条件，国家财政也要通过直接补助或"以奖代补"给予鼓励。

【专家观点】..

刘传江等：抓住新型城镇化的关键

与传统城镇化相比，新型城镇化强调以人为本和可持续发展。以人为本，意味着新型城镇化要围绕"人"这个核心因素，着力推进人的城镇化；可持续发展，要求着眼长远，统筹提升城镇的经济承载力、社会承载力与环境承载力。在这两个基点上推进新型城镇化，应重点关注以下四个问题。

关键机制。在影响乃至决定城镇化的基本因素中，产业结构转换是城镇化的动力机制，经济要素流动、集聚与融合是城镇化的实现机制，相关制度安排与变革是城镇化的保障机制，资源环境供给是城镇化的约束机制。其中，实现机制是关键机制。产业结构转换引发的经济要素转移流动能够实现规模集聚与优化组合，其结果就是城镇化的实实在在发展。

关键因素。与新型城镇化的关键机制相对应，"人"和"钱"是新型城镇化的两个关键因素。"人"是新型城镇化的核心因素，也是新型城镇化的主体。目前需要关注和研究的问题包括：一是对城镇化主体（农村转移人口）的研究，包括亚群体分化状况、流入地环境条件等。二是农业转移人口市民化面临的现实问题，如"显性户籍墙""隐性户籍墙"及双重"户籍墙屏蔽"；农村退出、城镇进入、城镇融入"三环节梗阻"；财力资本、人力资本、社会资本、权利资本"四大资本缺失"等。三是农业转移人口以及不同转移人口亚群体市民化意愿与市民化能力的差异性与不匹配性。"钱"是新型城镇化的瓶颈制约因素，也是农业转移人口市民化面临的最为关键的"硬"资本不足。这里的"钱"，是指新型城镇化过程中农业转移人口市民化的资金成本，包括微观层面的市民化个体成本，宏观层面的市民化社会成本及其分摊、筹措等。

关键环节。农业人口城镇化一般包括农村退出、城镇进入和城镇融入三个环节。20世纪90年代以来，城镇融入环节成为制约新型城镇化稳定健康发展的关键环节。潜在市民的城镇融入包括经济融入、社会融入和政治融入3个逐步递进的层面，而经济融入是基础性和决定性层面。制约经济融入的根本原因是农业转移人口缺乏承受市民化成本的能力，同时还包括政府为潜在市民提供公共产品和社会保障的能力严重不足。"钱"是关键性瓶颈因素，对"钱"需求量最大同时供给缺口最大的环节都是城镇融入环节。具体来说，关键性环节的关键问题包括：劳动力市场上就业机会和报酬待遇不平等，户籍权益上公共产品享有机会不相同，社会保障上覆盖面和水平有差距，生活方式上市民化进程有滞后，社会身份上城镇接纳与融合有障碍，发展空间上向上发展缺通道。

关键改革。围绕推进新型城镇化面临的"人往哪里去""钱从哪里来""空间如何布局""城镇如何建设与管理"四大难题，需要加强顶层设计和研究，以市场经济理念合理推进户籍和人口管理制度改革、土地流转和征用制度改革、就业制度改革、公共服务体制改革、城市投融资体制改革和财税体制改革。这是因为，只有基于市场机制的上述制度安排及制度红利，才能破解发展中大国城镇化进程中的"人"与"钱"等关键因素制约，进而推动新型城镇化与新型工业化、信息化、农业现代化、绿色化协调发展。

（摘编自人民网——中国共产党新闻网2015年7月15日，作者：刘传江、李旭）

张立群：加快解决城镇化相对滞后问题释放增长潜力

目前，全球对中国经济发展潜力的担心，主要从住行市场潜力、劳动力供给潜力、基础设施建设潜力等方面产生。而城镇化恰恰能够极大增强这些方面的潜力。

准确研判我国城镇化潜力，是准确判断我国经济发展潜力的关键环节。2014年，按照常住人口计算，中国的城镇化率为54.77%；按照户籍人口计算，2012年中国城镇化率为35.33%。2010年美国城镇化率超过80%，日本超过90%，高收入国家一般都在70%~80%及以上。中国的城镇化水平明显偏低。

城镇化是现代产业、市场发展的结果，是现代社会生产力和生产关系变化的集中反映。改革开放以后，中国依靠自主建设的工业体系，在引入市场和对外开放的推动下，全面加快了工业化、市场化、国际化进程，客观上必然会加快城镇化进程。1978—2014年，中国按照常住人口计算的城镇化率从17.9%提高到54.77%，城镇常住人口从1.72亿增加到7.49亿，增加了5.77亿人，年均增加1600万人，超过很多国家的总人口。即使在经济增速换挡时期，2012—2014年，中国城镇常住人口也增加了5900万人，年均增加1966万人。

城镇人口的增加，首先带来了需求的增加，特别是住房这一基本需求。中国房地产市场发展，首先集中在满足城镇户籍居民住房改善方面。这也导致很多人依据城镇户籍居民的住房情况判断中国房地产市场的供求关系。这一静态的、不考虑中国城镇人口特别是户籍人口变化的思维模式，往往会得出中国城镇住房供给已经平衡甚至过剩的结论。有些不负责任的分析，甚至认为中国城镇空置住宅已经达到6400多万套。

如果考虑人口城镇化进程的持续推进，则结论会完全不同。按照常住人口城镇化率达到70%，考虑人口增长因素，中国城镇常住人口将超过10亿人，较2014年至少增加2.5亿人。如果人均住房面积按照35平方米计算，至少需要77亿平方米的住房；如果按照每套100平方米计算，约为7 700万套。

此外，需要注意到，常住人口流动性比较大（中国目前流动人口为2.5亿余人），对住房的需求不够稳定，这也是中国城镇住房需求压力相对较小的重要原因。如果按户籍人口城镇化率达到70%计算，未来中国城镇户籍人口至少还要增加5亿人。即使考虑其中作为常住人口在城镇有住房的因素（一般是租房，而且条件较差），其住房需求增长也会非常巨大。同时，考虑到住房质量和配套水平提高、城镇布局调整等因素，有很多已有城镇住房需要翻新改造。

综合看，中国城镇化的推进，将带来巨大的城镇住房需求，将支持城镇房地产市场持续较快扩大，房地产和城镇建设持续较快推进。

我国到目前为止的城市建设和发展，基本处于自发、粗放和低水平扩张状态。轰轰烈烈的造城运动普遍缺少长远目标，缺少系统性科学性。导致城市基础设施等硬件质量差、系统不配套，硬件建设与城市公共服务、户籍管理、社会管理等"软件"能力提高不协调。一方面大量占用土地，消耗劳动和物质资源，另一方面则明显限制了城市承载能力提高，延缓了城镇化步伐。

随着市场机制配置资源能力增强和产业升级，制造业服务业等非农产业向城镇集中、积聚的态势已非常明显，农村劳动力和人口向城镇转移已成为不容否认的客观大势。受城镇承载能力和户籍管理限制，进城难、留下来更难的问题不断发展；产业在城镇的发展空间日见狭窄。城镇化滞后已成为制约我国经济社会发展的突出矛盾。

具体表现在：第一，城市地租、房租水平不断提高，运输流通费用不断提高，制造业服务业发展环境日益趋紧。

第二，劳动力进入城市的路径不断缩窄。北京等特大城市人口承载能力接近饱和，农村劳动力进城的阻力不断加大，稳定留下来的难度不断加大。城市市场流通体系和公共服务发展相对滞后，还使城市生存成本较快提高。2003—2011 年，城镇居民人均基本生活费支出翻了一倍多，对于没有教育、医疗、保障房等基本公共服务保障的农民工来说，基本生活费支出的增长幅度要更大。城市进入门槛不断提高，生活费用不断提高，成为制造业、服务业招工难、招工贵的一个重要原因。

第三，城市发展相对滞后，导致住、行为主的消费结构升级活动受限。受城市汽车承载能力的限制，城市家庭买车需求开始明显降温；受城市特别是大城市、特大城市土地供给的限制，住房供给对房价逐步失去弹性，稳定房价的重点越来越多地集中到控制买房需求方面。消费结构升级是现阶段消费增长的主导力量，住行改善速率的降低，必然影响到消费增长速率；汽车、住房市场的降温，必然影响到内需潜力的正常释放，进而制约经济发展。通过对就业的约束，不断限制劳动力和人口向城市转移的速率。

城市是一个结构复杂的大系统，城市建设必须注重科学规划，必须按照长远目标统筹协调发展。

加快推进更高质量的城镇化，必须发挥好政府与市场两个方面的作用。按照政府搭台，企业唱戏的分工，政府重点要抓好城市布局长远规划、抓好基础设施建设、抓好社会公共服务和社会管理。要创造良好的城市发展环境，使市场配置资源的基础性作用得到更充分发挥。协调人、财、物等各类要素资源按照福利最大化原则在城乡之间合理配置，引导制造业、服务业围绕城市平台合理布局。通过公平、有序、透明、严格的市场选择，促进企业和产业素质提高，促进人的素质不断提高，促进技术、管理创新。

目前最为重要的，一是尽快制定面向现代化远景目标的国土空间布局规划，打破行政区划限制，科学安排城市和产业发展远期布局方案。规划形成以后应由人代会批准，作为法律文件执行，切实提高长远规划的严肃性。

二是要严格按照规划要求，着眼长远、注重质量，"好"字当头，适度超前地推进城市基础设施建设，特别是地下管廊、排水、地铁等

204

地下基础设施建设。对工程建设质量要建立责任终身追究制度。要高质量地为全面小康、现代化奠定可靠基础，为子孙后代留下经得起岁月考验、可以满足未来现代化要求、宏伟完备的基础设施系统。

三是加快提高政府的公共事业和社会管理能力。将公共服务和社会管理业绩作为重要考核指标，通过民主监督加以评定。在公共服务和社会管理水平提高的基础上，逐步放开大城市户籍管理。要把经济、政治、文化、社会、生态文明建设统筹于城市建设、发展、管理过程中，使城镇化更好、更全面地引领我国全面小康和现代化进程。

（摘编自人民网—财经频道 2015 年 8 月 26 日，作者：张立群）

辜胜阻：宏观调控引领新常态

经济发展新常态关键在"新"，表明老路走不通了，经济发展必须从传统路径转到新路径、从传统动力切换到新动力。新常态有很多标志，比较重要的标志有四个：经济增长速度变化，由过去近两位数的高速增长转向中高速增长的"7 时代"；经济增长动力变化，由要素驱动、投资驱动转向技术进步、劳动生产率提高的创新驱动；经济增长结构变化，由以工业为主的增长转向以服务业为主的增长；经济增长质量变化，从过去更加重视经济增长速度转向更加重视经济增长质量和效益。新常态对宏观调控提出了新要求，宏观调控应当发挥引领新常态的重要作用。

稳增长、调结构，保持经济总量平衡。稳增长是宏观调控的要义，调结构是宏观调控的重点。只有稳增长，使经济运行保持在合理区间，才能为调整经济结构、转变发展方式、深化体制改革提供有利条件，才能扩大就业、提高居民收入。同时，保持经济总量平衡还要推进结构调整和经济转型。当前应特别关注调整和转型过程中的四大"阵痛"：一是淘汰过剩产能对相关产业发展和投资的抑制。二是房地产市场深度调整对宏观经济增长的影响。三是金融去杠杆化特别是降低一些地方政府和企业的负债率，可能对企业投资、基础设施建设等产生一定影响。四是保护和恢复生态环境，排除带毒有害的 GDP 增长。这些措施短期内会带来经济下行压力，会产生"阵痛"，但从长期看是必要的、有利的。

培育新的增长点，对冲经济下行压力。新常态下的经济增长不能再用大规模刺激和房地产拉动等老办法，而应着力培育新的增长点，打造新引擎。一是人口城镇化。人口城镇化将创造巨大的投资和消费需求，加速消费升级。二是经济服务化。消费升级将创造公共性服务、消费性服务和生产性服务的巨大发展空间。三是发展低碳化。资源环境瓶颈压力加剧、新兴产业勃发、消费者环保意识增强都将创造绿色低碳经济发展机遇。四是产业高端化。把握经济发展新趋势，发展新产品、新业态、新商业模式。五是社会信息化。这是突破发展瓶颈、转变经济发展方式、提升产业和产品竞争力的关键。六是经营国际化。国际大宗商品价格下跌和货币成本下降为我国国际化战略转型创造了有利条件，有利于我国实施企业国际化、分工高端化战略，有利于我国从"中国制造"向"中国所有"、从世界工厂打工者向全球资源整合者转变。宏观调控在这些方面的举措正渐次出台、逐渐收效。

营造大众创业、万众创新的良好环境。2014 年 3 月至 12 月，全国新登记注册企业 286 万户，同比增长 54%。创业创新的羁绊正在逐渐被清除，新一轮创业创新浪潮将成为稳定经济增长、推动产业升级的强大动力。通过创业推进产业化创新，有利于将创新成果转变为现实产业活动，形成新的经济增长点。新产品、新服务的涌现将创造新的市场需求，有利于充分发挥技术进步对产业结构调整的积极作用，带动现代服务业和现代制造业发展。新一轮创业浪潮的兴起有利于以创业带动就业，更好发挥市场在促进就业中的作用。

寓改革于调控之中，精准发力、定向调控。当前，一系列改革和"微刺激"政策初显成效，定向调控初步遏制了经济下行态势。定向调控注重解决深层次结构矛盾，对可能导致经济运行偏离合理区间的重要因素进行预调微调。在城镇化上，着力化解城市内部二元结构问题；

在工业化上，发挥战略性新兴产业的引领带动作用，推动工业化与信息化深度融合；在产业结构上，加快发展现代服务业，推动"营改增"试点向服务业全领域扩容；在激发经济活力上，加快多层次资本市场建设，提高直接融资比重，发展中小民营银行，改善中小企业融资环境；在增强创新动力上，发挥定向财政政策对自主创新和技术进步的引导和激励作用，化解资本"脱实向虚"问题；在"三农"上，加大扶贫攻坚力度，加快农村土地制度等一系列改革。

（摘编自《人民日报》2015 年 4 月 16 日，作者：辜胜阻）

【视野拓展】

国外城市化发展对我国的三点启示

国外学术界在城镇化的研究中，通常使用"城市化"概念。纵观世界城市的发展史，大致可分为四个时期：城市产生时期、中世纪即前工业化社会时期、工业化时期、当代或称后工业化社会时期。18 世纪中叶，英国发生了工业革命，极大地解放了社会生产力，使经济活动的社会化、生产的专业化迅速发展，从而极大地加剧了欧洲城市化进程。二战后，由于不少发展中国家加快了城市化进程，世界城市化发展进入了一个历史新时期。到 20 世纪末，世界城市化水平已达到 47.2%。进入 21 世纪以来，随着现代科技突飞猛进，城市现代化水平成为国家竞争力的重要标志。到 2008 年，世界上居住在城市的人口已达到总人口的 50%，而且发达国家现代城市的发展进入了一个新阶段，人类社会也进入比工业化社会更高级的阶段，即后工业社会，整个世界也随之进入了城市化时代。

世界各国的城市化进程，都同其经济、政治、文化、社会的发展进程息息相关，有着自身的特色。城镇化率从 20% 提高到 40%，英国经历了 120 年（1720—1840 年）、法国 100 年（1800—1900 年）、德国 80 年（1785—1865 年）、美国 40 年（1860—1900 年）、苏联 30 年（1920—1950 年），日本 30 年（1925—1955 年）。发达国家在达到 40% 的城镇化率后，又经历了 50~100 多年的发展和积累，到今天达到 70%~80% 的城镇化水平。与此相应，各国城镇化的实现路径也不尽相同。根据世界银行发布的统计数据：截至 2011 年年底，世界城市化水平最高的国家是阿根廷，城市化率为 92.5%；其次是日本，城市化率为 91.3%；澳大利亚排名第三，城市化率为 89.2%。

英国曾一度是世界各国城市化的典范，大体经历了三个阶段：一是工业革命前的城市化起步阶段；二是工业革命后的城市化加速阶段；三是实现高度城市化后的调整阶段。20 世纪初，英国城镇化率已超过 70%，与其相伴随的交通拥堵、污染、贫民窟等"城市病"相继出现。这就促使英国率先推行城市郊区化，即发展城乡要素结合的"田园城市"和建设卫星城，主要目的在于分散中心城市的人口和经济活动。随着"母城—卫星城"模式不断完善，英国城市化发展进入了新的阶段。

美国是自由放任式的城市化，在其城市化发展的过程中，市场发挥着至关重要的作用，但也付出了高昂的代价。其突出的表现就是过度郊区化，据林肯土地政策学院所提供的资料：纽约大都市区自 1960—1985 年间人口仅增加 8%，而城市化的区域增长了 65%。城市不断向外低密度蔓延，城镇建设无序，空间和社会结构性问题日益突出。土地资源浪费严重、经济成本居高不下、生态环境破坏愈演愈烈、资源能源消耗量大以及加剧贫富差距等。为此，20 世纪 90 年代以来美国的政府官员、学者和普通百姓都开始意识到过度郊区化所带来的灾害，提出了"精明增长"的理念。

日本在城市化进程中，政府调控下的市场机制发挥了主导作用。战后，日本政府采取法律、行政和经济等综合性措施引导城市化进程。所以其城市化与市场化、工业化总体上比较协调，城乡互动比较活跃。由于采取工业化和农村城市化同步推进的策略，加之受其"和平宪法"的制约，经济建设得以高速发展，在亚洲率先实现了农业现代化和农村城市化，体现了城乡同步发展的城市化特征。

德国是以中小城镇为主的城镇化。城镇虽然规模不大，但基础设施完善、城镇功能明确、经济异常发达。市政管理实行市政经理负责制，市政经理由市民聘任，统管城市管理中的日常事务。这种管理体制融服务、经营、收益于一体，把城镇资源的开发和经营作为市政管理的重要内容，围绕服务和开发来聘用管理人员，真正把"该管的事管好"。

韩国是依靠"新村运动"推动的城镇化。1970年开始的"新村运动"开创了农村向现代化推进的"韩国模式"。其最大特点是在政府适当扶持的基础上，以农民为主体，改变农民的态度，唤醒农民"自强自立"的精神，让农民用自己的双手建设美好新农村。

综合来看，世界城镇化发展呈现如下趋势：一是逐步形成多极化城镇体系和世界城镇网，世界城市的形成和发展促使全球城市体系出现新的等级体系结构，即世界级城市、跨国级城市、国家级城市、区域级城市和地方级城市等，全球城市体系将出现多极化倾向；二是城市群活力进一步增强，"田园城市"、生态城市及郊区城镇化等新型城市发展理念的兴起使多中心和城市群发展备受关注。

从世界各国城市发展的不同轨迹来看，城市化是传统农业社会向现代工业化跨越的历史过程，是社会生产力的不断发展、经济结构不断优化升级的必然结果。特别是同现代工业的发展、科学技术的进步以及现代文化的繁荣等紧密联系在一起的。经济发展与城市化水平提高二者相互促进、互为因果。当今世界，随着信息技术、网络技术等新技术的广泛推广，世界各国城市化进程都在加速，升级周期变得越来越短。在这种大背景下，扎实推进我国新型城镇化进程，应当认真借鉴世界各国城市化发展中正反两方面的经验，积极探索中国特色社会主义的新型城镇化道路。

一是必须从我国社会主义初级阶段的基本国情出发，始终坚持以经济建设为中心，加快转变经济发展方式，调整和优化经济结构，大力推进新型工业化、农牧业现代化和信息化建设，促进农村劳动力和其他生产要素向城镇聚集，为城镇的发展提供可靠的物质技术支撑。

特别对欠发达地区来说，新型工业化的第一推动力作用十分突出。城镇化是非农产业兴起、集聚和不断升级的结果，只有新型工业化兴旺发达，才能大量地吸纳农村剩余劳动力向城镇转移，从而更多创造就业需求，增加社会财富，提高居民的生活质量，并促进城镇的可持续发展。因此，加快新型城镇化进程，首先要大力推进新型工业化，要顺应经济全球化和信息产业高速发展的趋势，充分发挥后发优势和比较优势，加快推进新型工业化进程，促进新型城镇化加快发展。

二是要以政府为主导，高起点、高水平规划新型城镇化发展战略。在社会主义初级阶段，统筹协调地区、城乡发展是一项长期的任务。在这一过程中，政府的导向作用至关重要。要坚持以工促农、以城带乡的原则，把推进新型城镇化和新型工业化、农牧业现代化紧密结合起来。要统筹协调城乡、地区发展，合理调整和优化城镇布局，促进人口分布、经济布局与资源环境相协调。要扎实推进户籍行政管理制度和农地流转制度改革，加大覆盖城乡的社会公共服务设施建设，不断完善城镇吸纳人口、集聚产业和提供社会服务的功能。特别是进一步加快城镇公共服务向乡村延伸，推进城乡社会公共服务均等化，为进城农民提供公平的就业和生活环境。

三是要从各地实际出发，注重培育城镇特色、提升城镇品质。我国地域辽阔、人口众多，各地人口资源环境状况不尽相同，城镇的发展必然呈现出多样化的特征。这就应牢牢把握转变增长方式这条主线，根据各地的实际，从注重城镇数量、规模转变为更加关注城镇品质提升、宜居宜业和鲜明的本地特色。要避免"千城一面"的现象，大力培育彰显本地特色的城镇文化，突出城镇的个性和特色，打造丰富多彩的城镇品牌，形成各具特色的城镇规划、景观和建筑，走具有中国特色、符合各地实际的特色城镇化之路。要改变传统粗放型城镇发展模式，全面提高城镇发展质量和水平，"坚定不移地走集约发展、创新发展、融合发展、和谐发展、绿色发展和特色发展之路"。

（摘编自《中国经济时报》2015年8月6日，作者：王习农、姬肃林）

第九章

加强生态文明建设的全局方略

党中央提出，坚持绿色发展，必须坚持节约资源和保护环境的基本国策，坚持可持续发展，坚定走生产发展、生活富裕、生态良好的文明发展道路，加快建设资源节约型、环境友好型社会，形成人与自然和谐发展现代化建设新格局，推进美丽中国建设，为全球生态安全作出新贡献。习近平总书记说既要绿水青山也要金山银山，宁要绿水青山不要金山银山，绿水青山就是金山银山，强调的就是建设生态文明、建设美丽中国。

环境问题是全面建成小康社会的最短板

我国经过 30 多年经济快速持续增长，目前已经进入城镇化中期和工业化中后期，走完了发达国家一百多年走过的历程。压缩型的快速工业化进程，积累了不少经济发展阶段的环境问题，数量大且关系复杂：一方面新型环境问题不断出现，另一方面历史遗留环境欠账较多，环境风险不断累积，环境污染总体尚未遏制，成为全面建成小康社会的最短板。

环境质量低下的状况严重威胁着人民群众的健康。例如，城市空气质量普遍超标，区域型灰霾、重污染天气频发（目前 161 个城市中空气质量达标城市仅 13 个）；水污染问题严重，十大流域劣 V 类水质断面仍有 63 个，地表水、地下水饮用水源地不达标率仍有 10.8%、13%，城市黑臭水体严重影响人民的生产生活。

环境问题也是影响经济持续发展的短板，成为新型工业化发展亟待解决的难题、制约城镇化健康发展的瓶颈和实现农业现代化的一大阻碍。

由于环境质量改善速度跟不上公众的良好期待，突发环境事件和群体性事件在全国各地时有发生，成为危及社会和谐稳定的重要因素。

扣紧环境质量改善这个核心

解决突出环境问题，重中之重就是要以生态文明理念为指导，围绕环境质量改善这个核心，完善法规、严格执法，加大投入，采取综合措施全过程推进污染防治。一方面，实施资源能源消费量与污染物产生量、排放量联动控制，协同推进新型工业化、信息化、城镇化、农业现代化与绿色化，倒逼经济发展方式转型；另一方面，以大气、水、土壤污染防治"三大行动计划"为重点，实施系统、科学治理，力争大气、水、土壤污染防治取得实效，特别是要把公众身边黑臭水体、灰霾天气等问题作为突破口，重在环境质量改善上见成效。

两个重中之重都需要政府发挥主导作用：一是在治标的同时更要治本，加大机制体制制度改革，改变末端治理的被动局面，完善环境法制；二是调整考核机制，实施质量和总量双管控，强化绿色"指挥棒"引导作用，树立生态环保优先的发展理念，强化市场激励，落实政府环境质量责任，强化市场激励。

用实际行动践行绿色发展理念

培育生态文明的主流价值观，政府责无旁贷。政府的角色是创造绿色发展氛围，营造生态文明发展的体制机制：政府决策应当把提供生态环保产品、践行绿色采购、加大生态环保投入、改善环境质量等作为优先目标，使其成为推进生态文明建设的重要导向和约束；此外，要在资源环境价格、税收、财政和生态文明主流价值观等方面营造遵纪守约的文化道德氛围，健全全社会生态文明建设的长效机制。

企业要履行基本环保责任，不碰环境红线，落实环境保护主体责任要求、法律责任；在此基础上，把握趋势和走向，做资源环境领域的"领跑者"，采用绿色工艺，提供绿色产品，实施绿色供应链管理；同时，要公布环境信息，防范环境风险，落实社会责任。

作为生态文明建设的行动者，社会公众要将生态文明理念融入自己的一言一行，自觉培育生态文化，包括：节水节电，践行绿色生活方式；积极参与社会监督，促进政府履责；倡导消费环境友好型产品，避免过度消费和消费型污染，以绿色消费引导生产方式的绿色革命等。

可见，无论是政府、企业还是个人，推动生态文明既要"内化于心"，形成全社会的氛围和共识，还要"外化于行"，用实际行动践行绿色发展理念。

（摘编自光明网 2015 年 5 月 15 日，原标题：《以生态文明理念解决环境污染突出问题》，作者：吴舜泽）

一、科学布局"三维空间"

生态文明，是人类在深刻反思过去发展模式和发展困境基础上作出的选择，是一种新的生存与发展道路。党的十八大提出生态文明建设，作为中央提出的五大发展布局之一，本身并不构成独立的社会结构，而是融入到社会的经济、政治、文化、社会建设中，与所有社会结构形成统一整体，需要科学布局生产、生活、生态"三维空间"。习近平同志指出，按照促进生产空间集约高效、生活空间宜居适度、生态空间山清水秀的总体要求，形成生产、生活、生态空间的合理结构。他特别强调，人的命脉在田，田的命脉在水，水的命脉在山，山的命脉在土，土的命脉在树。我们要坚持山水林田湖是一个生命共同体的系统思想，树立以人为本、道法自然的理念，妥善处理生产、生活、生态的关系，给自然留下更多修复空间，给农业留下更多良田沃土，给人民留下更多宜居宜业宜游的环境，让居民望得见山、看得见水、记得住乡愁。

（一）生产空间集约高效

习近平同志多次强调，"保护生态环境就是保护生产力、改善生态环境就是发展生产力"；"良好生态环境是最公平的公共产品，是最普惠的民生福祉"。要把维护生态安全摆在重要的战略位置，树立正确资源观、科学开发观和绿色财富观，加快生态文明建设步伐，强化环保指标的硬约束，将发展对生态环境造成的影响降到最低，实现百姓富、生态美的有机统一。

产业是城镇化发展的动力和支撑。习近平同志强调，发展必须是遵循经济规律的科学发展，必须是遵循自然规律的可持续发展，必须是遵循社会规律的包容性发展。处理好生态环境保护与发展的关系，决不以破坏生态、牺牲环境为代价换取一时的经济增长，向绿色要"发展红利"，让人民分享"绿色福利"。推进生产空间与生态文明融合发展，必须以提高经济质量和效益为中心，以生态环境保护倒逼产业转型升级，以经济持续增长为生态文明建设提供物质支持。城镇化建设，要以科学规划为引领，着力推动新型城镇化与生态文明融合发展，积极构建经济、社会、文化等生态化发展格局，在加快转型中持续增强可持续发展动力。使得城镇既要经济发展，又要天蓝水清，更要民生幸福。

产业结构的调整是巩固农业基础地位，大力调整制造业，加快发展服务业。在新型城镇化建设中要实施创新驱动战略，紧扣新产业、新产品、新业态和新模式，进一步调整行业结构，着力发展新材料、新装备、新医药、新食品等经济基础新兴产业；加快资本来源结构调整，增强对国外资本的吸引力，对民营资本的凝聚力，对国有资本的驱动力，着力引进单位产出高、增长后劲强、政府投入小、科技含量高的产业项目；加快发展优化服务业，重点引进大型经济、文化创意等项目，提高生产空间集约高效。

（二）生活空间宜居适度

宜居适度的生活空间，一要积极发展生态经济。加强生态文明建设，要求适度开发利用自然资源，着力推进绿色发展、循环发展、低碳发展，形成节约资源和保护环境的空间格局、产业结构、生产方式及生活方式。二要打造绿色交通体系，提倡低碳生活。加快农村公路、公交车、公交站亭以及公交枢纽站等城乡公共交通一体化建设。进一步加大新增和推广绿色环保车型力度，同时淘汰公交客运"黄标车"，大力推进基础交通设施的绿色化，提倡绿色出行。三要支持垃圾回收和资源循环利用。推广垃圾分类管理，加强城市环卫工作建设。四要发展现代服务业与城市转型。发展现代服务业实现城市转型，必须明确城市转型发展进程与城市产业升级和服务经济体系构建是一体化的过程，遵循制造业向服务业、生产中心向商务中心转型的基本规律，回归城市发展的本质特征，突破服务业发展的创新机制，立足全球城市价值链，以现代服务业发展提升我国城市转型的经济容积率，从而提高人民生活质量。

（三）生态空间山清水秀

加强生态环境保护。只有尊重自然、保护好自然，才会有生态文明。一要大力实施封山育林工程，把所有天然山林均列为保护对象，并逐步将其列入生态公益林范围；二要做好植树增绿工作，严禁毁林开垦和乱占林地，严肃查处乱砍滥伐，严控木竹采伐；三要全面治理河流的水环境污染，对不符合排放标准的企业进行治理、整顿和搬迁；四要在相关集镇建立垃圾处理站、行政村建小型垃圾焚烧站，禁止垃圾入河；五要合理利用土地资源，推进土地整理复垦，提高土地质量，整治"空心村"，节约用地；六要科学开发矿产资源，坚持在开发中保护、在保护中开发、开发资源与保护环境并重，加强矿山环境治理与恢复重建。

二、提高生态服务民生能力

"建设生态文明，关系人民福祉，关乎民族未来。""良好的生态环境是最公平的公共产品，是最普惠的民生福祉。"习近平同志这一重要论述，深刻揭示保护生态环境的民生本质，升华我们对生态文明建设重要性的认识。要把生态文明建设摆在更加突出的位置，在环境改善中不断提高人民群众生活质量，提高生态服务民生能力。

（一）筑牢生态安全屏障

党中央提出，筑牢生态安全屏障，坚持保护优先、自然恢复为主，实施山水林田湖生态保护和修复工程，开展大规模国土绿化行动，完善天然林保护制度，开展蓝色海湾整治行动。因此，要切实加强湖泊湿地、河流水系等的保护和建设，大力实施植树造林、封山育林，着力保护生物多样性，让生态系统休养生息，扩大环境容量，提高生态自我修复能力。以解决损害群众健康突出环境问题为重点，深入推进净空、净水、净土行动，进一步防范环境风险，增强生态产品供给能力。

（二）建设资源节约型社会

建设资源节约型社会，强调了对资源的节约和对环境的保护，从这个角度上说，必须大力发展高科技经济，大力发展低碳经济，推动社会经济从资源密集型逐步向资本密集型转变，向环境友好型社会转变是一种被迫的也是唯一正确的选择。因此，始终坚持节约优先战略，全面实行资源利用总量控制、供需双向调节、差别化管理；进一步提高清洁能源生产消费比重，深入推进各领域各行业节能减排；实行最严格的耕地保护制度，推进土地集约节约利用；规范矿产资源开采管理，严格控制矿产资源开采；推进工业、农业和服务业等领域的资源循环利用工作，加强资源循环利用关键技术的研发和利用，推动资源利用方式根本转变，提升循环经济发展水平。

（三）坚持绿色发展

党中央提出，坚持绿色发展，必须坚持节约资源和保护环境的基本国策，坚持可持续发展，坚定走生产发展、生活富裕、生态良好的文明发展道路，加快建设资源节约型、环境友好型社会，形成人与自然和谐发展现代化建设新格局，推进美丽中国建设，为全球生态安全作出新贡献。因此，要按照规模、高效、生态的要求，大力发展现代生态农业，提高粮食综合生产能力，提升特色优势农产品精深加工水平，提升农产品竞争力和影响力。按照绿色发展的理念，构建绿色、节能、高效、生态的绿色工业体系，大力培育壮大新能源、新材料、节能环保等新兴产业，推动产业转型升级。大力发展生态旅游业，强化生态资源优势，加快发展金融保险、信息服务、健康养老等现代服务业，培育新的经济增长点。

（四）用制度保护生态环境

用制度保护生态环境，是建设生态文明的重要途径。党中央提出，加大环境治理力度，以提高环境质量为核心，实行最严格的环境保护制度，深入实施大气、水、土壤污染防治行动计划，实行省以下环保机构监测监察执法垂直管理制度。为此，要进一步健全完善生态文明考核评价制度，将资源消耗、环境损害、生态效益等纳入经济社会发展评价体系。积极引导生产要素向有利于生态文明建设的方向流动，大力发展森林碳汇，培育建立水权、林权、排污权交易市场。划定生态保护红线，建立生态环境损害责任终身追究制，推动绿色发展理念切实贯彻落实。坚持使用资源付费和谁污染环境、谁破坏生态谁付费原则，健全资源有偿使用制度。深化生态环境保护管理体制改革，建立纵向到底、横向到边的环境监管网络和责任体系。

三、展现大国良好生态文明

生态文明是人类社会文明的高级状态，不是单纯的节能减排、保护环境的问题，而是要融入经济建设、政治建设、文化建设、社会建设各方面和全过程。建设既富强又美丽的中国，不仅要增加 GDP，也要提高人民生活质量，拥有健康。党的十八大把生态文明建设纳入中国特色社会主义事业五位一体总体布局，明确提出大力推进生态文明建设，努力建设美丽中国，实现中华民族永续发展。

（一）优化国土空间开发格局

国土是生态文明建设的空间载体。要根据我国国土空间多样性、非均衡性、脆弱性特征，按照人口资源环境相均衡、经济社会生态效益相统一的原则，统筹人口、经济、国土资源、生态环境，科学谋划开发格局，促进生产空间集约高效、生活空间宜居适度、生态空间山清水秀。坚定不移实施主体功能区战略，大力提高城镇化集约智能绿色低碳水平，大力建设海洋强国。

（二）调整优化产业结构

从源头上缓解经济增长与资源环境之间的矛盾，必须抓好转方式、调结构、促转型，加快形成有利于生态文明建设的现代产业体系。下大决心化解产能过剩，要严控增量，要逐步消化存量；加快推进产业转型升级，要大力发展战略性新兴产业、先进制造业，改造提升传统产业，推动服务业特别是现代服务业发展壮大；充分发挥科技创新对生态文明建设的支撑作用；大力发展循环经济，要按照"减量化、再利用、资源化，减量化优先"的原则，以提高资源产出率为目标，推进生产、流通、消费各环节循环经济发展，加快构建覆盖全社会的资源循环利用体系。

（三）转变资源利用方式

节约资源是保护生态环境的根本之策。必须在全社会、全领域、全过程都加强节约，采取有力措施大幅降低能源、水、土地等资源消耗强度，努力用合理的资源消耗支撑经济社会发展。狠抓节能减排降低消耗，要抓主要领域，盯重点企业，实施重大工程，加快完善重点行业、重点产品能效标准和污染物排放标准；狠抓水资源节约利用，要实施最严格的水资源管理制度，加快建设节水型社会；狠抓矿产资源节约利用，要建立健全覆盖勘探开发、选矿冶炼、废弃尾矿利用全过程的激励约束机制；狠抓土地节约集约利用，要坚持最严格的耕地保护制度。

（四）加强污染治理

加强污染治理，必须重点突出、重拳出击、重典治污、力求实效。坚决治理大气污染，要下大决心，尽最大力气，狠抓落实，让人民群众看到变化、见到成效；大力治理水污染，要加强饮用水保护，要积极修复地下水，大力治理地表水；加紧治理土壤污染，要着力控制污染源，要强化重点区域土壤污染治理；切实保护生态系统，良好美丽、功能强大的自然生态系统是生态文明的重要标志；积极应对气候变化，积极参与推动建立公平合理的应对气候变化国际制度。

（五）健全法规创新体制机制

建设生态文明，是一场涉及生产方式、生活方式、思维方式和价值观念的革命性变革，必须按照十八大的精神，加快推进生态文明体制改革，实行最严格的源头保护制度、损害赔偿制度、责任追究制度，完善环境治理和生态修复制度，用制度保护生态环境。进一步健全促进生态文明建设的法律法规，完善生态环境、土地、矿产、森林、草原等方面保护和管理的法律制度，改革生态环境保护管理体制，建立和完善严格监管所有污染物排放的环境保护管理制度；进一步完善发展成果考核评价体系，要按照生态文明建设要求，将资源消耗、环境损害、生态效益指标全面纳入地方各级党委政府考核评价体系并加大权重；进一步健全市场体制机制和经济政策，健全国家自然资源资产管理体制。

（六）促进绿色低碳消费

加强宣传教育，引导全社会树立生态理念、生态道德，构建文明、节约、绿色、低碳的消费模式和生活方式，把生态文明建设牢固建立在公众思想自觉、行动自觉的基础之上，形成生态文明建设人人有责、生态文明规定人人遵守的良好风尚。加快培养生态文明意识，建立制度化、系统化、大众化的生态文明教育体系，树立正确的生态价值观和道德观；积极倡导绿色生活方式，改变不合理的消费方式；有效发挥公众监督作用，要主动及时公开环境信息，落实人民群众的知情权、监督权，积极发挥新闻媒体和民间组织作用，自觉接受舆论和社会监督。

【专家观点】..

郑端端：五中全会为美丽中国"谋篇布局"

《关于制定国民经济和社会发展第十三个五年规划的建议》为新的五年发展勾勒出完美"画卷"。与以往不同的是，"十三五"规划关于绿色发展的部署，是将党中央、国务院关于生态文明建设的一系列顶层设计变为落实路线，吹响了未来五年攻坚的"冲锋号"。

生态兴则文明兴，生态衰则文明衰。回首"十二五"，既是我国发展很不平凡的五年，也是生态文明建设具有里程碑意义的五年。党中央立足当前，谋划长远，做出了"大力推进生态文明建设"的战略部署，以前所未有、全球罕见的力度，摧枯拉朽治污染，雷厉风行保生态，不仅体现了发展的可持续，更让"绿水青山就是金山银山"的理念深入人心。生态文明建设被纳入中国特色社会主义事业"五位一体"总布局，有了顶层设计、总体部署和严格措施，为发展构筑起"绿色谱系"，为转型积累下"绿色动力"，为全面建成小康奠定了坚实基础。

通往成功的道路从不会一帆风顺，生态文明建设是中国 21 世纪面临的最严峻挑战之一。进入"十三五"，随着中国经济的飞速发展，对自然界的索取也越来越多，包括空气质量、污染物影响等环境问题进入了高发频发阶段；人民群众对良好环境的需求、生存健康的关注度越来越高，环境好坏直接关系到整个民生的质量。加之，我国仍以牺牲环境为代价的粗放型增长方式，环境破坏已成为了妨碍中国经济发展的"毒瘤"，中国面临未富先老、未富先病的风险。美丽中国的绿色发展任重道远。

困难是道分水岭，就像鲤鱼跳龙门，跳过去就是新天地。挑战与机遇并存，机遇始终大于挑战。《关于制定国民经济和社会发展第十三个五年规划的建议》为美丽中国谋篇布局，认真总结经验，审时度势，加大环境治理力度，以提高环境质量为核心，实行最严格的环境保护制度，亮出的一些硬举措，如"实行省以下环保机构监测监察执法垂直管理制度"，克服了地方行政部门对环保执法的干扰，摆脱地方保护主义。同时，《建议》将"生态环境质量总体改善"列入全面建成小康社会的新目标，下大决心，真抓实干，坚持绿色发展，释放出党中央努力建设美丽中国的决心和信心。可以说，全会的部署提出了实现绿色发展的新目标，为未来五年发展指明了行动路线图，向世界做出坚持绿色发展的庄严承诺。

环保也是生产力，各级政府部门要深化认识，放眼长远，树立正确的政绩观，对整个生态系统的和谐、平衡担当该担当的责任，做到有所为、有所不为，最大限度保护生态、珍爱环境，让绿水青山源源不断带来金山银山。对破坏环境的违纪违法行为要铁腕执法，铁面问责，把资源消耗、环境损害、生态效益等体现生态文明建设状况的指标纳入领导干部的考核内容，对重特大环境污染事故必须依法追究相关责任人的法律责任。

小康全面不全面，生态环境是关键。生态文明建设，功在当代，利及千秋；关系全局，任务艰巨。推进生态文明建设，需要全党全社会统一意志、共同努力，从微观入手，发动群众、教育群众，使环境保护成为公民的自觉行动，不断增强全社会生态文明观念。空谈误国、实干兴邦。"一打纲领不如一个行动"。行动最有说服力，党员干部要结合"十三五"规划建议，同心奋力、攻坚克难、埋头苦干、锐意进取，只要我们遵循尊重自然、顺应自然、保护自然的生态文明理念，久久为功，蓝天常在、青山常在、绿水常在的美丽中国愿景可期。

（摘编自人民网—中国共产党新闻网 2015 年 10 月 30 日，作者：郑端端）

王毅：用制度保障生态文明建设

生态文明建设是理念、制度和行动的综合，它通过科学理念指引制度设计，通过制度规范和引导行动，从而构成一个完整的体系。党的十八大报告提出，大力推进生态文明建设。党的十八届三中全会《决定》强调，加快生态文明制度建设。最近中央颁发的《关于加快推进生态文明建设的意见》把健全生态文明制度体系作为重点，凸显了建立长效机制在推进生态文明建设中的基础地位。我们应深化改革创新和模式探索，用制度保障生态文明建设。

用制度保障生态文明建设是大势所趋

用制度保障生态文明建设，既是一项在"保护优先"价值取向下制定游戏规则的创新性工作，又是对现有制度安排的继承、改革与发展。我们既要正确认识其重要性、紧迫性和复杂性，又要稳慎探路、有序推进。

健全生态文明制度体系的重要性。我国生态环境保护已走过40多年历程，但生态环境总体恶化趋势仍未得到有效遏制。在历经多年理论研究与实践探索后，我们认识到资源环境问题既与自然原因及发展阶段有关，更与法治和体制机制等制度因素息息相关。过去，我国实行环境保护基本国策，制定了以环境保护法为主体的一系列法律制度，出台了环保目标责任制、环境影响评价等基本制度。但这些制度安排的作用并没有充分发挥出来，唯GDP、漠视环保法律、执法不严等现象屡见不鲜。从建立生态文明价值观入手，健全生态文明制度体系，通过法治手段、制度建设、提高国家治理能力来改善环境，并制定更加严格、公平、包容和面向长远的社会规范，是现阶段生态文明建设的主要着力点。

健全生态文明制度体系的紧迫性。全面建成小康社会是我国第一个"一百年目标"，要求我们优先健全生态文明制度体系，为实现"蓝天、碧水、净土"目标奠定基础。党的十八届三中全会《决定》提出，到2020年形成系统完备、科学规范、运行有效的制度体系，其中就包括健全生态文明制度体系。现在距离2020年只剩下5年时间，生态文明制度建设和治理改革的任务非常紧迫。不仅构建生态环境法律体系的任务非常繁重，而且从目前分散的部门管理走向统一监管、统筹协调的管理体制和完善治理结构也面临许多障碍。因此，合理运用每一次法律修改、制度出台、机构调整和实践探索的机会至关重要。

健全生态文明制度体系的复杂性。健全生态文明制度体系，应充分尊重生态系统的特征和演化规律。自然生态系统经过演化，表现出空间上的完整性，即水、土、气等要素相互作用和影响形成一个有机整体。但各要素具有不同自然和社会属性，需要处理好综合管理和专业管理的关系。生态环境问题根据作用范围不同，表现为局地、区域和全球性问题。我国目前最突出的是区域性灰霾污染和流域性水污染，与之相对应的则是人为划分的行政管辖区域和割裂的部门管理范围。解决好跨行政区和跨部门的环境问题是一个重大挑战。同样，自然资源既有经济属性也有生态属性，实现不同功能的优化配置，应在制度上做出统筹安排。还有许多环境问题难以通过货币化方式计量，无法用市场化手段有效解决，需要多样化的制度安排和政策措施。更为重要的是，生态文明制度体系建设体现了一种新的理念，解决问题需要在实践中不断探索，许多制度既无成熟的理论研究和普适性的实践经验作基础，又缺少上位法的支撑，需要科学的"顶层设计"与大胆的"摸着石头过河"相结合。尽管任务紧迫，但鉴于制度的基础性、引领性及一些基本问题的不确定性，生态文明制度体系建设不能急于求成，而应坚持理论与实践相结合，坚持问题导向、多方参与、形成共识、有序推进。

牢牢把握基本方向和抓手

用制度保障生态文明建设，要以法律法规为基础，全面推进依法治国。生态文明制度体系建设应充分考虑与现行法律和管理体制有效衔接，使生态文明建设进入制度化、有序化的轨道，把生态文明建设和可持续发展的原则和规范纳入宪法、民商法等法律中。加快制定和修改资源、环境的基础法律与单行法，消除现行各单行法之间的重叠、矛盾和冲突问题。当前，应着重做好以下工作。

健全自然资源资产产权制度和用途管制制度。基于自然资源的多重属性和多样化特征，应通过较为广泛的地方试点示范，健全有关自然资源所有权、使用权及相关民事权利的规定，分类建立反映各类自然资源特点的资产所有权体系。在用途管制制度上，修改完善现行的规划、区划制度体系，明确主体功能区的法律地位和作用，建立统一的国土空间规划体系，按其划定的生产、生活、生态空间开发管制界限，确定各类开发项目准入条件，落实配套的财税制度；根据环境保护整体性、系统性的要求，建立和形成统一行使所有国土空间用途管制权力的自然资源监管体制。

构建独立的生态环境监管执法体制。确立生态环境部门独立开展生态环境监管执法的法律地位，改变法律条款缺乏可操作性的立法模式，明确环境违法行为等级及其对应的处罚措施，压缩自由裁量空间，规范权力运行；加强区域和流域生态环境监管体制与能力建设，在地方生态环境监管执法机构实行相对独立的双重领导体制；强化部门间协调联动，建立会同其他相关部门特别是公安的联合环境执法机制；加强执法队伍的能力建设，强化执法能力和财政经费保障，全面增强监管执法的独立性、权威性和有效性。

建立资源环境生态红线制度和预警机制。基于国土安全和环境风险管理，确定不同尺度上的生态空间、资源环境容量，为严控各类开发活动逾越生态保护红线奠定基础。依照科学基础、法律规定和相关程序，征求利益相关方意见，考虑合理范围、可操作性和保障能力，科学划定生态红线，促使自然资源得到可持续开发利用，保障环境质量只能更好、不能变坏，保护和修复土地、河湖等各类资源的生态功能。在此基础上，建立资源环境生态监测评估体系和预警机制。

合理运用市场化手段。对于具有竞争性、排他性的自然资源，应通过完善市场机制来解决合理配置问题。特别是推进资源和环境领域的价格改革，凡是能由市场形成价格的均放给市场，让市场发挥决定性作用；凡是涉及民生问题的价格改革均应依法依规有序进行，构建更加均衡的自然资源和环境价格形成机制，加快建立和实施资源有偿使用制度、生态补偿制度、环境税收制度。在界定产权的基础上，开展排污权、水权、碳排放权等交易试点，建立统一规范的自然资源产权、排污权、碳资产管理的各项制度，使能源、资源、环境等要素得到合理配置。进一步改革和完善生态环境保护的特许经营制度和特许保护制度，消除实行政府和社会资本合作模式的制度障碍，不断提高市场机制的效力与活力。

完善领导干部政绩考核和问责制度。健全经济社会综合评价体系，根据不同地区的特点，合理纳入资源消耗、环境损害、生态效益等体现生态文明建设状况的指标，并加大考核权重，强化考核结果运用。推动考核评价机制创新，对领导干部开展自然资源资产和环境离任审计试点工作。健全生态环境重大决策和重大事件问责制，建立分档分级的责任追究机制。

完善生态环境保护参与评估制度。生态文明建设和生态环境保护涉及经济社会的方方面面，需要社会各界积极参与、共同努力。应建立健全环境信息公开、环境公益诉讼和社会参与制度，明确有序参与程序，规范公众参与行为，鼓励各利益相关方参与生态环境保护。同时，完善第三方评估制度，对各类涉及资源环境公共利益的政策法规、规划方案、工程项目等进行科学评估，提出咨询建议，为生态文明建设奠定更加坚实的科学基础。

（摘编自《人民日报》2015年6月9日，作者：王毅）

郁立强：当前生态文明建设面临的
挑战及实现途径（节选）

党的十八大把生态文明纳入社会主义现代化建设的总体布局，并对生态文明的内涵进行了新的概括与升华。简单来说，生态文明就是一种人与自然和谐发展的文明境界和社会形态。不仅要求尊重自然、顺应自然、保护自然，而且提出生态文明是人类社会文明的高级状态。不单单是节能减排、保护环境的问题，更要将生态文明融入到经济建设、政治建设、文化建设、社会建设的各方面和全过程。这是我们党对生态文明提出的又一科学内涵，对生态文明战略任务的新部署。

……

二、现阶段我国生态文明建设的实现途径

1. 大力宣传教育、培育生态文化，在全社会树立和弘扬生态文明理念。生态文明是个庞大的全民工程、社会工程，更需要全民的文明行动。环境和生态由无数小分子构成，不光是政府、企业、投资商的事，更是每一位公民的事。没有文明的公民，就没有文明的生态；没有文明的生态也就没有生态文明。因此，生态文明建设首先应当按照

党的十八大报告要求，倡导全社会牢固树立"尊重自然、顺应自然、保护自然的生态文明理念"，调动社会各界共同参与生态文明建设，构建以政府为主体推动产业结构调整、以行业为主体推动生产方式转变、以公众为主体推动生活方式转变。充分利用多种媒体手段，加强基本国情、基本国策和有关法律法规的宣传教育，宣传生态文明建设的典型做法和成效，不断扩大社会影响。充分利用社会资源，大力普及生态文明理念，发挥环保非政府组织作为政府与社会之间联系的桥梁作用，促进生态文明理念进行业、企业、学校、社区、家庭。

2. 从制度设计和体制机制上下大力推进生态文明建设。一是充分发挥市场机制的作用，推进节能减排。首先要重视和运用市场机制促进节能减排。要严格市场主体责任与权益。生态环境治理必须下狠手、下猛药，企业要把环境资源成本纳入成本体系，公众要有监督意识和反映的渠道。其次要积极培育节能减排交易市场，加快碳排放交易市场试点；第三要加快燃料价格改革。加快资源税和环境税改革。第四要严格市场准入退出机制，完善行业准入标准，提高行业准入门槛，加快完善标准体系，对排污的外部性问题要严格采取收税收费办法。四是加强信息公开，强化公众对能耗污染的知情权。二是切实落实主体功能区规划，妥善处理各功能区利益格局，促进区域协调发展，尽快建立和实施生态补偿机制；加大对重点生态功能区、自然保护区的支持力度，要建立开发与保护地区之间，上下游地方，生态收益和生态保护地区之间的横向补偿机制。要按照主体功能区规划优化区域布局，沿海发达地区不能把落后产能转移到中西部地区。还要加强农村与城镇的环境保护，生态文明建设与城镇化要同步推进。三是建立健全生态文明标准体系。在国家发展规划中，要把地方资源环境承载能力定义为生态权益，把地区生态环境建设增加的资源环境承载能力定义为生态补偿，把地区对生态下游地区资源环境承载人类的影响定义为生态输出，把扣除生态补偿和生态输出后的生态权益定义为生态成本。建立生态文明建设标准体系要承上启下，统筹兼顾。四是改革完善领导干部考核机制，强化监督奖惩力度。要把人均 GDP 与单位生产成本、生态成本 CDP 的比值作为地区经济发展的约束性考核指标。指标要以人口统计、生态输出能力评估和物质生产能力的调查为基础进行调整。同时，还要尽快形成全国各省市自治区共同承担责任但又有区别的目标、任务考核体系。目标要一致但切忌一刀切，要按照主体功能区的划分，分别采用不同指标考核，要给欠发达地区发展权；要明确考核对象，明确责任主体。其中，要强化政府的主导责任，重点考核其领导决策和监管责任，突破红线应当一票否决；要硬化企业和法人社团的主体责任、考核及实施的责任；要推动落实公民消费者自律的责任和监督责任。最后，考核的信息结果要公开，接受全社会广泛监督，新闻媒体可以有更大作为。五是要加强重点领域立法，科学合理地修改与制订有关生态环境保护的法律法规。应当更多地通过司法途径追究污染环境者和破坏生态者的法律责任，索取生态环境损害赔偿，维护公民环境权益，实现社会公平正义，促进生态系统永续发展。要合理利用司法资源，借助法律手段推进生态文明建设。对一些不适应生态文明建设要求的经济政策法规重新修订，创设有利于增强生态产品生产能力的经济政策法规。

3. 加强社会建设，充分引导、动员、利用社会各方面的力量参与到生态文明建设之中。建设生态文明需要建立广泛的社会参与体系，动员社会各界积极投入到生态文明建设中来，在全社会形成关心、支持、参与生态文明建设的良好氛围，使全社会广泛参与成为一项实践生态文明的自觉行动。要完善生态环境教育与公众参与制度，促进民间环保组织的健康发展。只有大幅提升全社会的生态文明意识，提升民间社会组织的积极作用，生态文明的制度建设才会有扎实的基础。

（摘编自人民网—理论频道 2015 年 5 月 31 日，作者：郁立强）

世界看好一个美丽中国

联合国环境规划署确定 2015 年世界环境日（6 月 5 日是世界环境日）主题为"七十亿个梦想：一个地球，理性消费"。中国环境保护部确定我国的主题为"践行绿色生活"。

中国的主题与联合国的主题相呼应，都是向人们传递和弘扬人与自然和谐相处、建设生态文明和可持续发展的理念，提升人们的认识和理解，并自觉转化为实际行动。

探索一条可持续发展的生态文明新路

人类对发展与环境的关系是一个逐渐认识的过程，而且也走过相当长的一段弯路。20 世纪 40 至 70 年代，是西方国家经济快速发展阶段，几乎在同一时期，欧美日等发达国家先后发生过洛杉矶光化学烟雾、伦敦烟雾、日本水俣病和富山骨痛病等轰动世界的环境公害事件，被称作"八大公害"。

西方世界当年经济的快速发展是以牺牲环境为代价。如今，许多发展中国家还在步西方的后尘，这不能不引起人们的思考，难道人类发展的轨迹无法改变？正本溯源，人类离不开地球，人类发展离不开自然。要想可持续发展，我们必须尊重和兼顾自然。

然而，走一条与西方完全不同的发展道路，这对发展中国家来说并不容易，因为并没有范例可循。

20 世纪后期，被各种环境污染困扰的西方发达国家实现了制造业向中国等发展中国家的转移。凭借积累的资本和先进的技术、管理经验，发达国家的资本家继续赚取丰厚的利润，而发展中国家却在为西方社会制造服装、玩具、电子零件、纸制品等各种低端工业产品的同时，承接了生产过程中产生的所有污染物。

当经济快速增长之后，我们的环境指标、健康指数却在下降。正如一个拼命挣钱的人，钱包越来越鼓，身体健康却在透支。人们逐渐认识到，环境也是一种成本，生态也会出现负债，不顾一切的发展终将以牺牲环境为代价。对于经济增长的片面追求正是导致生态环境恶化的根源，很多自然资源终有消耗殆尽之时，环境破坏开始威胁人类生存。

从 20 世纪 60 年代开始兴起的西方环保思潮，到 21 世纪中国政府大力推动生态文明建设，越来越多的政府和企业开始治理污染，转变生产方式，发展循环经济，人们试图超越几百年来工业文明的发展模式，探索一条可持续发展的生态文明道路。

打破西方国家旧有的发展模式

生态文明建设是一项涉及经济发展方式转变、生活方式转变、人们观念转变的巨大社会工程。而其核心在于，人类充分认识、正确理解自身与自然的辩证关系。

如果把生态文明建设仅仅理解为"保护环境"，那是对生态文明含义的"窄化"。生态文明从本质上看是人类实现可持续发展的新的社会意识形态。

中国提出生态文明建设，意味着要打破西方过去的发展模式，不再简单地以 GDP 论英雄，把资源消耗、环境损害、生态效益等体现生态文明建设状况的指标纳入经济社会发展评价体系，使之成为推进生态文明建设的重要导向和约束。

作为世界第二大经济体的中国，正呼唤着发展路径的绿色转型。党的十八大首次把"美丽中国"作为生态文明建设的宏伟目标，把生态文明建设摆上了中国特色社会主义五位一体总体布局的战略位置。这是对人民群众生态诉求日益增长的积极回应，也彰显了执政党治国理政的新理念。现在，生态文明建设已经成为全社会一个共同话题，努力建设美丽中国，实现中华民族永续发展。

追求可持续发展、治理环境污染、改善能源结构、大兴节俭之风、鼓励人与自然、人与人和谐相处……在生态文明建设的道路上，中国正用行动践行人类发展的责任。正如联合国副秘书长阿奇姆·施泰纳所说："中国在生态文明这个领域中，不仅给自己，而且也给世界一个机会，让我们更好地了解朝着绿色经济的转型。"

美国著名生态经济学家赫尔曼·达利曾著有《超越增长：可持续发展的经济学》一书。看了这本书，对当下中国经济增速放缓忧心忡忡的人或许可以释然了——中国不再追求超高速增长，实际是对简单增长的超越，是一种更可持续的增长。

生态文明建设凸显中国制度优越性

生态文明建设也是一次人类尚待开拓、前无古人的新旅程，是一场"为了明天"的重要社会变革。

然而，转变发展方式，这其中需要斩断多少利益链条？改变生活方式，如何能使全社会每一个人改变观念、行动起来？这毫无疑问是极为艰巨的工作。

但是为了子孙后代的幸福，也为了民族发展的未来，中国政府率先提出了"建设生态文明"的目标。在很多外国生态文明专家学者眼中，只有中国能够"做得了这样的大决定"，"办得了这样的大事"。

在外国生态领域专家学者看好中国生态文明建设的诸多理由之中，中国的制度优越性是个重要因素。

不久前，在美国的一次最大规模的环保主义者会议上，著名生态学者约翰·弗斯特在主旨演讲中说："过去，一提到中国，人们会说'中国太成问题'，如今，中国使人们看到希望。"

从中共十七大报告明确提出生态文明建设的新要求到十八大报告将生态文明建设列入国家五位一体总体布局的战略目标，从把生态文明建设写入党章到将生态文明建设变为执政党的"行动纲领"，中国共产党正引领国家和人民开创社会主义生态文明建设的新时代。

既要青山，也要绿水，绿水青山就是金山银山，这是发展理念和方式的深刻变革，也是执政理念和方式的深刻变革。

在建设生态文明的征途上，中国将与世界共同迈向可持续发展的明天，而世界也将更加看好一个美丽中国。

（摘编自新华网洛杉矶 2015 年 6 月 4 日电，记者：薛颖）

第十章

保障和改善民生的基本蓝图

民生连着民心，民心关系国运。党中央提出，按照人人参与、人人尽力、人人享有的要求，坚守底线、突出重点、完善制度、引导预期，注重机会公平，保障基本民生，实现全体人民共同迈入全面小康社会。民生问题是中国改革最大的问题，解决民生问题是最大的政治，改善民生是最大政绩。正如习近平总书记所说："我们党和政府做一切工作出发点、落脚点都是让人民过上好日子。"关注民生、重视民生、保障民生、改善民生，是党和政府的神圣职责和终极目标。不断改善民生，是实现以国家富强、民族振兴、人民幸福为主要内容的中国梦的题中之意和最终理想。梦想成真，民生改善是最好诠释。共筑中国梦，需要经济社会的不断发展，更需要民生的持续改善，这是复兴之本、梦想之基。

抓民生，善算"小账"更要会算"大账"

民生问题无小事。当经济进入新常态后，经济下行压力加大，能否让群众继续感受到改革的温度？怎样让经济的发展与民生的改善有效对接？无疑是摆在各级政府面前的现实考题。

一提到发展和民生的关系，有人便认为，发展和民生是对立的。抓民生，就是拆东墙补西墙，会拉发展的后腿；要发展，就要抓大项目，就不能"绕着民生转圈圈"。的确，对不少地方而言，财政资金有限，而民生似乎"只有投入，没有产出"，于发展并没有直接的助力，难免会在价值排序上有偏颇，或只强调发展不重视民生，或口头上把民生排首位实际执行却变味。这种看法，只算了民生的"小账"，却没有算清民生这本"大账"。

其实，抓民生也是抓发展。且不说民生的改善，能为改革的深入、发展推进凝心聚力，找寻到最大公约数。就拿民生本身而言，它也是发展的一项重要抓手。老龄人口增多，发展养老服务，不就能促进"银发经济"的发展？"互联网+"火热，医疗、教育搭上"互联网+"的高速列车，不也能产生新的增长极？居民收入的增加，不就意味着购买力的增加，潜在消费力量的增强？很多时候，民生的改善，既是公共服务有效供给的结果，也是新的经济增长点培育的过程。惟有算清抓民生这本"大账"，将促民生融入到稳增长的全链条，发展才有"含金量"，也才更牢靠。

老百姓对美好生活的追求，就是我们的努力方向。无论是食品安全的保障，还是医疗卫生的改善，乃至养老服务的创新，民生问题与百姓利益息息相关，最见不得"空里客"。抓民生，不仅要保障民生建设资金的投入，更要全力解决好人民群众关心的各种问题，保障民生链正常运转。正如习近平总书记强调的，"民生工作直接同老百姓见面、对账，来不得半点虚假，既要积极而为，又要量力而行，承诺了的就要兑现。"

（摘编自人民网——观点 2015 年 7 月 21 日，作者：濂溪）

【深度阐释】..

一、提高教育质量

提高教育质量，既要符合社会整体的发展和稳定，又要符合社会成员的个体发展和需要，辩证统一地配置教育资源。教育公平是提高教育质量的基础，党和国家领导人都对此给予了高度重视，习近平总书记 2013 年元旦前夕到河北省阜平县考察时就指出："把下一代的教育工作抓好，把贫困地区孩子培养出来，是扶贫根本之策。"党中央提出，提高教育质量，推动义务教育均衡发展，普及高中阶段教育，逐步分类推进中等职业教育免除学杂费，率先从建档立卡的家庭经济困难学生实施普通高中免除学杂费，实现家庭经济困难学生资助全覆盖。

（一）公平与质量并重

教育发展的核心是提高教育质量。我国是教育大国，但还不是教育强国。《国家中长期教育改革和发展规划纲要（2010—2020 年）》提出，要制定教育质量国家标准，建立健全教育质量保障体系。这对大力促进教育公平具有重要意义。质量是教育发展的生命线。教育质量的高低，直接关系到社会文明的程度、关系到创新驱动发展战略的实现以至众多学生及其家庭的福祉。制定教育质量国家标准，有助于对适应社会发展和人的发展需求的教育质量的追求，而且也将在处理教育公平、近期目标与长远目标、全面发展与因材施教等问题的过程中，形成与时俱进的质量文化。制订教育质量国家标准，有助于深化学校内部管理体制改革，有助于教育部门管理制度和活动的科学化与规范化，有助于推行民主管理和监督，有助于教育资源的合理配置与有效利用，有助于推动国际教育合作与交流，有助于吸收和借鉴国内外先进的教育教学思想与方法，最终保证和提高我国的教育质量，从而促进教育公平。制订教育质量国家标准，还是提高我国教育国际化水平，提升我国教育国际竞争能力的现实需要。我们必须站在战略和全局的高度，以质量为核心，全面深化高等教育综合改革，必须坚持"公平与质量并重"的改革发展道路。

(二) 公平与效率兼顾

教育公平是社会公平的前提和基础，教育效率是教育资源配置的重要杠杆。随着国家经济实力的不断发展和人民群众生活水平质量的不断提高，我国各民族群众的受教育需求已经突破"有学上"的初级阶段，上升为"上好学"的高层次阶段。差异化成长需求、个性化教学要求以及公平的受教育诉求，使教育公平与效率呈现出多元化的内涵特征。

在实现教育公平与效率的统一上，要求各级教育部门要高度关注家庭贫困学生等特殊群体的受教育公平需求，要高度重视教育资源的合理配置和教育经费的使用效率，让有限的教育投入发挥出最大的效用；要真正坚持教育公益性与普惠性，积极促进教育公平与效率。不仅要从宏观角度增加教育投入，而且还要加强制度建设，从微观角度对教育投入资金分配使用做出周到的制度安排。在新增义务教育问题上，要求地方政府与教育部门应该把新增义务教育投入向薄弱学校倾斜。教育要以提高效率为根本，优化教育资源，加强义务教育，走"公平与效率兼顾"的改革发展道路。

(三) 公平与创新契合

创新是一个民族进步的灵魂，是国家兴旺发达的不竭动力。特别是在教育事业上，我们渴望并期盼与时俱进的教学手段、创新的教育理念、富有创造性的课程设置——展现。那么，如何强化教育创新促进教育公平呢？教育体系作为社会体系的子系统，不可能离开一定的社会环境和社会条件而存在。促进教育公平要求实施创新驱动发展战略，提升高等教育创新服务能力，这也是国民经济与教育协同发展的迫切需要。加快实施创新驱动发展战略，就是要强化科技同经济对接、创新成果同产业对接、创新项目同现实生产力对接、研发人员创新劳动同其利益收入对接，增强教育发展、科技进步对经济发展的贡献度。当前，由于结构性矛盾，导致高校的人才产出与产业发展技能型、应用型、复合型人才需求不一致；由于创新性不足，导致高校的智力产出与创新驱动发展战略建设步伐不协调；由于体制性限制，导致高校的科技创新项目与现实生产力不对接、科技创新成果与产业转型升级不同步、科技研发重点与产业经济热点不匹配。由于经济的发展对于教育科技创新的要求不断提高、对于技术技能型人才的需求不断扩大、对于创新创业基地和平台建设的期望值不断增强，进一步推进教育与地方社会经济协同发展，教育事业必须选择"公平与创新契合"的改革发展道路。

（四）公平与优势相济

坚持优先发展教育，充分发挥教育基础性、先导性、全局性的作用，促进教育和经济社会协调发展，要坚持需求导向，不断满足人民群众对教育公平与优质教育的需要。要致力围绕中心服务大局，充分发挥人才培养先导作用、产学研支撑作用、教育品牌作用，以教育优势铸造人才优势、再造发展优势。要结合当前正在开展的"三严三实"教育实践活动，切实改进工作作风，把办人民满意教育作为最大的民生实事来抓。教育必须以优势为基础，以公平为追求，明确发展定位，集中办学力量，进一步促进优势特色学科（群）建设与产业转型发展需求相匹配，走"公平与优势相济"的改革发展道路。

二、切实稳定和扩大就业

就业是民生之本，社会发展直接关系到国家兴盛和人民福祉，是人类文明进步的重要标志，也是维护国际和平与安全的重要基础。稳定和扩大就业是社会发展的驱动力。党中央提出，促进就业创业，坚持就业优先战略，实施更加积极的就业政策，完善创业扶持政策，加强对灵活就业、新就业形态的支持，提高技术工人待遇。因此，要努力实现经济发展与社会发展相协调，始终将促进就业和改善民生作为经济发展的重要出发点和落脚点，把扩大就业作为经济社会发展的优先目标，实施有利于增进就业的发展战略和宏观经济政策。

（一）稳定和扩大就业是经济发展的关键

习近平指出，中国经济经过 30 多年的快速发展，已经进入增长速度换挡期、结构调整阵痛期、前期政策消化期的新常态。适应经济新常态，"十三五"期间要牢牢把握经济新常态的变化趋势，因势利导，驾驭、引领经济新常态，促进经济新常态健康发展，关键是转变发展方式，调整经济结构，着力创新驱动。经济发展的关键是稳定和扩大就业。改革开放以来，党和国家领导人始终将促进就业作为国民经济发展的战略性任务。将稳定和扩大就业列入国民经济调控的主要目标，通过经济增长带动就业增长。稳定和扩大就业，为深化经济体制改革创造条件，为推动社会经济的持续稳定发展发挥重要作用。在促进经济发展过程中，积极调整就业结构，发展具有比较优势和市场潜力的劳动密集型企业，发展灵活多样的就业形式，改善就业结构。促进就业与经济的协调发展，通过目标明确的经济政策，在经济增长、结构调整过程中稳定和扩大就业。要保持经济发展的平稳和较快增长，更要保证持续的稳定和扩大就业，要更多地关注就业问题。

（二）稳定和扩大就业是社会进步的保证

稳定和扩大就业与社会进步是一个不可分割的有机整体。我国是发展中国家，存在城乡经济社会发展的二元经济结构问题，稳定和扩大就业要维护社会公平正义、努力缩小社会差距，如果就业政策脱离实际，最终会加剧就业压力，从而影响社会稳定。只有稳定和扩大就业，才能保证社会的进步，反之，只要社会发展进步，就能稳定和扩大就业。具体地讲，对于下岗职工，实施再就业工程，对于高校毕业生，实施创业就业工程。建立和完善市场导向的就业机制，加强公共就业服务体系建设，通过对就业人员的培训教育，促使就业人员素质的提高，为经济增长提供有力保障。

（三）稳定和扩大就业是国家安全的保障

国家安全是国家的基本利益，是一个国家处于没有危险的客观状态，也就是国家没有外部的威胁和侵害也没有内部的混乱和疾患的客观状态。当代国家安全包括 10 个方面的基本内容，即国民安全、领土安全、主权安全、政治安全、军事安全、经济安全、文化安全、科技安全、生态安全、信息安全。经济社会的持续发展，促进稳定和扩大就业，使得国家安全得到保障。特别是国家内部的安全，解决了就业问题，也就解决了人民的基本生活问题，人人有工作，人人谋事业，就能减少社会矛盾，增强国家内部安全因素。

三、优化收入分配提高收入

改革开放以来，国民经济高速发展，居民收入水平持续提高，生活品质明显提升。特别是城乡居民收入持续增长；收入结构加快调整，收入来源趋向多元化；居民消费结构改善较大，消费层次明显提高；居民收入水平地区差异不大，满意度较为均衡；社会保障制度逐步完善，弱势群体收入提高。

（一）促进分配公平共享发展

党中央提出，坚持共享发展，必须坚持发展为了人民、发展依靠人民、发展成果由人民共享，作出更有效的制度安排，使全体人民在共建共享发展中有更多获得感，增强发展动力，增进人民团结，朝着共同富裕方向稳步前进。随着经济快速发展，个人收入趋向多元化、隐蔽化和分散化，同时也造成了当前我国的税收征管工作难度加大，税收制度难以发挥收入调节的杠杆作用，而工薪阶层等收入较为透明的群体则成为实际纳税主体。导致穷人税负重而富人税负轻的"逆向调节"局面，税收制度失去了原本的作用。因此，政府要加快完善和改进税收制度，通过税收等杠杆对居民收入分配进行合理的调整，提高收入分配公平性。缩小收入差距，坚持居民收入增长和经济增长同步、劳动报酬提高和劳动生产率提高同步，健全科学的工资水平决定机制、正常增长机制、支付保障机制，完善最低工资增长机制，完善市场评价要素贡献并按贡献分配的机制。

（二）提高初次分配比重

全面建成小康社会是"十三五"规划的最大要务，也是"十三五"时期必须完成的目标。而全面建成小康社会的题中之义就是通过提高初次分配比重，将广大人民群众凝聚到追求幸福中国的目标上来。增加工薪阶层职工工资，是提高就业人员报酬在初次分配中比重的最直接途径。就业人员与企事业用人单位之间，应该通过集体工资协商制度等，建立健全就业人员收入合理增长机制，缩小当前资本报酬与劳动报酬过大的差距。改进企事业分配制度，逐步增加职工工资，使职工工资与企事业利润同步增长，提高就业人员报酬在国民收入初次分配中的比重，从而缩小收入差异。

（三）增加农民收入

党中央提出，推动城乡协调发展，健全城乡发展一体化体制机制，健全农村基础设施投入长效机制，推动城镇公共服务向农村延伸，提高社会主义新农村建设水平。应该加快实施城乡统筹发展战略，增加农村居民收入，加快城镇化进度，遏制城乡居民收入差距加快扩大的趋势。致力于提高农民收入，引导农民科学种（养）植，促进农业劳动者和低收入农户加快增收。可以通过组建股份合作实体、推进农村集体产权制度改革等途径，增加农民收入中的创业性收入、财产性收入、保护性收入和转移性收入等的比重，进一步转变农民增收方式；加快改革户籍制度，推动城乡统筹进程，引导农民合理有序地进城创收创业。

（四）缩小地区收入差距

地区工资是收入分配关系的重要内容。由于地区经济发展不平衡，改革开放后相当长一段时间，我国地区间工资收入差距不断拉大。近几年，随着产业结构调整和区域经济的发展，西部大开发战略以及振兴东北老工业基地等国家宏观政策的实施，进一步完善各级政府的财政监管制度，提高各级政府预算外财政收入的透明度，地区间收入差距呈逐步缩小的态势。"十三五"时期，仍然要充分利用社会保险、社会救济以及其他转移支付等再分配手段，加大政府收入向居民收入转移的力度，使其在国民收入分配格局中的比重趋于相对合理，逐步缩小地区收入差距。进一步完善政府对企业职工收入支付和最低工资支付行为的监管制度，建立企业职工收入、最低工资标准与社会经济发展及物价增长联动机制；加大对用人单位支付职工收入、执行最低工资情况的监督检查，推动职工合法权益得到有效保障，逐步完善"市场机制调节、企业自主分配、职工民主参与、政府监控指导"的收入分配格局。

（五）减小行业间差距

当前，我国国有垄断企业员工收入在初次分配中比重过高，特别是电信、电力、石油、民航、金融、铁路、邮政、烟草等行业，拉大了行业之间的收入差距，造成国民收入分配格局的有失公平，民怨甚多。可以通过加强税收、上缴红利、薪酬制度改革和促进员工流动等调控手段，平衡垄断国企与一般国企、国企与民企的收入分配差距，进一步降低部分政策性垄断企业的收入在国民收入分配中的比重，使不同行业职工收入和谐增长。

（六）保障低收入群体

低收入人群最主要的收入来源是其工资所得。当前我国经济增速放缓是经济发展的客观规律，也是转变发展方式和调整经济结构的需要，但要注意到，经济增速放缓对低收入群体收入和生活的影响更为明显，应当引起高度重视。在努力增加低收入人群就业岗位的同时，进一步提高就业人员报酬在初次分配中的比重；低收入人群的收入下降对家庭生活造成的影响相比其他人群更明显。因此，要进一步完善最低工资制度、工资支付保障制度，建立健全职工工资增长机制，积极推动工资集体协商制度建设；研究创新发展慈善事业和公益事业的有效途径，鼓励先富起来的人承担更多的社会责任；充分发挥社会组织在财富分配中的作用，倡导民间自愿捐赠活动，调动社会力量帮助低收入困难群众，缓解贫困，缩小差距，推动实现共同富裕，共享发展。公共财政优先投向民生领域，特别是提高城乡居民最低生活保障、失业保险、社会救助和退休人员退休金水平等，保障低收入群体的基本生活。

四、全面完善社会保障体系

社会保障体系是指社会保障各个有机构成部分系统的相互联系、相辅相成的总体。完善的社会保障体系是社会主义市场经济体制的重要支柱，关系改革、发展、稳定的全局。我国的社会保障体系，包括社会保险、社会救助、社会福利、优抚安置和社会互助、个人储蓄积累保障。党的十八大指出，要坚持全覆盖、保基本、多层次、可持续方针，以增强公平性、适应流动性、保证可持续性为重点，全面建成覆盖城乡居民的社会保障体系。

（一）切实做好社会保障制度顶层设计

社会保障制度惠及民生，涉及面广，社会关注度高，事关国家发展稳定全局，顶层设计要按照党中央提出的建立更加公平更可持续的社会保障制度，实施全民参保计划，实现职工基础养老金全国统筹，划转部分国有资本充实社保基金，全面实施城乡居民大病保险制度。顶层设计要坚持从基本国情出发，统筹考虑国家、单位和个人不同层面的承受能力，逐步推进社会保障制度体系建设；要坚持公平与效率相结合、权利与义务相适应，整体设计、统筹城乡、循序渐进、逐步完善。以党中央提出的建立更加公平更加可持续的社会保障制度为目标，以基本养老、基本医疗、最低生活保障制度为重点，以慈善事业、商业保险为补充的覆盖全民的社会保障制度体系，努力实现社会保障与经济社会发展的良性互动和制度的可持续运行。

（二）不断提高居民养老保险保障水平

"十三五"时期，为实现"全面建成覆盖城乡居民的社会保障体系"的目标，提出实施全民参保计划。为此，要通过优化政策、加强宣传、严格执法、提升服务、逐人逐户登记确认等措施，力争使基本养老保险制度覆盖人数和覆盖率提高。重点要改革现行机关事业单位工作人员的退休制度，逐步建立起独立于机关事业单位之外、资金来源多渠道、保障方式多层次、管理服务社会化的养老保险体系。同时，要统一提高全国城乡居民基本养老保险基础养老金最低标准，使广大企业退休人员和城乡居民得以共同享受社会经济发展的成果。

（三）深化构建全民医疗保障体系

党中央提出，推进健康中国建设，深化医药卫生体制改革，理顺药品价格，实行医疗、医保、医药联动，建立覆盖城乡的基本医疗卫生制度和现代医院管理制度，实施食品安全战略。为进一步满足公民对健康权利保障的需求，要着力加强城镇职工医疗保险、城镇居民基本医疗保险、新型农村合作医疗保险等的建设，进一步提高基本覆盖全民的基本医疗保障体系，要构建以政府财政投资为主的基本医疗保障制度。在基本医疗保障的基础上，积极开展城乡居民大病保险和重特大疾病医疗救助试点工作，提高大病报销比例，对于重特大疾病患者给予救助。

（四）进一步完善社会救助制度

"十三五"时期，为实现共享发展的理念，必须突出保障困难居民基本生活，进一步完善低保标准确定和调整办法，实现城乡低保资金统筹使用。加强对最低生活保障、特困人员供养、受灾人员救助、医疗救助、教育救助、住房救助、就业救助、临时救助等救助制度的建设完善。加强城乡低保制度和户籍制度改革的衔接，实施特困人员供养制度，统筹整合农村五保供养和城市"三无"人员救助制度。

（五）进一步完善体系建设的法律保障

十八届四中全会提出，全面推进依法治国的要求，加快完善社会保险、社会救助、社会福利、慈善和老年人、残疾人权益保障等方面的法律法规，抓紧制定基本医疗保险条例、全国社会保障基金管理条例，修订失业保险条例，尽快形成比较完善的社会保障法治体系。在社会保障体系建设中要进一步强化执法手段，落实执法责任，强化执法监督，切实严格执法。要接受老百姓对体系建设的监督，接受上级有关部门的检查，确保法律落到实处。

五、加快医疗卫生信息化建设

按照"十三五"的规划，医疗卫生信息化建设基本实现各级各类卫生计生机构信息网络安全互联，以区域为重点完成全员人口信息、电子健康档案和电子病历数据库建设，实现试点地区互联互通，结合地方实际，合理构建四级信息平台，实现六大业务应用试点地区普及应用居民健康卡。加快推进医疗卫生信息化建设。构建完善的区域人口健康信息平台，推动建立综合监管、科学决策、精细服务的新模式。全面实施"健康医疗信息惠民行动计划"，方便群众看病就医。

（一）拓宽广度，扩大试点，强化应用，缩小地区间的差距

"十二五"期间，我国医疗卫生信息化建设取得明显成效，特别是在经济较为发达的试点区域。"十三五"期间，要深入开展人口健康信息化重大工程建设，全力加强示范推广，在落实医疗机构配置规划上，进一步加大卫生重大项目建设力度，推进卫生资源优化布局。在区域建设上要扩宽广度，强化深度；在经济较为落后的地区要扩大试点，强化应用，从而缩小地区间的差距。建设重点要有意识地趋向医疗卫

生建设较为落后的地区，主要是医疗卫生中人才和资源方面，加强这些地区的投入，使得医疗卫生信息化建设这张网覆盖到全国每一个角落。

（二）推进深度，面向公众，服务基层，普及居民健康卡

医疗卫生事业关乎国计民生，继续加快医疗卫生信息化建设，通过电子化手段简化就诊流程，改善就医环境，是百姓翘首以盼的民生工程。传统的医疗服务模式存在着诸多痛点：医疗资源配置不合理；医院就诊环境以及医疗效率亟待提高；"三长一短"（挂号排长队、就诊排长队、缴费排长队、看病时间短）也是现实；药价虚高、用药不透明；诊疗和康复在某种程度上存在着脱节。在互联网+时代，医疗健康必须依托于互联网。要推出"数字医疗"产品，助力区域医疗一体化发展。解决"三长一短"问题，推进"健康卡"服务，把单纯的体检向健康管理转变，建立老百姓的健康档案，基本实现记录一生、管理一生、服务一生的目标。通过健康管理中心与各医院的绿色通道进入诊疗程序。

（三）提升精度，进一步推动数据的挖掘和应用，推进精细化管理

进一步完善全员人口信息数据库，电子病历数据库和电子健康档案数据库。以三个数据库来支撑信息平台，在平台上加强六大类业务应用，包括公共卫生、计划生育、医疗服务、医疗保障、药品供应保障和综合管理，强化信息标准体系和信息安全体系。改革医院管理体制，建立高效办医体制，落实医院自主权，建立以公益性为导向的考核评价机制，加强精细化管理，完善多方监管机制。要推进医保支付方式改革，运用信息化手段，改善医院管理和服务流程，强化财务和质量等各类管理，杜绝浪费，减少冗员，优化组织和人员结构，大幅降低医院运行成本。

（四）加大力度，统筹组织领导，加强效果监测评价

强化卫生计生行政部门医疗服务监管职能，统一规划、统一准入、统一监管，建立属地化、全行业管理体制。强化对医院经济运行和财务活动的会计监督，加强审计监督。加强医院信息公开，建立定期公示制度，运用信息系统采集数据，重点公开财务状况、绩效考核、质量安全、价格和医疗费用等信息。充分发挥医疗行业协会、学会等社会组织作用，加强行业自律、监督和职业道德建设，引导医疗机构依法经营、严格自律。发挥人大、监察、审计机关以及社会层面的监督作用。探索进行第三方专业机构评价，强化社会监督。健全调解机制，鼓励医疗机构和医师个人购买医疗责任保险等医疗执业保险，构建和谐医患关系。

六、加快推进食品产业发展

食品产业是对农、林、牧、副、渔等部门生产的产品进行加工制造以取得食品的生产部门，与人们生活密切相关。加快推进食品产业发展，对于保障和改善民生具有十分重要的意义。

（一）优化食品产业结构

从行业结构上看，食物资源粗加工多，深加工和精加工少，烟酒等嗜好食品所占比重较大，特殊人群食用的食品发展不够；从产品结构看，产品品种花色少、档次低、包装差，产品更新换代慢，产品结构不能完全适应市场需求变化；从地区结构看，西部省区食品行业比较落后。针对以上问题，在优化食品产业结构上，一要增加名优食品，扩大主要食品产量，发展食品新兴产业，加强深精加工和高附加值产品生产；二要进一步优化产品结构，打造品牌产业，适应市场需求；三要利用东部地区技术优势和中西部地区资源优势，形成东中西部食品工业协调发展的新格局，鼓励和支持食品加工企业向产业园区集聚。充分发挥科技在引领产业结构调整和优化升级中的关键作用，大力调整产业结构，推进经济平稳健康发展，促进产业结构良性循环发展。

（二）提高食品质量安全

食品质量安全是保障民生的根本，为城乡居民提供安全放心、营养健康的食品是食品工业赖以生存和发展的前提。因此，完善食品工业标准体系，加强食品质量安全标准体系建设，以提高人民群众对食品的满意度，确保消费者吃得放心，从而保障人民群众根本利益。主要是提高重点行业准入门槛，健全食品安全监管体制机制，完善食品标准体系，加强检（监）测能力建设，健全食品召回及退市制度，落实企业食品安全主体责任。保障食品质量安全。

（三）强化自主创新能力

与发达国家相比，我国食品产业自主创新能力仍然相对薄弱，产学研用结合不紧密，不少行业的一些关键设备和成套设备长期依赖进口。推进食品产业发展，一要完善自主创新机制，加大自主创新投入，打造食品工业自主创新平台，促进科技与产业的有机衔接；二要加强企业技术中心的建设，注重培养和引进高端科技人才，加快具有自主知识产权的重大技术、核心技术的研发，提高技术创新能力，大力推进产学研联合，加快科技成果推广应用，为食品工业发展提供强力技术支撑；三要增加技术改造资金投入，鼓励企业采用先进工艺、技术、设备，加快传统食品产业的改造，提高食品工业的整体技术装备水平，努力突破大宗食用农产品、特色传统食品加工等工业化、现代化重大关键技术。

（四）食品资源综合利用

资源利用是衡量增长方式的综合性指标之一。要推动食品产业集约化、规模化发展，进一步形成功能完善、布局合理、资源节约、特色突出的现代食品产业集群。提高食品资源有效利用率，以减少能源消耗和排放量为重点，结合各地经济情况，推广节能、减排新工艺、新技术、新设备，提高食品产业副产品的开发利用和废水废弃物的综合治理能力。大力发展循环经济，不断提高资源利用水平，实现食品工业经济、社会、生态效益相统一，走可持续发展食品产业道路。

迟福林：教育需要第二次改革（节选）

2020 年是我国转型发展的一个坎：化解短期增长压力的希望在 2020；转变经济发展方式的关键在 2020；实现全面小康、迈向高收入国家的关节点在 2020。跨越这个"坎"，对转型改革提出多方面的需求。在这个特定背景下研讨谋划"十三五"教育结构调整与改革的新思路、新举措，需要"跳出教育看教育"。

．．．．．．

二、"十三五"深化教育改革面临着的突出矛盾

教育是全社会最关注的话题，也是广为诟病的领域之一。无论是学生、家长、广大教师还是教育主管部门，对教育改革都有很大期望与诉求。总的看，教育做大总量的特点比较突出，与经济转型和社会发展不相适应的矛盾比较突出。这就需要尽快全面超越以做大总量为特征的教育发展模式，加快推进以优化结构、提升质量为基本目标的第二次教育改革。

1. 全面调整教育结构

从现实看，教育与经济社会发展还有明显差距。第一，虽然我国15 岁及以上人口平均受教育年限达到 9.5 年，但与美国的 13.3 年、日本的 11.6 年、德国的 12.2 年、俄罗斯的 11.7 年的水平相比仍有较大差距。第二，自 2010 年以来，我国就业市场总体求人倍率一直在 1 左右，2015 年第一季度为 1.12，表明劳动力供不应求；但每年 700 多万大学生的就业难问题，却牵动各方。这在一定程度反映了教育供给结构与经济发展的不适应性。第三，技术技能型职业人才的需求全面增长但短缺严重。例如，制造业高级技工缺口每年高达 400 余万人。有

企业家形容，"找 100 个大学生不难，找 100 个高级钳工却是难上加难"。这说明，经济结构的变化要求教育结构要做出相应的调整。

2. 创新是深化教育改革的出发点

质量不高、创新不足是教育发展面临着的突出矛盾。尽管我国教育总量不断扩张，但创新成果较少，创新不足的矛盾比较突出。例如，2011 年美国信息服务业的整体劳动生产率是我国的 4.1 倍。其结果是，我国关键技术自给率低，对外技术依存度在 50% 以上，而发达国家对外技术依存度平均在 30% 以下，美国和日本只有 5% 左右。面对全球新一轮科技改革，面对我国经济社会转型升级大趋势，特别是面对互联网+的时代，最重要的是培养有创新思维、批判思维、创新能力的人才。这就需要着力打破以应试为导向的教育模式，创新教育方式，激发学生的好奇心和想象力，形成以创新为导向的教育新格局。

3. 加大教育市场的开放力度

从现实看，我国教育市场的开放程度与教育发展不相适应。过去 30 多年的市场化改革，我国放开的主要是工业领域，80% 以上制造业高度市场化。而包括教育在内的服务业领域，社会资本和外来资本进入还面临着比较多的政策制约和繁琐的行政审批。例如，谁都知道职业教育是我国的教育短板，但发起设立一个职业教育学院，面临着行政许可、土地、资金、人事制度等一道道难关。为此，优化民办教育发展环境，鼓励社会力量兴办教育，形成民办教育与公办教育平等竞争、共同发展的新格局，成为第二次教育改革的重大任务。

4. 深化教育体制改革需要攻坚克难

目前的教育管理中，行政主导的特点仍然相当突出。各级学校在很大程度上还是教育行政主管部门的下属机构，落实学校办学自主权、实现专家治校，还有很长的路要走。在高等教育资源配置上，行政主导的资源配置更多地向普通高等教育倾斜，对高等职业教育投入不足。这就需要加快推进教育权力结构调整，扩大学校办学的自主权，进一步明确中央地方教育职能分工，改革公共教育机构，形成与提高教育质量、加快经济转型升级相适应的教育体制。

5. 转变教育发展理念

当前，教育领域的一些问题，与教育理念的滞后直接相关。尽管强调素质教育多年，但实际上应试教育仍然占主流位置，考试成绩仍然是评价老师、评价学生的硬指标。开家长会，说的主要事情就是学生成绩，师生都成为成绩的"奴隶"。这不仅使学生苦不堪言，也加大了老师的负担。这种教育理念忽视文化传承、忽视学生的人文熏陶。为此，要把转变教育理念、解放思想作为第二次教育改革的关键，不仅要转变学校、教师"以分数"为指挥棒、以"灌输知识"为主要职能的教育理念，而且也要引导社会转变教育理念，为深化教育改革创造良好的社会大环境。

三、"十三五"加快推进第二次教育改革的重大任务

"十三五"是教育改革的关键时期。从现实突出矛盾看，教育结构、教育市场和教育体制三个方面的改革是"十三五"教育第二次改革的重大任务。

1. 加快教育结构的战略性调整

（1）把发展职业教育作为一个大战略。"十三五"应当把发展现代职业教育放到更加突出的位置，推进产教深度融合、校企深度合作，形成政府、企业、社会资本共同推动现代职业教育发展的合力。

（2）加快普及学前义务教育与高中阶段教育。各方面高度关注，"十三五"能否将幼儿教育纳入义务教育？能否普及高中教育？建议"十三五"把幼儿教育纳入义务教育，加快普及12年制基础教育，允许支持有条件的地方实行12年义务教育。

（3）调整高等教育结构。推进高等教育体系多元化，尽快把高等学校分成综合型大学、研究型大学、应用型技术大学，确立不同类型高等学院的发展定位、人才培养目标和培养模式。要以提高技术应用型高校占比为重点调整高等教育结构，"十三五"加快推动一批高校转型为应用技术型高校，选择一批高等职业学校升级为应用技术型高校，不断提高技术应用型高校在校生的占比。

2. 加快教育市场开放

（1）在坚持政府保基本的同时，推进教育市场全面开放。当前推进教育市场开放，是在各级政府继续加大教育投入，保障教育公平的基础上，充分利用社会资本和外来资本发展教育的重大举措。北京已经出台了包括教育在内的服务业扩大开放综合试点总体方案，建议尽快出台教育市场全面开放的总体方案。

（2）在有条件的地区设立义务教育阶段、高中教育和职业教育的国际合作改革试验区。积极引进世界知名院校开展中外合作办学，允许并支持国外和港澳台地区知名大学、职业教育机构以控股在国内设立合资分校，在特定地区设立独资分校；鼓励外商投资设立外籍人员子女学校，支持外商通过中外合作办学方式投资设立教育培训机构及项目，优化配置内外教育资源优势互补、良性互动。

（3）降低社会资本办职业教育的准入门槛。实施民办学校非营利性和营利性的分类管理；放宽办学市场准入；探索职业教育领域、高等教育领域的"混合所有制"；建立健全民办学校退出机制；鼓励上市公司和科技企业投资兴办技术技能型大学；进一步完善民办学校法人治理结构；加大社会力量举办教育的政策扶持力度，对民办教育和公办教育一视同仁。

3. 实现教育体制改革的实质性突破

（1）明确政府在教育管理中的职能。改变政府"包打天下"的教育发展格局，明确政府保障基本教育服务供给的责任；强化教育行政部门在教育决策中的主导地位及其教育政策制定和教育监督职能，减少和消除教育行政部门对各类学校的微观干预。

（2）以"公益性、专业性和独立性"为导向改革公共教育机构，形成专业、高效的教育执行系统。坚持教育的公益性和普惠性，加快教育基本公共服务均等化；加快推进学校去行政化，取消学校行政级别，建立专业导向的学校治理结构，推进专家治校；进一步推进简政放权，扩大学校的办学自主权，重点是全面扩大学校在招生规模、专业设置创新、教师评聘等方面的自主权。

(3)明确中央地方教育职责分工，扩大地方教育自主权。进一步明确各级政府在建设教育基本公共服务体系中的责任，细化中央到地方每一级政府的职责分工。鼓励地方在教育改革上积极探索、先行先试。

（摘编自人民网 2015 年 6 月 6 日，作者：迟福林）

李义平：过高福利是经济发展的陷阱

高福利国家"从摇篮到坟墓"的社会福利一度吸引了世人艳羡的目光。但 20 世纪 80 年代以来，高福利国家经济的徘徊不前，逐渐使人们改变了看法。经合组织专门就高福利带来的危机作过研讨，其议题为"危机中的福利国家"。近日发生在希腊的银行挤兑潮，再次引发人们对高福利制度的诟病。那么，高福利何以成了经济发展的陷阱，非但没能促进反而拖累了经济社会发展呢？

高福利直接影响积累，影响创新和经济结构升级。一个社会要提高消费水平、实行高福利，前提是必须提高生产水平。这里所讲的生产，不是简单再生产，而是扩大再生产；也不是单纯扩大生产规模，而是经过技术创新和产业结构提升的扩大再生产。这样的扩大再生产是没有边界的，从而能够提供源源不断的消费资料。而这样的扩大再生产必然要求资本有机构成的提高，必须有足够的积累。高福利阻碍经济发展的原因之一，就在于没有正确处理消费与积累的关系。

高福利的资金来源往往是高税收或高负债，不利于经济社会可持续发展。瑞典的高福利靠的是高税收、高财政赤字，希腊的高福利是靠高负债支撑的。以高税收支撑高福利，必然减少企业发展资金，制约企业发展，无异于杀鸡取卵。拉弗曲线揭示，税率超过一定限度时，企业收入下降，反而导致税收减少，导致高福利难以为继。靠负债支撑福利是寅吃卯粮。由于社会福利水平上调容易下调难，公众很难接受紧缩政策，因而只能借新债还旧债，以致窟窿越来越大，最终酿成债务危机。

高福利容易产生道德祸因，造成社会资源浪费和国民惰性。由国家提供的高福利是一种公共品，如同计划经济体制下的大锅饭，不吃白不吃，因而会埋下道德祸因。具体表现为：高福利下的社会保障资源利用率不高，如公费医疗中药品和其他医疗资源的浪费；一些人本来可以就业而不积极就业，过度享受由社会保障、失业保险带来的闲暇，以及选择提前退休；过分依赖国家，自我积累、自我保障的积极性和能力弱化；等等。这些现象一旦具有普遍性，社会资源遭到严重浪费，国民精神不再积极向上，就会影响经济发展。

高福利是一种社会资源再分配，运用过度会挫伤生产积极性。高福利是通过税收进行的社会资源再分配。这种再分配在现代社会是必要的，但运用过度则会产生明显弊端：一是产生寻租机会，容易导致权力寻租；二是扭曲市场信号。市场分配机制和再分配机制不同，市场机制强调机会均等，而再分配更注重结果平均。平均分配会给人们不好的信号：努力与否是一样的。这就会挫伤生产积极性。也就是说，貌似注重公平的再分配，其实际效果可能恰恰相反。

我国作为一个人口众多、发展很不平衡的大国，如果实行脱离发展水平的高福利政策，更容易阻滞经济社会持续健康发展。当前，我国在积极完善社会保障体系的同时，应吸取高福利国家的教训，谋求实实在在的经济发展和社会进步。一是始终咬紧经济发展不放松。只有不断创新、提升产业结构的高质量发展，才是解决我国经济社会问题的根本途径，才能使我国在激烈的国际竞争中立于不败之地。而创新、扩大再生产必须有资本积累。这就要求我们正确处理眼前和长远、积累和消费的关系，循序渐进、量力而行地提高福利水平，以稳健的经济发展实现可持续的福利提升。二是强调社会保障与生产力发展水平相适应。一些西方政客为了选举的需要，超出实际可能去附和选民的诉求，结果民众的诉求越来越高，经济发展能力和后劲被严重削弱，最终损害的还是民众的利益。我们应向广大人民群众说明社会保障水平是受生产力制约的，只有通过积累、通过发展才能有更高水平的社会福利。三是发挥我国家庭自我保障的传统优势，把自我保障与社会保障结合起来，完善适合国情和发展实际的福利制度和保障体系。

（摘编自《人民日报》2015 年 8 月 11 日，作者：李义平）

广德福：保障人民群众"舌尖上的安全"

民以食为天，食以安为先。农产品质量安全是衡量一个国家经济发展水平和人民生活质量的重要指标。我国农业发展正处在从传统农业向现代农业转型时期，抓好农产品质量安全是转变农业发展方式的关键环节，也是人民群众最关心、最直接、最现实的利益问题之一，事关老百姓"舌尖上的安全"。

我国农产品质量安全状况总体稳定向好

我国农业部门每年、每季度发布的监测数据显示，我国农产品质量安全监测合格率超过 96%。这表明当前我国农产品质量安全、食品安全状况总体稳定向好。衡量农产品质量安全状况，主要看三个方面。

一看农产品质量安全技术标准是否符合国家标准的规定。这是最基本、最核心的判断标准，也是各国通行的做法。目前我国已制定发布农业国家标准和行业标准 8 000 多项，地方标准和技术规范 18 000 多项，已建立一套与国际接轨的农产品质量安全技术标准，许多限量标准比发达国家和国际组织还要严格。近 3 年我国大宗农产品总体合格率稳定在 96% 以上，2014 年蔬菜、畜禽产品、水产品合格率分别为 96.3%、99.2%、93.6%，保持平稳向好的基本态势。

二看发展趋势是越来越好还是越来越差。我国农产品质量安全工作进行顶层设计并系统推进始于 2001 年"无公害食品行动计划"。十几年来，我们在农产品质量安全法规、标准、监测、监管、应急、体系、制度等方面，从无到有、由弱到强，解决问题的成效越来越显著，质量安全水平有了很大提高。相比 2001 年因农药、"瘦肉精"造成急性中毒事件 611 起，2013 年此类中毒事件减至十几起。2001 年农产品质量安全监测合格率在60%左右，到2014年上升到96%。食品安全状况逐年改善，直接反映在人们健康状况逐年向好、人均寿命明显延长。1949年我国人均寿命35岁，到1976年达到65岁，到2010年延长到73.5岁，而世界人均寿命为67岁。

三看能不能有效解决问题。农产品质量安全问题是世界性难题，发达国家也存在食品安全事件。2009年以来，针对存在的系统性风险和突出问题，我国各级农业部门集中力量实施专项整治，对农产品质量安全方面出现的违法乱纪问题始终保持高压严打态势。6年来，全国共查处各类问题17万余起，查处案件6.8万件，为农民挽回直接经济损失约43亿元。人民群众关注的很多问题基本得到解决：三聚氰胺连续5年监测全部合格，"瘦肉精"监测处于历史最好水平，基本打掉地下"黑窝点"，高毒农药得到较好控制。今年一季度，全国农业系统开展农产品质量安全执法年活动，启动七个专项治理行动，共检查生产经营单位33.3万余家，查处问题6 400多个，向司法机关移送案件37起。查处假劣农资1 000多吨，为农民挽回直接经济损失3 500多万元，向社会公布13个典型案例。

保障农产品质量安全的任务十分艰巨

在我国这样一个发展中的人口大国，用世界9%的耕地、6%的淡水资源养活世界20%的人口，在保障农产品有效供给前提下能基本保障质量安全，实现农产品质量安全状况总体稳定向好，这是一个了不起的成绩。但必须看到，人们对农产品质量安全和食品安全依然缺乏足够信心，保障农产品质量安全、食品安全的任务还十分艰巨。

过去，为了保吃饭、保供给，不得不过度开发农业资源，付出了很大的资源环境代价，为农产品质量安全埋下不少隐患。近年来，我国农业环境问题突出，农业生态系统退化严重。近10年来，我国湿地面积减少了340万公顷，全国土壤盐质化面积达到1.8亿亩，90%的天然草原出现不同程度的退化，北方草原平均超载率达36%，每年水土流失损失的耕地在100万亩左右。目前，我国化肥和农药使用量大大超出国际平均水平，导致土壤残留物超标。

社会上不时曝光的农兽药残留超标、非法添加有毒有害物质、不法商人制造销售假劣农资等问题，表明我国农产品质量安全形势依然严峻。出现这些问题，从根本上看与我国农业农村所处的发展阶段有关，与农业生产经营方式有关。我国农业生产经营主体小、散、乱，数量庞大，经营方式相对落后。目前全国共有2亿多农户，6000多万生猪养殖户，标准化程度低。有农兽药生产企业2400多家，80%以上为小企业；经营单位有60多万家，绝大多数为小规模个体经营。很多农民缺乏科学种养知识，容易出现投入品滥用、乱用问题。小规模的分散经营与发展现代农业不相适应。不改变农业生产组织化程度低、经营方式落后的状况，农产品质量安全、食品安全就很难得到充分保障。

以社会共治全面提升农产品质量安全水平

农产品质量安全和食品安全是关系国计民生的大事，党中央、国务院历来高度重视。习近平同志指出：食品安全关系群众身体健康，关系中华民族未来。要用最严谨的标准、最严格的监管、最严厉的处罚、最严肃的问责，确保广大人民群众"舌尖上的安全"。他强调：能不能在食品安全上给老百姓一个满意的交代，是对我们执政能力的重大考验。

农产品质量安全和食品安全既是"产出来"的，又是"管出来"的。近年来，农业部坚持把农产品质量安全列入全年各项工作的重中之重，努力确保不发生重大农产品质量安全事件和区域性重大动物疫情。2014年专门发布关于加强农产品质量安全全程监管的意见，确定当年为农产品质量安全监管年，确定今年为农产品质量安全执法年。意见提出，加强产地安全管理，严格农业投入品监管，规范生产行为，推行产地准出和追溯管理，加强农产品收贮运环节监管，强化专项整治和监测评估，着力提升执法监管能力，满足人民群众对农产品质量和食品安全新的更高要求。

应认识到，单靠政府监管难以从根本上解决农产品质量安全和食品安全问题。使市场在资源配置中起决定性作用，要求政府告别单向性、强制性、全能性管理，积极推动社会治理体系和治理能力现代化。抓实抓好农产品质量安全和食品安全是一项复杂的社会系统工程，需要进行系统治理，由政府引导，依靠社会各种力量齐抓共管，坚持标本兼治，实现社会共治。应加强监管执法力量和检测能力建设，维护公平的法治秩序，注重发挥行业自律和市场机制作用；加快社会信用体系建设，加大失信成本。加强社会主义核心价值观培育，增强生产经营者的责任意识、诚信意识和自律意识。及时有效处置生产、收购、储存、运输、销售等环节出现的各类安全事件，严惩农产品质量安全和食品安全领域违法犯罪行为，对食品安全事件实行"零容忍"。提高全民科学文化素质、守法意识和道德水平，杜绝见利忘义、自毁长城的失德行为。

（摘编自《人民日报》2015 年 6 月 1 日，作者：广德福）

【视野拓展】

思考经济不平等的三个维度

无论在哪个国家，在收入或财富失衡问题上，真正让人关注的并不是"他比我多拥有多少财富"，而是"未来我的家庭是否会有更好的经济前景"

在大多数发达国家，一个世纪以前富人与穷人之间的收入鸿沟就同今天十分相近。贫富差距究竟是一个新问题，还是旧问题的重新登场？简单讨论这一问题并不恰当，我们需要从 3 个维度来看待经济不平等问题。

第一个维度是收入。大多数人感知收入不平等都来自个体层面。然而，个人的近距离观感可能会使我们对不平等问题产生一些并不完全准确的认知。

二战结束后的前 35 年中，发达国家收入分配一直保持大体稳定，不平等问题似乎并没有引起大家的关注。但后来，收入分配的稳定状态被打破，高收入阶层的收入增长速度开始逐渐超过其他人。另一方面，在迅猛发展的发展中国家，收入快速增长和分配不平等也相伴而生。同时国家间的收入差距在缩小，中国、印度等过去较贫穷的国家现在收入已在大幅度追赶。国家内部和国家间趋势的差异，使得不平等问题变得更加复杂。收入不平等究竟是加剧还是减弱，个人的观点会因此有所不同。

从全球来看，收入差距问题有些复杂，但单个国家内部造成收入不平等的原因却非常清晰。富人获取与贡献不相称的高额报酬，这将会削弱普通人对社会的信任，进而危害社会稳定。生活在收入分配较为平衡年代的人总能感受到政府在维持稳定方面的作为。除政治动荡或战争引发的危机外，一般情况下收入不平等主要由市场机制导致。当然，市场机制也是可以调整和监管的，前提是必须对其有所了解。

第二个维度是财富，即净资产。近期有一种说法是，世界最富有的 1% 人口拥有的财富将要超过其他 99% 人口拥有的财富总和。这一说法让人震惊，其内涵也不很清晰。比较不同经济社会制度下财富拥有者的财富是非常困难的，因为难以确保以相同价值和标准来衡量资产。另一方面，财富的概念比收入更加复杂。譬如说，99% 人口中谁是零财富拥有者？是那些生活在世界上最贫穷地区的人口吗？答案并不一定。他们可能是生活在富裕国家的人，正好处于生命周期中资产与负债相当的年龄阶段。

更为重要的问题是，导致财富不平等的根源是什么？劳动力市场会影响工资收入进而影响个人财富，住房市场会影响房屋价值进而影响个人财富，因此市场因素对财富分配起着一定影响作用。此外，影响财富的重要因素是继承——小家庭模式使得财富由上一代集中地传给下一代，加剧财富的集聚和加深不平等。

事实上，收入或财富的总额并不固定，还存在着第三个维度，即流动性。在许多国家，政策制定者以及民众真正担忧的并不是已然存在的贫富差距，而是富人与穷人之间缺乏流动性。如果增长意味着穷人依然贫穷，富人依然富裕，那么这种两极分化将削弱社会联系的纽带，进而影响经济增长。

毕竟，无论在哪个国家，在收入或财富失衡问题上，真正让人关注的并不是"他比我多拥有多少财富"，而是"未来我的家庭是否会有更好的经济前景"。

（摘编自《人民日报》2015 年 6 月 3 日，作者：英国伦敦政治经济学院教授弗兰克·考埃尔）

第十一章

精准扶贫脱贫的战略举措

改革开放 30 多年来，我国逾 7 亿人摘掉贫困帽子，"中国式扶贫"道路对人类减贫事业贡献巨大。与过去相比，贫困面大幅缩小了，但现在面对的，是那些底子最薄、条件最差、难度最大的"硬骨头"。随着 2020 年全面建成小康社会的节点不断迫近，扶贫工作进入了攻坚拔寨的冲刺期，确保贫困人口到 2020 年如期脱贫，可谓形势逼人。习近平总书记就加大力度推进扶贫开发工作提出"四个切实"要求，特别强调要在精准扶贫、精准脱贫上下更大功夫。党中央提出，实施脱贫攻坚工程，实施精准扶贫、精准脱贫，分类扶持贫困家庭，探索对贫困人口实行资产收益扶持制度，建立健全农村留守儿童和妇女、老人关爱服务体系。这为下一步的扶贫攻坚战做出了部署，发出了动员令。

精准帮扶才能啃下"硬骨头"

习近平总书记多次到地方调研扶贫工作,要求到 2020 年,我国现有 7 000 多万贫困人口全部如期脱贫。那么,如何确保减贫任务如期实现呢?

剩下的都是"硬骨头"

"经过多年的减贫工作,现在剩下的都是'硬骨头'。"中国政府高度重视扶贫工作,改革开放以来通过不懈努力,已经使 6 亿多人脱贫,成为全球首个实现联合国千年发展目标贫困人口减半的国家。但是,我国仍有 7 000 多万人没有脱贫。

据介绍,7 000 多万贫困人口主要分布在 11 个集中连片特殊困难地区,加上西藏、四省藏区、南疆地区,共 14 个片区。这 14 个片区有 592 个贫困县、12.8 万个贫困村,基本上都是在偏远大山里,行路难、吃水难、用电难,一些基础设施和公共服务的条件都比较差。以前出台一项政策,一批人都能够脱贫致富,现在剩下的都是"硬骨头",减贫难度越来越大。距 2020 年还有不到 6 年时间,要确保 7 000 多万人全部如期脱贫,每年要减贫 1 200 万人,每个月要减贫 100 万人,任务非常重。

要完成这么艰巨的任务,就必须做好顶层设计,做到扶贫对象精准、项目安排精准、资金使用精准、措施到位精准、因村派人精准,只有这样,脱贫成效才能精准。

酱油钱能不能买醋

以前在扶贫工作中,扶贫资金用途定得比较死。上级政府部门不了解基层贫困群众的需要，替基层代办，以致一些帮扶措施不符合实际，这个问题已经存在多年了。从去年开始，这个问题在顶层设计上已经解决了，以后扶贫资金投放将更加精准。地方要提高执行政策的能力，要坚持问题导向，将基层贫困群众的脱贫致富需求作为指导决策的原则和思路。村里贫困人口是扶贫政策的直接受益者，他们应该是项目执行的主体，要让他们都参与进来。办法是公告、公示，做到公开、公平、公正、透明，社会共同监督，让扶贫在阳光下运作，绝对不能有"猫腻"，确保扶贫资金真正用到贫困户的身上，真正发挥减贫作用。扶贫资金用途定得比较死的问题，基层反映了多年，现在国家已经下了决心调整。地方要提升自身管理能力和水平，防止出现"一管就死，一放就乱"。

扶贫贴息四两拨千斤

扶贫需要政府拿钱，财政资金必须发挥主体主导作用，但是财政的资金毕竟有限。在当前经济下行压力比较大，财政增收压力比较大的情况下，大幅度增加财政的扶贫资金投入，可能不太现实，我们必须多渠道地筹集扶贫资金。国务院扶贫办正在和有关部门商量，准备实施金融扶贫行动，把国家的政策落实到位，用财政的资金撬动金融的资金，发挥"四两拨千斤"的作用。

目前，扶贫小额信贷的政策已经出台。凡是建档立卡的贫困户，要发展致富产业，如果缺少启动资金，可以向村委会提出申请，办理相关手续后，银行按国家基准利率放贷，由政府扶贫资金贴息，免担保、免抵押。

那么，能带动贫困户脱贫致富的龙头企业、合作社及将贫困人口组织起来的实体，能不能享受金融扶贫政策呢？国务院扶贫办正和有关部门商议，计划设立扶贫再贷款，利率只有2%至3%。企业、合作社、实体只要带动了贫困村、贫困户脱贫致富，就可以享受到这个政策。

借助互联网实现精准对接

实施精准扶贫，在新业态、新常态下，一定要把互联网这项技术用上，实现精准对接。国务院扶贫办正实施电商扶贫工程，通过互联网把贫困地区绿色的、优质的农产品卖到城里去，卖个好价钱，也让城里人享用到放心的、健康的食品。

国务院扶贫办正考虑建立一个互联网扶贫对接平台。贫困地区、贫困户，在脱贫方面有什么需求，希望得到社会各界哪些具体的帮助，可以提出来，通过互联网找到帮扶人。现在很多人愿意做这些好事，愿意帮助贫困的人，只是缺少放心的对接平台。有了这样一个平台，他们就可以在网上说"我希望帮大家做点什么"。贫困地区群众看到了，就可以和他们直接联系。通过互联网提供自由自在的对接，来实现社会扶贫的精准化、信息化。很多贫困地区消息比较闭塞。利用互联网，可以把党和国家的扶贫政策发布出去。偏远地区贫困群众利用手机可以查到国家有什么样的帮扶政策，找谁来办。我们下一步准备在这方面做一些工作。

（摘编自中国经济网 2015 年 7 月 21 日，作者：刘永富）

【深度阐释】．．

一、扶贫脱贫贵在精准

2015 年 1 月，习近平总书记新年首个调研地点选择了云南，总书记强调坚决打好扶贫开发攻坚战，加快民族地区经济社会发展。5 个月后，总书记来到与云南毗邻的贵州省，强调要科学谋划好"十三五"时期扶贫开发工作，确保贫困人口到 2020 年如期脱贫，并提出扶贫开发"贵在精准，重在精准，成败之举在于精准"，"精准扶贫"成为各界热议的关键词。深刻理解习近平总书记"精准扶贫"重大战略思想，对于我们加快建成社会主义小康社会、实现"强国梦"具有十分重大的现实意义。

（一）深刻理解"精准扶贫"的部署要求

党中央提出，实施脱贫攻坚工程，实施精准扶贫、精准脱贫，分类扶持贫困家庭，探索对贫困人口实行资产收益扶持制度，建立健全农村留守儿童和妇女、老人关爱服务体系。精准扶贫是粗放扶贫的对称。是指针对不同贫困区域环境、不同贫困农户状况，运用科学有效程序对扶贫对象实施精确识别、精确帮扶、精确管理的治贫方式。一般来说，精准扶贫主要是就贫困居民而言的，谁贫困就扶持谁，谁的贫困程度深对谁的扶持就应多。

为提高扶贫实效，国务院又创新精准扶贫十大工程，分别为：干部驻村帮扶、职业教育培训、扶贫小额信贷、易地扶贫搬迁、电商扶贫、旅游扶贫、光伏扶贫、构树扶贫、致富带头人创业培训、龙头企业带动。这其中，既包括干部驻村帮扶、职业教育培训等"传统项目"，也包括电商扶贫、光伏扶贫、构树扶贫等新手段新方法。实事办得"实不实"，关键看精准扶贫"准不准"；精准扶贫"准不准"，关键看扶贫方法措施"得不得力"。"十三五"时期，要牢牢把握新时期对扶贫开发的最新部署要求，牢牢把握全面小康建设的紧迫形势，将扶贫开发方式由单一向多元转变、扶贫资金使用由大水"漫灌"向精确"滴灌"转变。

（二）切实认清"精准扶贫"的现实意义

我国扶贫开发始于20世纪80年代中期，通过30多年的不懈努力，取得了举世公认的辉煌成就，但是，长期以来贫困居民底数不清、情况不明、针对性不强、扶贫资金和项目指向不准的问题仍然较为突出。其中一个重要原因是目前全国农村尚有7017万贫困人口，扶贫开发进入攻坚期，约占农村居民的7.2%。这个数据对于研究贫困居民规模、分析贫困发展趋势比较科学，但在具体工作中却存在"谁是贫困居民""贫困原因是什么""怎么针对性帮扶""帮扶效果又怎样"等不确定问题。由于全国没有建立统一的扶贫信息系统，因此对于具体贫困居民、贫困农户的帮扶工作就存在许多盲点，真正的一些贫困农户和贫困居民没有得到帮扶。

精准扶贫的背面是粗放扶贫。多年来，由于贫困居民数据来自抽样调查后的逐级往下分解，扶贫中的低质、低效问题普遍存在，如：贫困居民底数不清，扶贫对象常由基层干部推测估算，扶贫资金"天女散花"，以致"年年扶贫年年贫"；重点县舍不得"脱贫摘帽"，数字弄虚作假，挤占浪费国家扶贫资源；人情扶贫、关系扶贫，甚至造成应扶未扶、扶富不扶穷等社会不公，滋生腐败。表面上看，粗放扶贫是工作方法存在问题，实质反映的是干部的群众观念和执政理念的大问题。

现行的扶贫制度设计存在缺陷，不少扶贫项目粗放"漫灌"，缺乏针对性，更多的是在"扶农"而不是"扶贫"。例如，扶贫搬迁工程，居住在边远山区、地质灾害隐患区等地的贫困户，一方水土难养一方人，是扶贫开发最难啃的"硬骨头"，移民搬迁是较好的出路，但是，由于补助资金少，所以，享受扶贫资金补助搬出来的多是经济条件相对较好的农户，贫困的特别是最穷的农户根本搬不起。新村扶贫、产业扶贫、劳务扶贫等项目，受益多的主要还是贫困社区中的中高收入农户，只有较少比例贫困农户从中受益，且受益也相对较少。由此可见，"十三五"时期，原有的扶贫体制机制必须修补和完善。也就是说，要解决钱和政策用在谁身上、怎么用、用得怎么样等问题。扶贫必须要有"精准度"，专项扶贫更要瞄准贫困居民，特别是财政专项扶贫资金务必重点用在贫困居民身上，用在正确的方向上。贫困区域的发展，主要应使用财政综合扶贫资金和其他资金。扶贫要做雪中送炭的事，千万不能拿扶贫的钱去搞高标准的新农村建设，做形象工程不能实现扶真贫。

（三）正确把握"精准扶贫"的具体标准

"十里不同风，百里不同俗。"扶贫工作也面临着"一城一地"，甚至"一城一地"也存在着千差万别的复杂现实。因此，实事求是、因地制宜尤为重要。这是转变传统扶贫方式、开展精准扶贫的题中应有之意。如何做到扶持对象、项目安排、资金使用、措施到户、因村派人、脱贫成效"六个精准"？

一是扶持对象精准。保贫困人口一个不落地精准脱贫，需要从"大水漫灌"转变为"精准滴灌"，从"千篇一律"转向"个性化定制"。7 000多万贫困人口分布在哪、为何贫困、怎么帮扶，确实工作量极大。必须在建立"扶贫对象瞄准机制"，让群众和扶贫对象知情并参与进来，做好贫困人口精准识别和建档立卡。

二是项目安排精准。扶贫工程也是一项基层治理现代化工程，必须健全"扶贫项目决策机制"，因地制宜确定项目，发挥项目的带动作用。比如，不开展养殖培训，不建好销售渠道，把"扶贫羊"送到老乡手中转身就走，第二天就难保不被贫困群众吃了。

三是资金使用精准。过去贫困群众体量大、分布集中，建一条溜索、修一段公路，就能给群众打开一扇脱贫致富的大门。如今贫困人口剩下7 000多万，不能再搞撒胡椒面式的扶贫，必须建立"扶贫资金管理机制"，做好资金监管，提高使用精准度。切实把扶贫资金安排与减贫成效挂钩，加大按扶贫成效分配资金的比重。指导县级建立扶贫项目数据库，加快资金拨付进度，简化资金拨付流程。及时完善资金项目公告公示制度，发挥好12317扶贫监督举报电话作用。

四是措施到户精准。党员干部和公职人员，责任是否清晰、认识是否到位、作风是否扎实、方法是否得当，某种程度上决定了扶贫的成效，影响着政府的形象。因此，必须完善"干部帮扶机制"，在驻村干部的帮助下，落实好到村到户帮扶措施。研究实施扶贫攻坚行动计划，防止"扶农不扶贫、富县不富民"。

五是因村派人精准。选派优秀干部到贫困村担任第一书记，建立健全"选派使用机制"。第一书记的人选，主要从各级机关优秀年轻干部、后备干部和国有企事业单位优秀人员中选派。第一书记任职考核结果作为评选先进、提拔使用的重要依据。

六是脱贫成效精准。只有不断增强贫困地区、贫困人群的"造血"能力，才能够从根本上帮助贫困地区发展，让贫困不再滋生，将精确扶贫进行到底。通过建立贫困户脱贫和贫困村、贫困县退出工作机制，严格退出程序和标准，对扶贫对象进行动态管理，做到贫困户有进有出。要对贫困县"摘帽不摘政策",鼓励早脱贫,形成"早脱帽子早有好处,不脱帽子还有约束"的导向。同时必须明确,脱贫是干出来的,不是宣布出来的,防止"被脱贫"。

二、实施精准扶贫方略

精准扶贫符合国家治理现代化的基本要求,是打赢全面建成小康社会扶贫攻坚战的重要保障,要把连片特困地区作为扶贫攻坚的主战场,制定政策采取措施,解决突出问题,促进区域发展。精准扶贫要求驻村驻户,摸清数量,做好村级道路畅通、饮水安全、电力保障、危房保障及贫困村信息化等措施建设,提升教育、文化、卫生、计划生育等公共服务水平,发展特色产业,促进群众增收等十项重点工作。实施精准扶贫战略根本目的是确保党和政府的政策实惠落到贫困群众的身上,确保贫困地区、贫困群众尽快实现稳定脱贫的目标。

(一)精确识别是精准扶贫的前提

通过有效、合规的程序,把贫困居民识别出来。过去,由于贫困居民数据来自抽样调查,导致贫困对象不准确,扶贫项目针对性不强,更多的是在"扶农"而不是"扶贫"。"十三五"时期,我们应该在公正、公开、公平的原则下,按照"户有卡、村有册、乡镇有簿、县有档、市有平台"的标准,按时按质全面精准完成贫困对象识别确认和建档立卡工作,并实行动态管理。总的原则是"县为单位、规模控制、分级负责、精准识别、动态管理";开展到村到户的贫困状况调查和建档立卡工作,包括群众评议、入户调查、公示公告、抽查检验、信息录入等内容。做好精确识别贫困工作,必须根据国家公布的扶贫标准,村民先填申请表,首先由村民小组召开户主会进行比选,再由村"两委"召开村、组干部和村民代表会议进行比选,并张榜公示;根据公示后群众意见,再次召开村、社两级干部和村民代表会议进行比选,并再次公示;如无异议,根据村内贫困农户指标数量,把收入低但有劳动能力的确定为贫困农户。总之，不论采取何种方式识别，都要充分发扬基层民主，发动群众参与；透明程序，把识别权交给基层群众，让同村老百姓按他们自己的"标准"识别谁是穷人，以保证贫困户认定的透明公开、相对公平。

（二）精确帮扶是精准扶贫的关键

贫困居民识别出来以后，针对扶贫对象的贫困情况定责任人和帮扶措施，确保帮扶效果。就精确到户到人来说，重点有以下五点。

一是坚持方针。精确帮扶要坚持习近平总书记强调的"实事求是，因地制宜，分类指导，精准扶贫"的工作方针，重在从"人""钱"两个方面细化方式，确保帮扶措施和效果落实到户、到人。

二是到村到户。认真贯彻落实"六个到村到户"：基础设施到村到户、产业扶持到村到户、教育培训到村到户、农村危房改造到村到户、扶贫生态移民到村到户、结对帮扶到村到户。精准到村到户是解决问题的良方，要将精确扶贫进行到底。

三是因户施策。通过进村入户，进一步了解贫困农户致贫的原因是什么，是自然条件太恶劣，还是发展产业条件不够？是缺生产技术，还是劳动力不足？只有摸清了每家每户的贫困情况，找准了各家各户的贫困根源，确定好贫困户的贫困类型，才好因户施策，逐户落实帮扶责任人、帮扶项目和帮扶资金。按照缺啥补啥的原则宜农则农、宜工则工、宜商则商、宜游则游，实施水、电、路、气、房和环境改善"六到农家"工程，切实改善群众生产生活条件；帮助发展生产，增加收入。

四是资金到户。通过现金、实物、股份合作等方式直补到户；特别是有关技能培训、创业培训等补助资金可以直补到人；对读中、高职学生的生活补贴、特困家庭子女上大学的资助费用，可通过"一卡通"等方式直补到受助家庭；此外，异地扶贫搬迁、乡村旅游发展等项目补助资金可以直接向扶贫对象发放。

五是干部帮扶。干部帮扶应坚持走群众路线，让群众"点菜"、干部"下厨"方式，从国家扶贫政策和村情、户情出发，积极帮助贫困户理清发展思路，切实制定符合发展实际的扶贫规划，明确工作重点和具体措施，并落实严格的责任制，做到不脱贫不脱钩。

（三）精确管理是精准扶贫的保证

一是农户信息管理。建立起贫困户的信息网络系统，将扶贫对象的基本资料、动态情况录入到系统，实施动态管理。对贫困农户实行一户一本台账、一个脱贫计划、一套帮扶措施，确保扶到最需要扶持的群众、扶到群众最需要扶持的地方。及时根据扶贫对象发展实际，对扶贫对象进行调整，使稳定脱贫的村与户及时退出，使应该扶持的扶贫对象及时纳入，从而实现扶贫对象有进有出，扶贫信息真实、可靠、管用，确保扶贫资源真正用在贫困农户身上、真正用在贫困地区，不跑冒滴漏。

二是阳光操作管理。按照国家《财政专项扶贫资金管理办法》，对扶贫资金建立完善严格的管理制度，建立扶贫资金信息披露制度以及扶贫对象、扶贫项目公告公示公开制度，将筛选确立扶贫对象的全过程公开，避免暗箱操作导致的应扶未扶，保证财政专项扶贫资金在阳光下进行，做到一村有一支精准扶贫工作队，一户有一名脱贫致富责任人，并落实严格的问责制。筑牢扶贫资金管理使用的带电"高压线"，治理资金"跑冒滴漏"问题。同时，还应引入第三方监督，严格扶贫资金管理，确保扶贫资金用准用足，不致"张冠李戴"。

三是扶贫事权管理。对扶贫工作，确立省、市、县三级应承担的任务，明确管钱、分钱和监督的责任；对涉及多个部门的任务，责任要进一步明晰。要明确各级权责关系，将扶贫事权下放基层组织，实行目标、任务、资金和权责"四到县"制度，促使各级都按照自身事权推进工作，加大资金整合力度，确保精准扶贫，集中解决突出问题。

三、大力推进扶贫开发

2015年3月8日，习近平总书记参加十二届全国人大三次会议广西代表团审议时强调，要把扶贫攻坚抓紧抓准抓到位，坚持精准扶贫，倒排工期，算好明细账，决不让一个少数民族、一个地区掉队。6月份，习近平又来到贵州省，明确提出扶贫开发"贵在精准，重在精准，成败之举在于精准"。

（一）深刻领会扶贫开发的内涵和要求

"小康不小康，关键看老乡"。这是国家领导人经常挂在嘴边的话。党的十八大以来，以习近平同志为总书记的党中央，把扶贫开发作为关乎党和国家政治方向、根本制度和发展道路的大事，对扶贫攻坚作出新的战略部署。习近平总书记多次深入贫困地区考察调研，并在多个重要场合对新时期扶贫开发工作发表重要讲话，提出了许多新观点新论断新思想新要求。

扶贫开发是一项重大的政治任务。2015年《政府工作报告》明确提出"持续打好扶贫攻坚战，深入推进集中连片特困地区扶贫开发，实施精准扶贫、精准脱贫。难度再大，今年也要再减少农村贫困人口1 000万人以上。"实现贫困人口如期脱贫，是我们党向全国人民作出的郑重承诺，责任重于泰山，充分体现了党中央、国务院对贫困地区困难群众脱贫致富的高度关注和高度重视。

扶贫开发是实现"两个一百年"奋斗目标和中华民族伟大复兴中国梦的战略要求。小康不小康，关键看老乡，没有贫困地区的小康，没有贫困人口的脱贫，就没有全面建成小康社会，决不能让困难地区和困难群众在全面小康进程中掉队。扶贫工作不仅是一项艰巨的经济任务，更是一项重要的战略任务，是当前最大、最急、最需的民生工程，对于实现全面小康目标、缩小区域发展差距、促进社会稳定和谐具有十分重大的意义。

扶贫开发是保障改善民生的重点任务。要格外关注、格外关爱、格外关心困难群众，千方百计帮助他们排忧解难，把他们的安危冷暖时刻放在心上，把党和政府的温暖送到千家万户。党员干部要身先士卒，"扑下身子实干，铆足劲头苦干"，要诚心诚意入户交流，点对点、面对面、坐炕头、拉家常。看百姓吃什么、住什么、用什么、养什么；听百姓想什么、盼什么、怨什么、乐什么；访百姓要什么、烦什么、做什么、需什么。看清病症，实施定向"喷灌"，定点"滴灌"，把保障改善民生作为重点任务，做到"真扶贫、扶真贫"。

扶贫开发是践行"三严三实"的实践检验。扶贫要实事求是、因地制宜，精准扶贫、精准脱贫，真扶贫、扶真贫，切忌喊口号、提好高骛远的目标。习近平总书记系列重要讲话，是党中央对扶贫攻坚决战决胜的总号令，是推进扶贫开发工作的新指南，充分体现了党中央、国务院对加快贫困群众脱贫致富步伐，确保同全国人民一道进入全面小康社会的坚强决心。

(二) 客观认识扶贫开发工作面临的严峻挑战

世界银行在《2002年的中国：新世纪的发展挑战》中指出，随着中国贫困人数的减少，进一步减轻贫困的目标也越来越难以实现。鉴于中国存在着巨大贫困差距和贫富悬殊，"收入不均所导致的贫困现象是21世纪中国反贫困治理的基本领域"。来自国务院扶贫办的数据显示，截至2012年底，我国贫困人口总数为9 899万人。联合国《2005年人类发展报告》阐述：尽管在过去的15年间，中国的人类发展指数排名上升20位，列第85位，"但是中国减贫的步伐明显地放缓，在1990至2001年期间，超过90%的减贫任务都是在1996年以前完成的。"也就是说，在近10年来，中国只完成了不到10%的减贫任务。农村贫困地区特别是西部少数民族贫困地区的贫困群体70%居住在深山区、石山区、高寒山区和边远地区，其生存环境恶劣、自然灾害频繁、基础设施薄弱、贫困程度深重。在扶贫开发中，既要逐步缓解剩余特困人口的贫困问题，又要稳定解决低收入贫困人口的温饱问题，还要逐步改善贫困人口的综合素质，任务相当艰巨。如何啃下集中连片特困地区这块"硬骨头",逐渐从"输血式扶贫"走向"造血式扶贫",扶贫开发依然任重道远。

（三）切实化解扶贫开发工作遇到的现实难题

习近平总书记强调"要坚持精准扶贫,完善精准识别、精准扶持、精准管理、精准考核的扶贫工作机制。""贫困对象建档立卡要到村到户,增收脱贫的帮扶措施要到户到人。"要建立精准扶贫工作机制,在精准识别、精准扶持、精准管理和精准考核上下功夫,逐村逐户完善帮扶措施,切实做到扶真贫、真扶贫。

精准识别做到摸清底数、建档立卡,解决好扶谁的问题。按照县为单位、规模控制、分级负责、精准识别、动态管理的原则,对每个贫困村、贫困户建档立卡,建立了扶贫信息网络系统,基本做到底数清、问题清,打牢精准扶贫的基础。

精准扶持做到按需施策、雪中送炭,解决好扶什么的问题。这是精准扶贫的关键。贫困群众要依据严格的程序进行识别,深入剖析致贫原因,针对扶贫对象最迫切需要解决的问题、最紧要的事项,实施"一户一策一责任人"的到户帮扶责任制,逐村逐户制定帮扶措施,集中力量予以扶持,确保帮扶措施和效果落实到户、到人,切实提高扶贫成效。

精准管理做到动态跟踪、及时更新,解决好怎么扶的问题。建立贫困户信息网络系统,及时根据扶贫对象发展实际,更新数据信息。经过扶持,贫困家庭收入增加、收入来源稳定、达到脱贫目标的,就及时退出扶贫名单,对因灾因病等各种原因返贫的对象也要及时纳入帮扶对象,实现扶贫对象有进有出,扶贫信息真实、可靠、管用,加强对脱贫对象的跟踪扶持。

精准考核做到量化指标、奖优罚劣,解决好激励和导向的问题。改进干部考核机制,提高扶贫工作在绩效考评中的权重。将扶贫考评情况作为各级干部提拔任用、年度考核和奖惩的重要依据,通过激励措施引导各级干部到扶贫攻坚主战场去,到基层去,到艰苦的地方去,让想干事的有机会,能干事的有位子,干成事的有地位,充分调动各方面的积极性，营造重实干、创实绩、求实效的浓厚氛围。

（四）按照"十三五"规划加快扶贫开发奔小康步伐

当前，扶贫开发已经从解决温饱为主要任务的阶段转入巩固温饱成果、加快脱贫致富、改善生态环境、提高发展能力、缩小发展差距的新阶段。

产业扶贫是贫困群众持续稳定增收的主要来源。因此，必须把产业扶贫放在更加突出的位置，围绕政府引导、市场运作、群众主体、企业带动的发展模式，进一步创新产业扶贫方式。以产业发展为重点，稳步推进精准扶贫，确保每户贫困户至少有 1 项产业增收项目，因地制宜发展"短平快"项目，兼顾长效产业开发，进一步打牢贫困群众增收基础。做好旅游扶贫这篇大文章，调动贫困群众发展旅游脱贫致富的积极性，做好旅游扶贫规划，积极做好保护与开发工作，整合贫困地区旅游资源，提高旅游产业的营销和管理服务水平。大力推进现代农业（核心）示范区创建工作，发挥典型示范和辐射带动作用，引领传统农业以及开发扶贫转型升级，采取"公司+基地+农户""公司+基地+合作社+农户""经济能人+农户"等多种经营发展模式，提高农业生产效率和效益，使贫困群众有持续增收的经济来源，帮助推贫困群众增收致富。

改善提升贫困地区生产生活条件，加强基础设施和公共服务建设。继续以实施"整乡推进"示范点、贫困村整村推进等为载体，以路、水、电为突破口，加快基础设施项目向特困区域、贫困村延伸、倾斜。解决出行难、饮水难、用电难等问题。全面改善农村基础设施。巩固拓展"清洁乡村"活动成果，全面实施以村屯绿化、饮水净化、道路硬化为重点的"美丽乡村"活动，加强贫困地区生态环境管理和建设，实现农村生产生活条件明显改善，生态环境明显改观，为农民脱贫致富提供良好的基础设施环境。

在易地扶贫搬迁上下功夫，逐步解决"一方水土养不了一方人"的问题。习近平指出，对生存条件恶劣、生态环境脆弱地区、扶贫成本极高的贫困群众，要尽早实施易地搬迁脱贫。要在政策、项目、资金等方面给予大力支持。要按照习近平总书记的指示精神，严格落实"十三五"规划，积极争取上级部门的支持，强力推进扶贫生态移民工程，为群众"挪穷窝、开富门、保生态"。在加强政府引导、加大财政投入的同时，借助市场力量，发挥财政杠杆作用，吸引社会、市场资金，调动对口帮扶、社会帮扶等可以调动的资源，增强工作合力。及时做好搬迁户户籍、社保等工作，整合相关项目、资金、信息、技术等资源，帮助搬迁群众因地制宜发展后续产业，让贫困群众搬得出、稳得住、逐步能致富。

在农民工服务上下功夫，拓展贫困群众增收渠道。要始终带着深厚感情做好农民工工作，保障农民工合法权益、进一步改善农民工就业环境。积极开展技能培训。提高农民科技致富能力和转移就业能力。大力推进基本公共服务体制改革，实现农民工"市民梦"。进一步加快户籍制度改革，有序推进农业转移人口市民化，积极推进农民工教育、医疗、社保、计生等基本公共服务均等化，将社会保障待遇更多地惠及广大农民工。继续推行农民工实名制登记和农民工工资保证金集中管理制度，切实维护农民工合法权益。

【专家观点】

闻涛：扶贫开发，成败在于精准

扶贫方式从"大水漫灌"转向"精确滴灌"，从实际出发，尊重群众意愿，才能避免"花架子"，找到脱贫致富的"金点子"。

越是艰巨的任务，越要讲究科学施策、有效应对。精准扶贫，正是扶贫工作科学性的体现。扶贫开发贵在精准，重在精准，制胜之道也在于精准。扶持对象精准、项目安排精准、资金使用精准、措施到户精准、因村派人（第一书记）精准、脱贫成效精准，座谈会上，总书记提出的"六个精准",道出了精准扶贫的丰富内涵,很有现实针对性。

精确识别是精准扶贫的重要前提,扶贫工作要到村到户,首先要了解哪一村贫、哪一户穷,摸清底数、建档立卡,被称为精准扶贫的"第一战役"。据介绍,2014年全国共识别贫困村12.8万个、贫困人口8 800多万,并录入扶贫业务管理系统。信息化、动态化管理,为实施精准扶贫打下了坚实基础。

给钱给物,只能解一时之困,合理安排扶贫项目和扶贫资金,恢复贫困地区的"造血功能",才能断掉穷根、开掘富源。贫困人口致贫原因各不相同,有的读不起书,有的看不起病,有的住危房,有的没有劳动能力,有的缺乏启动资金,不能"眉毛胡子一把抓",而要"一把钥匙开一把锁"。

从各地实践看,在吃透当地情况的基础上,搞对症下药、靶向治疗,常常成效明显。而搞大水漫灌、一刀切的地方,往往事与愿违。在一些地方,市场行情没摸清,本地特点又没把握住,通过行政力量,一窝蜂地兴起养兔热、种植热,结果在市场上栽了跟头,群众不但没富起来,还让大量投入打了水漂。可见,从实际出发,尊重群众意愿,才能避免"花架子",找到脱贫的"金点子"。

精准扶贫,关键在人,贫困群众需要自力更生,各级干部的引导作用也很重要。在一些地方,扶贫工作之所以总是"涛声依旧",与一些干部找不准"穷根",却热衷于大上项目、大造声势、撒胡椒面的做法很有关系。从这个意义上说,扶贫方式从"大水漫灌"转向"精确滴灌",呼唤思想观念、工作方法的变革与创新,呼唤一支沉得下去、真抓实干的扶贫干部队伍。尤其是作为政策落地最后一公里的基层组织,更要选对人、用对人,让那些懂农村、懂经营、有公心的人才为乡亲们脱贫领路。

众人拾柴火焰高。在5年多的时间内,让几千万人脱离贫困,这项艰巨的工程,需要凝聚全社会力量共同来完成。我国已将每年的10月17日设为"扶贫日",不少人将"1017"谐音为"邀您一起",意在最广泛地动员社会力量投入扶贫济困工作。目前，专项扶贫、行业扶贫、社会扶贫等多方力量互为支撑，拓展着全新的扶贫格局。从各方"单打独斗"到整合资源"握拳出击"，这也是精准扶贫思维的重要体现。我们期待，沿着精准扶贫的路子，借助社会合力的推动，确保贫困人口到 2020 年如期脱贫，将会是一个渐行渐近的美好现实。

（摘编自《人民日报》2015 年 6 月 25 日，作者：闻涛）

鹿心社：打赢扶贫开发攻坚战

党的十八大以来，以习近平同志为总书记的党中央对扶贫开发作出了一系列新部署新安排。今年两会期间，习近平同志又对江西扶贫攻坚提出新要求。扶贫开发是全面建成小康社会的重点和难点。在全面小康社会建设决战决胜阶段，我们必须深入学习领会、认真贯彻落实习近平同志重要讲话精神，打赢扶贫开发攻坚战。

担当起扶贫攻坚时代使命

习近平同志指出："扶贫攻坚，任重道远；造福老区，时不我待。"贯彻落实这一重要指示精神，就要以时不我待、只争朝夕的精神，锲而不舍地抓好扶贫开发工作，切实担当起扶贫攻坚的时代使命。

革命老区是扶贫开发的重点区域和主战场。革命老区往往是山区、贫困地区，曾为中国革命作出重大贡献、付出巨大牺牲。我们理应让老区群众过上好日子，决不能让他们在全面建成小康社会进程中掉队。江西是革命老区，赣南原中央苏区是全省贫困面最广、贫困程度最深的地区。党中央、国务院历来重视革命老区建设，2011 年颁布了支持赣南等原中央苏区振兴发展的若干意见，掀开了老区发展新篇章。江西抢抓机遇，大力实施搬迁移民、"雨露计划"培训、贫困村庄整治等扶贫工程，构建专项扶贫、社会扶贫和行业扶贫"三位一体"大扶贫格局。全省贫困人口由 2011 年的 438 万人减少到 2014 年的 276 万人，贫困地区农民人均纯收入年均增长 12.7%，高出全省平均水平 4.4 个百分点，贫困地区面貌发生显著变化。但由于历史欠账较多等原因，按照国家新的扶贫标准，截至 2014 年底，江西仍有 25 个扶贫工作重点县、276 万贫困人口，而且贫困程度深、发展难度和返贫压力大，亟须加大扶贫开发力度。

让老区人民共享全面建成小康社会成果。习近平同志强调，立下愚公志，打好攻坚战，心中常思百姓疾苦，脑中常谋富民之策，让老区人民同全国人民共享全面建成小康社会成果。全面建成小康社会，最艰巨最繁重的任务在农村尤其是贫困地区。对于江西来说，扶贫开发是实现全面建成小康社会目标面临的最突出问题。我们必须把扶贫开发作为全面建成小康社会的重中之重、作为民生工程的重中之重、作为检验和考核干部政绩的重中之重，紧紧围绕"五年决战同步全面小康"目标，坚持区域发展与精准扶贫相结合，坚持统筹协调与突出重点相结合，坚持政策集成与基层自主相结合，坚持自力更生与外部支持相结合，推进扶贫开发精准实施、精细管理、精确到位，确保江西在全面小康进程中不拉分、不拖腿，确保老区人民过上全面小康生活。

打好精准扶贫攻坚战

习近平同志强调，要以更加明确的目标、更加有力的举措、更加有效的行动，深入实施精准扶贫、精准脱贫。打好精准扶贫攻坚战，江西要重点打赢"三大战役"，力争到 2018 年全省基本消除绝对贫困现象、贫困县脱贫摘帽取得突破性进展，确保 2019—2020 年实现贫困县全部退出，贫困地区和贫困群众共奔小康不掉队。

打好产业扶贫攻坚战。没有支柱产业的支撑，贫困群众就难以脱贫致富奔小康，扶贫开发也难以持续。应坚持因地制宜、分类指导、扶贫到户、分户施策，按照突出产业扶贫、体现地方特色、选准产业项目、延伸产业链条、形成产业优势、实现扶贫转型升级的要求，大力扶持贫困村和贫困户发展产业、就业创业，实施精准支持产业扶贫。根据贫困地区自然资源、生产条件和产业基础情况，遵循市场规律，发挥比较优势，培育"龙头"企业，让贫困农户获得稳定的增收致富项目。培育特色生态农业，重点建设果业种植加工、优质生猪及肉制品生产加工、草食畜禽产业、有机山茶油、蔬菜和花卉苗木"六大基地"。挖掘旅游资源，发展生态、红色、乡村、休闲"四大旅游"，使其成为贫困地区群众增收的重要来源。加强就业创业能力培训，增强扶贫对象就地发展产业、进城进园就业、自我发展创业的能力素质。整合涉农资金，向支持产业扶贫倾斜。统筹农业产业化、农业综合开发等方面政策资金，支持赣南等原中央苏区和特困片区县发展现代农业，辐射带动贫困户参与产业开发。

打好保障扶贫攻坚战。加快贫困地区社会事业发展，促进基本公共服务向农村延伸、向贫困村覆盖，切实织好网、兜住底、促公正。强化社会救助托底功能，统筹实施最低生活保障、特困人员供养等各项救助制度。按照"托底线、救急难、可持续"的原则，加强特困对象救助，实施精准特惠救助扶贫。加强最低生活保障救助，逐年提高农村低保保障标准和特困人员供养标准，对符合条件的困难群众实行应保尽保。加强医疗保障和保险救助，逐步扩大新农合报销药品目录范围，提高重大疾病救治水平，逐步提高支出型贫困低收入家庭重特大疾病患者的自负医疗费用救助比例。强化教育救助，健全完善家庭经济困难学生助学政策体系，保证贫困家庭孩子上得起学、平等接受教育，阻断贫困代际传递。完善临时救助制度，对因支出型贫困造成基本生活严重困难的群体予以特殊救助。完善社会救助机制，推进政府购买服务，动员社会力量参与社会救助、开展慈善救助。

打好安居扶贫攻坚战。坚持精准扶贫与区域发展协调推进，统筹贫困地区一体化发展，帮助扶贫对象建设美好家园、缩小发展差距、共享小康成果，实施精准改善条件扶贫。加大扶贫移民搬迁，对不宜居住和生存条件恶劣地区的贫困群众，采取就近搬迁安置、跨区域安置、县域内统一协调安置、依托工业园区安置等模式，稳步推进移民搬迁工作。将贫困户纳入农村住房保障体系，加快农村危旧房改造，解决农村贫困群众的安居问题。加快贫困地区交通建设，改造通县、通乡、通村"三通公路"，提升农村公路通达能力，有效解决运输难、行路难问题。加强农田水利建设，抓好农村饮水安全工程建设，提高贫困地区农业综合生产能力。加快贫困地区电网改造升级，推进广播电视户户通和自然村通信信号全面覆盖。抓好路、水、电等基础设施末端建设，打通连接贫困群众家庭的"最后一公里"，改善贫困地区生产生活条件。加快村容村貌整治，美化净化农村环境，提高贫困村群众生活质量。

推进扶贫攻坚精细化管理

推进扶贫攻坚任务繁重、责任重大，必须加强精细化管理，健全完善扶贫机制，把各类资源和要素配置好、利用好，确保取得实效。

落实工作责任。坚持省负总责、部门配合、市级协调、县为主体的领导体制和规划到村、扶贫到户的工作机制，进一步细化和明确各级责任，形成上下贯通、横向到边、纵向到底的责任体系。完善扶贫开发考核评价体系，发挥考核约束的"指挥棒"作用，引导贫困县各级干部把主要精力和工作重点、财力以及各类资源放在提高贫困人口生活水平、减少贫困人口数量、改善贫困地区生产生活条件上。

实行动态管理。扶贫开发是一项长期工程，需要加强监测评估、实行动态管理，提高针对性和实效性。按照"鼓励摘帽、政策保留"的思路，加强对贫困人口的识别建卡和动态管理，完善进退机制，使已脱贫者及时退出、真贫困者得到最大限度的扶持和帮助，坚决杜绝"戴着贫穷帽子、过着炫富日子"的现象。建立精准监测评估体系，加强对项目资金的监测和评估，确保项目质量、资金安全和项目效益。深入了解贫困特点和原因，提高数据采集、处理、分析能力，为扶贫开发工作提供科学决策依据，使扶贫帮困真正扶到关键处、帮到点子上，确保扶贫取得实效。

完善体制机制。发挥市场机制作用，吸引各类资源要素向贫困地区流动、各类市场主体到贫困地区投资兴业、各类金融机构增加对贫困地区和扶贫项目的信贷投放。加大统筹力度，建立扶贫资金立项使用竞争机制，推动城乡公共资源均衡配置，做到项目、资金统一调配、归口管理，切实发挥扶贫项目、资金整合效应。深入推进对口帮扶等扶贫工程，健全企业、社会组织和个人参与扶贫的激励机制。

坚持内外兼修。承接好中央的扶持政策，推动重大政策落地，把中央的特殊关爱转化为发展的生动实践。推动中央部委对口支援深度对接，使对口援建地成为国家部委改革创新、先行先试的"试验田"，形成双向互动，实现最大效益。发挥受援地主体作用，发扬自力更生精神，不断增强"造血"功能。依托赣南等原中央苏区独特的区位、资源等优势，加快建设全国先进制造业基地、稀有金属产业基地、特色农产品深加工基地，形成振兴发展的"造血系统"。推进改革创新，开展先行先试，形成有利于激发振兴发展活力的"造血机制"，让革命老区旧貌换新颜。

（摘编自《人民日报》2015年8月17日，作者：鹿心社）

赵永涛：实现精准扶贫还需"四个坚持"

习近平总书记在贵州调研时强调：要科学谋划好"十三五"时期扶贫开发工作，确保贫困人口到2020年如期脱贫，并提出扶贫开发"贵在精准，重在精准，成败之举在于精准"。所谓精准就是要做到"零误差"，实现"精确制导"、做到"指哪儿打哪儿"。

而要实现"零误差"和"精确制导"，还需坚持以问题为导向、坚持以群众期盼为要求、坚持党建和扶贫双推进，坚持"质扶"和"智扶"同实施。

坚持以问题为导向是前提。问题是时代的声音，也是矛盾之所在，根结之所在。打好精准扶贫"攻坚战"，还需坚持以问题为导向。精准扶贫好比"治病"，找准病根是前提。而是病皆有因，这就要求扶贫工作要始终坚持把找问题、找病因放在第一位，要通过深入调研和有效合理的程序，把长期影响地区贫困、民族贫困的病因找出来，要严格按照中央确定的"县为单位、规模控制、分级负责、精准识别、动态管理"总原则，把工作做实、做细，既要能依照不同的病状找出不同病因，更要能根据病因提供"治疗"策略。

坚持以群众期盼为要求是关键。"鞋合不合脚只有穿的人知道"，病人身上哪里痛没有谁比病人自己更具发言权。所以精准扶贫的关键是要坚持以群众期盼为要求，精准扶贫需要坚持以人为本，要根据不同病人的体质和需求"给药"，不能盲目随从，更不能搞"强压式"扶贫和"照搬式"扶贫，要以"橘生淮南则为橘，生于淮北则为枳"为警言，尽可能的按照群众的意愿和期盼实施精准扶贫，争取得到群众的支持和理解，让扶贫项目落地生根，利民惠民。

坚持党建和扶贫工作双推进是保证。"火车快不快全靠车头带"，抓党建就是抓生产力。农村基层党组织是党在农村基层执政的根基，是农村脱贫致富的"火车头"，要实现精准扶贫，必须依靠基层党组织这个"火车头"和广大党员干部群众这群"驾驶员与乘客"合力来完成。这就要求坚持党建和扶贫工作双推进，要坚持党建、扶贫一起抓，坚持将党支部建在扶贫项目的产业链上，坚持树好农村"明白人、带头人"，实现党员做给群众看，群众跟着党员干的局面。真正把政治上明白、思路上明白、带头推动发展、带头服务群众，能带领群众干事、干得成事的党员干部纳入到基层党组织里来，坚强基层战斗堡垒，实现党建、扶贫两个轮子发力，带领贫困群众坐上脱贫快车。

坚持"质扶"和"智扶"同实施是根本。"授人以鱼不如授人以渔"，笔者认为扶贫的根本在转观念，思想脱贫比生活脱贫更重要。因此精准扶贫必须"物质"扶贫和"智慧"扶贫同实施，既要在资金、项目上给予贫困地区支持，同时也要在人才培养、教育资源输入等软件上给予一定倾斜，既要通过教育培训强自身，又要通过建立"公司+农户+支部"的生产经营模式，通过引进一批效益好、有前景、能吸纳当地百姓的公司入驻，让当地群众在公司"打工"中改变思维，掌握技能，从思想上祛除"病根"，使贫困地区群众能驾驭新时期的发展要求，不断适应经济社会发展，防止出现返贫。

（摘编自求是网 2015 年 8 月 11 日，作者：赵永涛）

用商业模式帮助贫困人口脱贫

当前，一份"来自扶贫攻坚现场的调查报告"所呈现的贫困状态让人吃惊。描述大凉山一个贫困家庭时报告写道："锅里煮了些土豆，便是他一家 5 口的午餐，有的土豆已经发了芽。对他们来说，吃米饭和肉是一件奢侈的事。大米每 10 天逢集时才能吃到；肉一年最多吃 3 次……"

统计局数据显示，我国农村尚有 7 000 多万贫困人口，约占农村居民的 7.2%，扶贫开发工作依然十分艰巨。为让贫困人口到 2020 年如期脱贫，现有扶贫措施是否适应当前形势发展？国外有哪些政策或措施可供借鉴？带着这些问题记者专访了希望工程创始人、中国慈善联合会副会长、南都公益基金会理事长徐永光：

现有扶贫模式问题多　扶贫必须创新

调查显示，相当一部分贫困人口生活在中西部不适于人类生存的地区，为此，从 20 世纪 80 年代初起，我国就开始尝试通过移民扶贫，并于 2001 年启动生态移民工程。

"在移民性扶贫方面，我们国家确实做了很多工作，但有些移民对新环境不适应，不久便回到了故土。"在徐永光看来，多年移民扶贫并未起到预期效果。

俗话说，要想富先修路。徐永光介绍，为解决交通不便导致的贫困，国家出资为这些地区修建公路。"有些地区山路险峻，把公路修到那里需要投入巨额资金，但能否给这些地区带来发展机会是未知数。"

对此，徐永光认为江西模式比较务实，即让老人留在村里，将青壮年和儿童迁居到教育和就业情况相对便利的地方安置。"这样，留恋

283

故土的老人可以留在家乡，年轻人可以在外面挣钱。"

民政部数据显示，截至 2014 年底，全国共有城市低保对象1 877.0万人，农村低保对象 5 207.2 万人。谈及当前贫困人口数目，徐永光感慨万千："过去，政府投入的扶贫资金不少，慈善组织也在搞扶贫济困，却都未取得明显效果，这说明扶贫方法存在问题，当前扶贫模式必须创新。"

借鉴国外模式 建立中国的格莱珉银行

谈及扶贫模式创新，徐永光极力推荐格莱珉银行模式。

据了解，格莱珉银行起源于孟加拉国，于 1983 年由诺贝尔和平奖获得者穆罕默德·尤努斯创立。媒体评价："格莱珉模式的精彩不亚于格莱美音乐奖，这个模式创造性地去解决农村贫困问题、信贷难题，用一种反常规金融的模式做了一件了不起的穷人金融事业。"

"格莱珉银行的贷款利息是 20%，但是返还率达到了 98%，已经解决了大约 900 万人的贫困问题。人家做的很好，也有现成的经验。"徐永光建议中国借鉴格莱珉银行模式，用商业化模式解决社会问题，帮助更多穷人脱贫致富。

其实，在我国也有类似扶贫模式，比如中国扶贫基金会的小额信贷扶贫项目。1996 创立的小额信贷项目，如今已累计发放贷款 20 余亿元。2008 年，中国扶贫基金会成立中和农信项目管理有限公司（简称中和农信），专门负责管理和实施小额信贷扶贫项目。

"从中国当前形势来看，中和农信发放贷款的数量太小，扩大一百倍也不多。"徐永光认为，扶贫基金会小额贷款的规模难以与格莱珉银行相比，同时它不能接受存款，只能用自己的资金去放贷。"格莱珉银行不是一个纯粹的银行，而是一种社会发展的机制。"

在徐永光看来，无论是资金的投入还是制度建设，扶贫创新都需要政府大力支持。"未来 5 年，7 000 多万贫困人口的脱贫工作有一定难度。如期完成脱贫目标，最重要的是选择正确的扶贫模式、扶贫机制，将扶贫资金投入到一些创新项目中，比如建立中国的格莱珉银行。"

（摘编自光明网 2015 年 6 月 30 日，作者：徐永光，记者：钟蕾蕾）

第十二章

号召全党全国各族人民团结奋斗的行动纲领

　　"十三五"规划勾画了保持经济增长、转变经济发展方式、调整优化产业结构、推动创新驱动发展、加快农业现代化步伐、改革体制机制、推动协调发展、加强生态文明建设、保障和改善民生、推进扶贫开发等方面的宏伟蓝图。党中央提出，全党要把思想统一到全会精神上来，认清形势，坚定信心，继续顽强奋斗，团结带领全国各族人民协调推进"四个全面"战略布局，如期完成全面建成小康社会的战略任务。这是我们党团结带领全国各族人民沿着中国特色社会主义道路继续前进的具体行动纲领，为今后五年的工作指明了方向。

系统谋划"十三五":
习近平调研最关注哪六个问题?

习近平总书记在浙江调研期间专门召开华东 7 省市党委主要负责同志座谈会,听取对"十三五"时期经济社会发展的意见和建议并讲话。习近平对当前中国经济社会发展形势做了判断,提出要系统谋划好"十三五"经济社会发展,并谈了发展目标和要求及几个重点领域的发展思路。

谈形势:"时和势总体于我有利"

习近平指出,"十三五"时期是我国经济社会发展非常重要的时期,各级党委和政府要明大势、看大局,深刻把握国际国内发展基本走势,把我们所处的国内外发展环境和条件分析透,把我们前进的方向和目标理清楚,把我们面临的机遇和挑战搞明白,坚持立足优势、趋利避害、积极作为,系统谋划好"十三五"时期经济社会发展。

当前和今后一个时期,世界经济环境仍然比较复杂,机遇和挑战相互交织,时和势总体于我有利,我国发展的重要战略机遇期仍然存在。我国经济社会发展前景广阔,同时面临不少困难和挑战,调结构、转方式、促创新任务仍然艰巨。

谈目标:要在多方面取得"明显突破"

习近平指出,谋划"十三五"时期发展,要清醒认识面临的风险和挑战,把难点和复杂性估计得更充分一些,把各种风险想得更深入一些,把各方面情况考虑得更周全一些,搞好统筹兼顾。

"十三五"时期,经济社会发展要努力在保持经济增长、转变经济发展方式、调整优化产业结构、推动创新驱动发展、加快农业现代化步伐、改革体制机制、推动协调发展、加强生态文明建设、保障和改善民生、推进扶贫开发等方面取得明显突破。

谈思路：改革是推动发展的根本动力

座谈会上，习近平重点谈了六个领域的发展思路：

要深入研究保持经济增长的举措和办法，着力解决制约经济社会持续健康发展的重大问题，挖掘增长潜力，培育发展动力，厚植发展优势，拓展发展空间，推动经济总量上台阶。要围绕转变经济发展方式，坚持以提高经济发展质量和效益为中心，促进经济增长由主要依靠投资、出口拉动向依靠消费、投资、出口协调拉动转变，由主要依靠第二产业带动向依靠第一、第二、第三产业协同带动转变，由主要依靠增加物质资源消耗向主要依靠科技进步、劳动者素质提高、管理创新转变。

产业结构优化升级是提高我国经济综合竞争力的关键举措。要加快改造提升传统产业，深入推进信息化与工业化深度融合，着力培育战略性新兴产业，大力发展服务业特别是现代服务业，积极培育新业态和新商业模式，构建现代产业发展新体系。综合国力竞争说到底是创新的竞争。要深入实施创新驱动发展战略，推动科技创新、产业创新、企业创新、市场创新、产品创新、业态创新、管理创新等，加快形成以创新为主要引领和支撑的经济体系和发展模式。

同步推进新型工业化、信息化、城镇化、农业现代化，薄弱环节是农业现代化。要着眼于加快农业现代化步伐，在稳定粮食和重要农产品产量、保障国家粮食安全和重要农产品有效供给的同时，加快转变农业发展方式，加快农业技术创新步伐，走出一条集约、高效、安全、持续的现代农业发展道路。

改革是培育和释放市场主体活力、推动经济社会持续健康发展的根本动力。要围绕破解经济社会发展突出问题的体制机制障碍，全面深化改革，增强改革意识，提高改革行动能力，使市场在资源配置中起决定性作用和更好发挥政府作用，形成对外开放新体制，加快培育国际竞争新优势。

协调发展、绿色发展既是理念又是举措，务必政策到位、落实到位。要采取有力措施促进区域协调发展、城乡协调发展，加快欠发达地区发展，积极推进城乡发展一体化和城乡基本公共服务均等化。要科学布局生产空间、生活空间、生态空间，扎实推进生态环境保护，让良好生态环境成为人民生活质量的增长点，成为展现我国良好形象的发力点。

要坚持经济发展以保障和改善民生为出发点和落脚点，全面解决好人民群众关心的教育、就业、收入、社保、医疗卫生、食品安全等问题，让改革发展成果更多、更公平、更实在地惠及广大人民群众。要采取超常举措，拿出过硬办法，按照精准扶贫、精准脱贫要求，用一套政策组合拳，确保在既定时间节点打赢扶贫开发攻坚战。

（摘编自人民网—中国共产党新闻网 2015 年 5 月 29 日）

【深度阐释】..

一、提高党领导发展的能力和水平

党中央深入分析了"十三五"时期我国发展环境的基本特征，认为我国发展仍处于可以大有作为的重要战略机遇期，也面临诸多矛盾叠加、风险隐患增多的严峻挑战。要准确把握战略机遇期内涵的深刻变化，更加有效地应对各种风险和挑战，继续集中力量把自己的事情办好，不断开拓发展新境界，迫切需要提高党领导发展的能力和水平，充分发挥党的领导核心作用。

（一）提高党领导全面建成小康社会的能力和水平

党中央提出全面建成小康社会新的目标要求是：经济保持中高速增长，在提高发展平衡性、包容性、可持续性的基础上，到 2020 年国

288

内生产总值和城乡居民人均收入比 2010 年翻一番，产业迈向中高端水平，消费对经济增长贡献明显加大，户籍人口城镇化率加快提高。农业现代化取得明显进展，人民生活水平和质量普遍提高，我国现行标准下农村贫困人口实现脱贫，贫困县全部摘帽，解决区域性整体贫困。国民素质和社会文明程度显著提高。生态环境质量总体改善。各方面制度更加成熟更加定型，国家治理体系和治理能力现代化取得重大进展。为此，要把全面建成小康社会摆在突出位置，切实担负起领导责任。要从国际国内形势和我们党所肩负的历史使命的高度，深刻理解全面建成小康社会的重要性和紧迫性，把思想认识统一到中央的重大决策上来。要坚持以邓小平理论、"三个代表"重要思想、科学发展观为指导，深入贯彻习近平总书记系列重要讲话精神，确保社会主义和谐社会建设始终沿着正确的方向前进。要大力宣传党中央精神，使广大党员、干部和群众形成共识，增强对小康社会建设的信心，最大限度地团结一切可以团结的力量，调动一切积极因素，形成建成小康社会的强大合力。要立足当前，着眼长远，紧密结合本地区本部门实际，抓紧建立科学高效的领导机制和工作机制，加强对社会建设重大问题的调查研究，提高政策措施的针对性和有效性，解决好本地区本部门影响社会和谐的突出矛盾和问题，一步一个脚印，把建设小康社会的各项工作落到实处。

（二）提高党领导全面深化改革的能力和水平

要自觉增强进取意识、机遇意识、责任意识，真正发挥好"总揽全局、协调各方"的领导核心作用。要牢牢把握方向，善于谋大、谋深、谋远，集中精力研究解决全面深化改革的全局性、战略性、前瞻性重大问题。要最大限度地凝聚改革共识，统筹协调好各种利益关系，及时化解各种矛盾，形成支持改革的良好氛围。重视从人民群众的实践和创造中汲取智慧与力量，提高改革决策的科学化、民主化水平。充分发挥人民群众积极性、主动性、创造性，充分发挥工会、共青团、妇联等人民团体作用，齐心协力推进改革。把思想和行动统一到中央决策部署上来，以自我革新的勇气和胸怀，跳出条条框框限制，正确对待利益格局调整，坚决克服地方和部门利益掣肘。要有"功成不必在我"的胸怀，坚持从实际出发，尊重客观规律，"一张蓝图绘到底"，多做打基础、利长远的工作。

（三）提高党领导全面推进依法治国的能力和水平

依法治国是指广大人民群众在党的领导下依照宪法和法律的规定，通过各种途径和形式管理国家事务，管理经济和文化事业，管理社会事务，保证国家的各项工作都依法进行，逐步实现社会主义民主的制度化、法律化，使这种制度和法律不因领导人的改变而改变，不因领导人的看法和注意力的改变而改变。全面推进依法治国是实现国家治理体系和治理能力现代化的必然要求，事关国家长治久安、事关人民幸福安康，把这件大事办好，最关键的是方向一定要正确，政治保证一定要坚强有力，这就一定要坚持党的领导。反之，加强党的领导，充分发挥党的领导核心作用，党就必须要肩负起全面推进依法治国的领导责任。一方面，要坚持党总揽全局、协调各方的领导核心作用，统筹法治建设各领域工作；另一方面，要切实改善党对法治建设的领导，不断提高党领导法治建设的水平。要加强对全面推进依法治国的统一领导、统一部署、统筹协调，把法治建设贯彻于其他建设中去，不仅负责人要带头遵纪守法，还要抓好领导班子和干部队伍法治素养与能力的培养提高。

（四）提高党领导全面从严治党的能力和水平

党中央指出，运用法治思维和法治方式推动发展，全面提高党依据宪法法律治国理政、依据党内法规管党治党的能力和水平。加强和创新社会治理，推进社会治理精细化，构建全民共建共享的社会治理格局。党要推动国家治理体系和治理能力现代化取得重大进展，必须全面提高治理能力，形成坚强的领导核心。坚持党管干部原则，深化干部人事制度改革，构建有效管用、简便易行的选人用人机制，使各方面优秀干部充分涌现。要有强烈的学习意识、创新意识、服务意识，善于学习新东西，善于以创新思维破解改革难题，善于做好新形势下群众工作。要坚持从严治党，把维护党的政治纪律放在首位，坚决维护党中央的权威和领导，确保政令畅通。全面推进惩治和预防腐败体系建设，健全反腐败领导体制和工作机制。努力形成不敢腐的惩戒机制、不能腐的防范机制、不易腐的保障机制。以党风促政风、带民风，进一步形成风清气正的良好环境。特别要重视制度建设，善于用制度和法律进行治理，把制度优势转化为治理效能，切实提高领导和推动改革的能力，提高领导水平和执政水平。

二、实施军民融合发展战略
加强国防和军队建设

党中央指出，推动经济建设和国防建设融合发展，坚持发展和安全兼顾、富国和强军统一，实施军民融合发展战略，形成全要素、多领域、高效益的军民深度融合发展格局。

（一）实施军民融合发展战略，要以强军目标为统领

习近平提出，建设一支听党指挥、能打胜仗、作风优良的人民军队，是党在新形势下的强军目标，这是向全军发出的强军兴军号令，寄托着党和人民的期望和重托，体现了新的形势任务对军队建设的新要求，明确了加强国防和军队建设的聚焦点和着力点。回答了为什么强军、强军目标是什么、怎样走中国特色强军之路的重大课题，充分体现了推进国防和军队现代化建设的战略视野，为党在新的历史起点上加快推进国防和军队现代化建设，指明了努力方向，提供了根本遵循。加强国防和军队现代化建设，就是要以强军目标为统领，把带领部队实现强军目标作为重大政治责任，一心一意想强军、谋强军，增强贯彻落实强军目标的能力。要把战斗力标准在全军牢固树立起来，把战斗力标准作为军队建设唯一的根本的标准，聚焦能打仗、打胜仗目标实现。要针对不同作战任务从难从严抓训练，在实战条件下摔打磨练官兵，砥砺过硬的军事素质，发扬一不怕苦、二不怕死的战斗精神。要坚持改革正确政治方向，坚持贯彻能打仗、打胜仗要求，进一

步解放和发展战斗力，进一步解放和增强军队活力。只要我们坚决贯彻落实强军目标要求，坚定不移朝着强军目标团结奋进，国防和军队建设就一定能够不断开创新局面。

（二）实施军民融合发展战略，要坚持党对军队绝对领导

坚持党对军队绝对领导是强军之魂，铸牢军魂是我军政治工作的核心任务，任何时候都不能动摇。面对国防和军队现代化建设这场考试，军队政治工作只能加强不能削弱，只能前进不能停滞，只能积极作为不能被动应对。当前最紧要的是，要把理想信念在全军牢固立起来，把坚定官兵理想信念作为固本培元、凝魂聚气的战略工程，着力培养有灵魂、有本事、有血性、有品德的新一代革命军人；要把党性原则在全军牢固立起来，坚持党性原则是政治工作的根本要求，必须坚持党的原则第一、党的事业第一、人民利益第一，在党言党、在党忧党、在党为党，把爱党、忧党、兴党、护党落实到工作各个环节；要把政治工作威信在全军牢固树立起来，从模范带头抓起，从领导带头抓起，引导各级干部特别是政治干部把真理力量和人格力量统一起来，坚持求真务实，坚持公道正派。要坚决贯彻全军政治工作会议精神，把人民军队的光荣传统和优良作风恢复好、保持好、发扬好，把部队搞得更加纯洁巩固，把广大官兵紧紧凝聚在党的旗帜下。

（三）实施军民融合发展战略，要坚持依法从严治军

令严方能正纲纪，令严方能肃军威，令严才能出战斗力。要从难从严从实战要求出发摔打部队，注重发挥政策制度的调节作用，增强军事职业吸引力和军人使命感、荣誉感，培养官兵大无畏的英雄气概和英勇顽强的战斗作风。要强化法治思维，依据条令条例和规章制度办事，提高依法带兵的能力和水平。要有针对性地做好思想教育工作，确保部队高度稳定和集中统一。要加强对党员干部的严格管理，以严的要求、严的措施、严的纪律管理约束干部。各级带兵人特别是领导干部要带头践行"三严三实"要求，带头遵守廉洁自律各项规定，带头反对腐败，树起好形象，树立起好样子。作风建设永远在路上。要着力抓好作风建设和反腐败斗争。坚持抓常、抓细、抓长，坚持以改革的思路和办法推进反腐败工作，确保改进作风规范化、常态化、长效化，以锲而不舍、驰而不息的决心把作风建设和反腐败斗争引向深入。

（四）实施军民融合发展战略，要统筹经济建设和国防建设

进一步做好军民融合式深度发展这篇大文章，坚持需求牵引、国家主导，既要发挥国家主导作用，又要发挥市场的作用，努力形成基础设施和重要领域全要素、多领域、高效益的军民深度融合发展格局。要发扬艰苦奋斗精神，厉行勤俭节约，反对铺张浪费，把军费管好用好，使国防投入发挥最大效益。要正确处理经济建设与国防建设的关系，推动两个建设协调发展、平衡发展、兼容发展。要弘扬拥政爱民、拥军优属的光荣传统，开展军民共建与和谐创建活动。地方各级党委和政府要关心支持国防和军队建设，加强国防教育，增强全民国防观念，使关心国防、热爱国防、建设国防、保卫国防成为全社会的思想共识和自觉行动。强军目标与强国目标，紧密联系、高度融合。巩固发展坚如磐石的军政军民关系，为实现中国梦和强军梦而共同奋斗。

三、深化内地和港澳、大陆和台湾地区合作发展

党中央提出，深化内地和港澳、大陆和台湾地区合作发展，提升港澳在国家经济发展和对外开放中的地位和功能，支持港澳发展经济、改善民生、推进民主、促进和谐，以互利共赢方式深化两岸经济合作，让更多台湾普通民众、青少年和中小企业受益。这是实现香港、澳门长期繁荣稳定的必然要求，也是实现中华民族伟大复兴中国梦的重要组成部分，符合国家和民族根本利益，符合香港、澳门整体和长远利益，符合外来投资者利益。

（一）深化内地和港澳地区合作发展

香港、澳门回归祖国以来，中央政府坚定不移地贯彻"一国两制""港人治港""澳人治澳"、高度自治的方针，严格按照基本法办事，

妥善处理了涉及港澳政治、经济、社会的一系列重大问题。"港人治港""澳人治澳"、高度自治的方针得到成功实施，促进了港澳的繁荣稳定。今天的香港仍然保持着世界自由港的特色和国际金融、贸易、航运中心的地位，美国传统基金会 2007 年公布的"经济自由度指数"报告，香港连续 13 年被评为全球最自由经济体。在瑞士洛桑管理学院（IMD）2012 年公布的世界竞争力报告中，中国香港排在第一位；澳门也成为全球经济增长率最高的地区之一，澳门理工学院"一国两制"研究中心主任杨允中的研究数据显示：2000 年至 2008 年，澳门人口从 43 万增加到 54 万，GDP 从 497 亿澳门元增加到 1 700 多亿，年均增长百分之十四点五，在亚洲仅次于日本。香港、澳门回归以来，不仅在经济和社会发展上更加繁荣稳定，而且法治和司法比以前更加完备，在人权保障方面也取得了很大成绩。

香港回归以来，先后受亚洲金融危机、禽流感、非典等冲击，经济发展经受了考验。受亚洲金融危机的影响，香港金融、地产、贸易、旅游四大支柱产业受到严重打击。在这关键时刻，中央政府决定人民币汇率保持稳定，成为香港战胜金融危机的有力后盾。中央政府与香港特别行政区政府、澳门特别行政区政府分别签署了《关于建立更紧密经贸关系的安排》，这是中央为发展港澳经济、促进内地与港澳经济进一步融合而采取的重要措施。澳门回归以来，克服了亚洲金融危机、外部经济环境变化、非典等带来的困难，在中央政府的大力支持下，特区政府采取一系列有效措施，经济迅速复苏并实现持续快速发展，取得了令人瞩目的成绩，经济实现了跨越式发展。从 2003 年 7 月底开始，内地部分省市先后开放了赴港澳个人游，成为带动港澳经济复苏和发展的重要支持力量。在香港回归 7 周年前夕，中央政府批准广东省政府提出的建议，建立 9+2 泛珠三角区域合作机制，为加强港澳与内地经济合作提供了一个新的平台。内地与港澳的金融合作不断取得重大进展，尤其是中央政府批准港澳银行可以经营个人人民币存款、兑换与汇款等业务，为港澳银行业拓展了新的领域。"十三五"时期，要继续挖掘"一国两制"的内涵和价值，充分利用"一国"带来的机遇，根据自身情况，进一步深化内地和港澳地区合作发展，拟定科学可行的长远规划，紧紧抓住国家"十三五"规划带来的巨大机遇，实现新的跨越，以更加积极的姿态投身于中华民族的伟大事业，继续为国家现代化建设发挥重要作用。

（二）深化大陆和台湾地区合作发展

坚持一个中国原则前提下，加强两岸经贸合作，促进海峡两岸合作交流。大陆不仅是台湾同胞的祖籍地、中华文化的原生地，还是台湾经济发展的坚实腹地。大陆改革开放、经济建设和社会进步所取得的巨大成就，通过两岸交流，带给台湾同胞越来越多的福祉和利益。要大力开展经济大合作，扩大两岸直接"三通"，厚植共同利益，形成紧密联系，实现互利双赢。充分发挥"一国两制"在港澳成功实践的示范引领作用，积极搭建通过港澳广泛联系台湾各界的平台，不断拓宽两岸同胞交往的渠道和途径。欢迎并支持台湾企业到大陆经营发展，鼓励和支持有条件的大陆企业到台湾投资兴业，以促进两岸经济关系正常化，推动经济合作制度化，为两岸关系和平发展奠定更为扎实的物质基础、提供更为强大的经济动力，以最大限度实现优势互补、互惠互利。加强人员交流和人员往来，维系"一衣带水"的"血水"之情。中华文化源远流长、瑰丽灿烂，是两岸同胞共同的宝贵财富，是维系两岸同胞民族感情的重要纽带。要共同继承和弘扬中华文化优秀传统，开展各种形式的文化交流，使中华文化薪火相传、发扬光大，以增强民族意识、凝聚共同意志，形成共谋中华民族伟大复兴的精神力量。要以中华文化为抓手，积极开展两岸文化交流，增进文化认同，整合同胞亲情，进一步增强台湾同胞传承中华文化的责任感、振兴中华民族的使命感和促进民族团结凝聚的紧迫感。要发挥沿海邻台各省份语言同宗、文化同祖的优势，以共同的语言语系、共同的文化渊源、共同的民族感情、共同的民族利益为基础，开展两岸联合办学、相互吸引人才、建立博士后流动站等，推动科研机构学术交流合作，促进中化民族文化大融合。

戴焰军：科学决策引领经济顺利前行

中国经济连续保持 30 多年的快速增长，举世瞩目。人们可以从不同角度分析支撑中国经济持续快速增长的各种因素，但客观回溯这 30 多年不难发现，在众多因素中，绝大多数因素可能因不同决策而产生不同效应。决策者是经济运行的导航者，对经济发展起到把握方向的作用。诚然，决策者不可能超越社会现实任意决策，决策必须以现有根本社会制度和生产力发展水平为前提，但决策的科学性正是体现在使现有制度更好地发挥优越性，使现有生产力基础更好地为未来发展所用。

回到 30 多年持续快速增长的起点，也就是那个关键抉择作出的时点，历史清晰可见。当时，中国的决策者——作为中国特色社会主义事业领导核心的中国共产党，深刻总结社会主义建设的历史经验教训，明确提出"一个中心，两个基本点"是党在社会主义初级阶段的基本路线。从那以后，党和国家把经济建设放在一切工作的中心位置，紧紧扭住不放，抵御各种内外因素干扰，避免了经济运行出现大起大落或停滞不前。在坚持以经济建设为中心的前提下，我们党确立改革开放的基本国策，通过各个领域的改革和不断扩大的对外开放，破除一切影响和阻碍经济发展的不利因素，特别是具体制度和体制方面的不利因素，同时汲取世界各国在经济管理和发展等方面的先进经验和做法，与世界各国进行广泛的经济交流，为经济发展注入源源不断的动力和活力。我们党坚持四项基本原则，坚持"两手抓"，发展社会主义民主法治，积极推进社会主义精神文明建设，调动社会各方面的积极性，更充分地发挥社会主义制度的优越性，为经济发展创造了良好政治环境和社会环境。

我们党 30 多年来作出的一系列重大决策，从根本上促进了各种经济发展要素更好发挥效力。发展社会主义市场经济，发挥市场在资源配置中的作用，盘活了物质资源和劳动力等生产要素，使经济发展活力充分迸发。发展多种所有制经济，形成公有制为主体、多种所有制经济共同发展的基本经济制度，使生产关系更加适应生产力发展要求，造就了众多具有竞争力的企业、产业和一大批生产经营管理人才。发展高新技术产业，一个个高新科技园区如雨后春笋般涌现，创造出越来越多的社会财富，人们生产生活环境和交往交流方式发生巨大变化，劳动者素质大幅提高。开拓资本金融市场，畅通现代经济血脉，不断增加人们的财产性收入。高等教育的发展、依法治国的推进、政府职能的转变、市场监管的完善、走出去战略的实施等，从各个方面为经济发展除障助力。

我们党领导中国特色社会主义事业制定实施的一系列路线、方针、政策和重大决策，符合我国国情和经济发展规律，适应人民群众渴望国家发展和生活幸福的要求，有力推动我国经济发展不断迈向更高阶段和水平。

（摘编自《人民日报》2015 年 1 月 30 日，作者：戴焰军）

汪同三：五中全会公报提出"十三五"的五大发展理念

十八届五中全会审议通过了《中共中央关于制定国民经济和社会发展第十三个五年规划的建议》。中国社科院学部委员汪同三教授做客人民网强国论坛，为网友解读公报内容。汪同三指出，公报提出"十三五"规划要遵循的五个发展理念，即创新发展、协调发展、绿色发展、开放发展、共享发展，这为我们在"十三五"规划的制定和执行中建立了理解和学习的一个重要的框架。

第一，创新发展，处于整个国家发展全局的核心位置，而且创新发展包括理论创新、制度创新、科技创新、文化创新等方面。

第二，协调发展。五中全会的公报明确的讲协调发展的核心是要正确处理发展中的重大关系。我们党历来都是高度重视在各个时期一些重大关系的研究，比如说毛泽东在20世纪50年代提出来的"十大关系"，就是讲当时的环境条件下要重点处理的一些关系。十六大以来我们提出的科学发展观，实际上也是要处理好一系列的关系。在十八届五中全会公报里，中央明确的提出协调发展是要正确处理好发展中的那些重大关系，而且还具体的提到了城乡协调发展、经济社会协调发展以及新型工业化、信息化、城镇化、农业现代化等方面的同步发展，还特别提到国家的硬实力和软实力的整体发展。

第三，绿色发展。在五中全会公报里讲绿色发展是我们的一项基本国策，我们以前也讲到过要保护环境、节约资源，但是在五中全会的公报中已经把它再一次提高到更高、更重要的水平。

第四，开放发展。开放发展有这样几个重点：一是我们中国的经济要更深度融入的世界经济中去；二是我们要坚持互利共赢这样一个战略；三是也是提的比较明确的，我们要积极参与全球经济治理，这也是对我们开放发展提出了更高的标准。

第五，共享发展。共享发展，我想在公报中占了相当大的部分，讲的比较细致、比较多，它的核心我想就是两个字"人民"，所谓共享发展就是为了人民，为了人民的生活更好，为了人民能够充分的分享我们改革开放、经济发展带来的各项利益。

（摘编自人民网2015年10月29日，作者：汪同三）

文森：系统谋划"十三五"经济社会发展的着力点

"十三五"时期是我国经济社会发展非常重要的时期。"十三五"

规划是 2016 年至 2020 年我国经济社会发展的五年规划。这五年规划的实施结束期，具有三个重要时间节点，意义也不同寻常。

按照党的十八大要求，到 2020 年我国将全面建成小康社会，国内生产总值和人均国民收入将比 2010 年再翻一番，从而实现"国民收入倍增计划"，社会主义市场经济基础将进一步完善。习近平同志提出的"四个全面"战略布局中将"全面建成小康社会"作为"四个全面"的落脚点和核心，也是实现这一届中共中央对全国人民的庄重承诺，其意义足够重要。

按照十八届三中全会提出的推进全面深化改革的总体部署，到 2020 年年末，我国经济社会各领域的全面深化改革要基本见效，336 项改革得到落实，就此，社会主义市场经济体制将更加完善，各方面制度将更加定型、更加成熟。

到 2020 年，我们国家在经过前面社会主义建设、改革开放两个 30 年之后，按照社会发展新的"三步走"的战略目标，我们将进入到 21 世纪中叶达到中等发展国家水平、实现中华民族伟大复兴的中国梦阶段的第三个 30 年。

正是因为 2020 年将汇集着这三个重要时点，它不仅对全面建成小康社会、实现全面深化改革、全面实现依法治国的战略目标具有标志性意义，也将为下一个 30 年进一步坚持和完善中国特色社会主义道路，推进国家治理体系和治理能力的现代化打下坚实基础。

就此看，第十三个五年规划制定得好不好、各项规划执行得到不到位、规划目标能不能达到预期目的，将决定着我们已经确定的国家战略发展目标能不能有效实现，能不能为实现"两个一百年"的宏伟目标提供坚实的物质和制度保证。这 3 个时间节点的交汇，使得新中国成立以来第十三个五年规划的谋篇布局具有了深远的历史意义。

三对关键词确定"十三五"规划总基调

习近平同志在这次重要讲话中认真分析了当前和今后一个时期国内外经济大势，系统梳理了当前我国经济社会发展中遇到的问题和矛盾，提出了谋划"十三五"时期发展的基本原则。根据新华社发布的消息来看，不长的电文中就有三对关键词很值得分析。

第一对关键词是"于我有利"和"抓住机遇"。习近平同志认为，当前和今后一个时期，世界经济环境仍然比较复杂，机遇和挑战相互交织，时和势总体于我有利，我国发展的重要战略机遇期仍然存在，我国经济社会发展前景广阔。因此，他要求各级党委和政府要明大势、看大局，深刻把握国际国内发展基本走势，把我们所处的国内外发展环境和条件分析透，把我们面临的机遇和挑战搞明白，更要审时度势，抓住机遇。

第二对关键词是"任务艰巨"和"立足优势"。习近平同志认为，当前我国经济社会发展面临不少困难和挑战，这其中，调结构、转方式、促创新任务仍然艰巨。因此，在谋划"十三五"时期发展，要清醒认识面临的风险和挑战，把难点和复杂性估计得更充分一些，把各种风险想得更深入一些，要坚持立足优势、趋利避害。

第三对关键词是"积极作为"和"统筹兼顾"。在这样的时和势下，习近平同志要求各级党政部门要把我们前进的方向和目标理清楚，把各方面情况考虑得更周全一些，要统筹兼顾、系统谋划"十三五"经济社会发展，所谓的积极作为，就是要深入研究保持经济增长的举措和办法，着力解决制约经济社会持续健康发展的重大问题，切实挖掘增长潜力，培育发展动力，厚植发展优势，拓展发展空间，推动经济总量上台阶。在"十三五"时期，经济社会发展要努力在保持经济增长、转变经济发展方式、调整优化产业结构、推动创新驱动发展、加快农业现代化步伐、改革体制机制、推动协调发展、加强生态文明建设、保障和改善民生、推进扶贫开发等方面取得明显突破。

就这些观点来看，"十三五"规划的基本思路基本延续了党的十八大以来新一届中央治国理政的指导思想和大政方针，对形势的把握是实事求是的，也是充满信心的，体现了战略性的考量和针对性的举措，指出了"十三五"时期我国经济社会发展的方向和重点。

还值得关注的是，总书记这次调研放在华东7省市的东部沿海地区也很有深意。东部沿海地区是我国改革开放的最前沿，也是我国经济最发达地区。20 世纪 90 年代以来，在鼓励东部沿海率先发展的方针下，形成了中国继改革开放之后又一轮沿海大规划和大发展的高潮。这个地区的经济总量占据全国近三分之二，综合经济实力和竞争水平一直名列全国前茅，是我国经济发展、改革开放的"排头兵"。显然，习近平同志对他曾经工作过的 3 个省市（福建、浙江、上海）所在的东部沿海地区赋予更大的责任和使命，期望在"十三五"时期我国东部沿海地区能继续发挥担纲和引领作用，在推进经济结构调整和转型升级、在推进全面深化改革和实现依法治国、在推动制度创新发展和提升开放新水平上作出新的示范和新的突破。

立足新常态　谋划新发展

习近平总书记治国理政以来，务实、执着、果敢、全面成为其执政风格的鲜明特征。

改革发展以问题为导向，体现其务实精神；铁腕反腐、从严治党，体现其果敢与魄力；提出经济社会发展新常态、谋划"四个全面"战略布局、构筑中国梦，体现其睿智和宏略。而这一切也体现在治国理政的具体行动上。"十三五"规划将成为这一系列执政风格的集成和重要注脚，也为实现"两个一百年"的目标夯实承上启下的基础。在这次浙江考察调研时，习近平同志专门强调的"干在实处永无止境，走在前列要谋新篇"也恰好展现了这一施政思路。就"十三五"来说，就是立足新常态，谋划新发展。

"十三五"期间，中国经济将集中体现增速换挡、由大向强迈进的新常态，在从"旧常态"到"新常态"过程中，以要素驱动的传统行业对经济发展的贡献转向以创新驱动。所谓的新发展，就是要"挖掘增长潜力，培育发展动力，厚植发展优势，拓展发展空间"，必须深入实施创新驱动发展战略，加快形成以创新为主要引领和支撑的经济体系和发展模式，推动科技创新、产业创新、企业创新、市场创新、产品创新、业态创新、管理创新等，加快形成以创新为主要引领和支撑的经济体系和发展模式。并同步推进新型工业化、信息化、城镇化、农业现代化，培育起新业态和新商业模式，构建起现代产业发展新体系，形成对外开放新体制，加快培育国际竞争新优势，并通过提高改革行动能力，使市场在资源配置中起决定性作用和更好发挥政府作用，从而实现科学发展、协调发展、绿色发展。

一项好的五年规划，不仅具有历史的继承性和现实的发展性，还要能够经得起历史的检验，结合过往的成功经验，立足于我国经济社会发展新常态，凸显新发展将着力强调新的规划需要正确处理好三个关系。

首先是处理好发展改革稳定的关系。解决中国的现实问题依然需要靠发展，改革也是发展，今天的改革是以问题倒逼催生的发展。"十三五"规划必须体现发展的精神，改革的精髓。但改革与发展又必须兼顾社会稳定。在社会稳定的前提下，发展才有动力，改革才能赢得支持。

其次是处理好速度质量效益的关系。我国经济社会发展进入新常态后，必须认识到作为一个发展中大国，还需要一定的经济增长速度来支撑。在"十三五"期间，依然需要强调经济增长的合理区间，依然需要保持好投资、消费、进出口三者之间的比例协调关系，形成一个讲求质量的发展速度、获得经济社会效益的增长速度。

第三是处理好经济与社会和人与自然的关系。从过去的经验看，我们只有遵循经济规律才能实现科学发展，只有遵循自然规律才能实现可持续发展，只有遵循社会规律才能实现包容式发展。"十三五"规划的制定，需要我们进一步解决好经济社会发展、人与自然关系的不平衡问题，过度发展现实人的物质追求而不顾环境资源承受力问题，既降低了现代人的幸福指数，也是对未来人的不公。因此，"十三五"规划，处处强调包容式发展应当是一个重要亮点。

"十三五"经济社会发展规划如果能在上述方面取得突破，我们将可以以时间换取空间，为今后30年中国经济实现可持续发展，再次创造新的30年辉煌奠定重要基础。

（摘编自《中国青年报》2015年6月23日，作者：文森）

"十三五" 规划及 2030 年远景目标的前瞻性思考

"十三五"时期是全面建成小康社会全面实现的五年，也是全面深化改革、全面推进依法治国取得决定性成果的五年，是为实现第二个"一百年"目标和中华民族伟大复兴的中国梦开启里程碑式的新起点。"十三五"时期中国将实现经济社会发展全面转型升级，全面进入科学发展轨道。这一时期，中国将成为世界第一大经济体，综合国力接近美国。本文基于党的十八大报告和十八届三中全会、四中全会决定精神，分析"十三五"时期发展的基本思路，前瞻性地思考部署向第三步战略目标迈进的 2030 年远景目标和战略设计，以期为党中央起草和国家"十三五"规划的编制提供具有前瞻性的决策参考。

一、"十三五"时期发展阶段特征

"十三五"时期，中国的发展主题是全面科学发展，即全面进入科学发展轨道，全面推进经济建设、政治建设、文化建设、社会建设和生态文明建设"五位一体"的社会主义现代化建设及国防和军队现代化建设，全面深化经济、政治、文化、社会和生态体制改革，全面推进依法治国。具体来看，"十三五"时期中国发展阶段具有如下七大特征：

处于经济转型升级期。"十三五"时期，经济发展进入新常态，从高速增长转向中高速增长，国内生产总值年平均增长率在 7%~8% 之间，经济增长预期指标可以确定为 7% 或 7% 左右。与此同时，中国经济进入大转型时期，全面提质增效转型升级，经济发展方式正从规模速度型粗放增长转向质量效率型集约增长，经济结构正从增量扩能为主转向调整存量、做优增量并存的深度调整，经济发展动力正从传统增长点转向新的增长点。为此，要充分考虑各种要素（特别是能源供给、资源短缺、环境污染、生态压力、温室气体排放等）对经济增长的硬约束，集中解决经济长期高速增长所积累的突出矛盾和问题，切实调整和优化经济结构，大力提高经济增长质量，改善经济效益、效率。认识新常态，适应新常态，引领新常态，是当前和今后一个时期我国经济发展的大逻辑。

处于城镇化深入发展期。"十三五"时期，中国城镇化建设将持续快速发展，成为保持经济持续健康发展的强大引擎，也是扩大内需的最大潜力。到"十三五"末期，全国常住人口城镇化率达到60%左右，户籍人口城镇化率达到45%左右，还有1亿左右农业转移人口和其他常住人口在城镇落户。同时，农业在国民经济总量中所占比重进一步降低，二三产业对农业反哺作用更加突出，农村工业化、信息化建设取得突破进展，农村面貌发生根本改变。

迈向高收入的富裕型发展阶段。"十三五"时期，中国将全面建成小康社会。从人均国民总收入看，正处于从世界上中等收入水平向高收入水平过渡阶段。从人口比例上看，到2020年，有2/5左右的人口进入高收入阶段；从对美国的追赶系数来看（按照购买力平价计算的人均GDP），到2020年，中国人均GDP可以达到美国的1/3。从城乡居民消费结构看，城乡居民恩格尔系数持续下降且进一步趋同，已经属于国际公认的富裕型消费结构，其中城镇居民家庭恩格尔系数将达到30%左右，属于更加富裕消费结构。

进入世界高人类发展水平阶段。"十三五"时期，中国人类发展水平继续提高，基本公共服务均等化程度和绝对水平稳步提高，经济社会发展成就更充分体现以人为本思想，更充分转化为人类生活需求的更充分保障与发展需求的更大满足。到2020年，中国HDI指数将达到0.76，属于高人类发展水平组中HDI较高国家。

全面深化改革进入攻坚期。"十三五"时期是改革的攻坚期和深水区，通过全面深化改革，着力解决我国发展面临的一系列突出矛盾和问题，不断推进中国特色社会主义制度自我完善和发展，不断推进国家治理体系和治理能力现代化，不断推进依法治国，全面落实党的十八届三中全会和四中全会重大决定。

进入生态盈余增长期和环境污染与治理相持期。经过"十一五""十二五"时期大规模的生态环境投资建设，"十三五"时期，环境保护综合效益将逐步显现，主要资源环境指标变化明显向好，人居环境质量普遍提升，生态盈余存量增加显著，但总体上仍处于环境破坏与保护、污染与治理相持时期。"十三五"时期，全社会环境保护与生态建设投资预计将达同期 GDP 的 1.5%，大气、土壤和水体环境质量明显改善，雾霾、土壤重金属与化学品污染、水体污染治理成效显著，森林覆盖率持续提高，水土流失和土地荒漠化面积持续减少。耕地减少势头得到有效遏制，单位 GDP 能耗和碳排放量、单位工业增加值用水量持续下降。

中国与世界关系深刻变动时期。到"十三五"末期，中国政治经济全球影响力进一步提升，国际话语权和地区事务主导能力进一步提高，国家软实力进一步增强，发展模式、文化产品等国际认同程度明显提高。这就为中国全面实现第一个"一百年"目标及社会主义现代化与中华民族伟大复兴长远目标创造了更加有利的"天时、地利"战略机遇期。

二、"十三五"时期的国际国内环境

"十三五"时期是我国进入全面建成小康社会的决定性阶段。党的十八大报告指出：当前，世情、国情、党情继续发生深刻变化，我们面临的发展机遇和风险挑战前所未有。这是对我国发展背景和形势作出的重大判断。

"十三五"时期，就我国面临的国际环境来看：和平、发展、合作仍是当今世界的主流。同时，全球发展将表现出相互关联、相互推动的以下四大趋势：第一，全球经济仍处于黄金增长期，南方国家迅速崛起。第二，国际政治格局大调整，趋于多极化、民主化。第三，占据创新的制高点，成为国与国竞争的焦点。第四，全球进入绿色工业革命的黎明期和发动期。

"十三五"时期，就我国面临的国内环境来看：我国仍处于并将长期处于社会主义初级阶段的基本国情没有变，人民日益增长的物质文化需要同落后的社会生产之间的矛盾这一社会主要矛盾没有变，我国是世界最大发展中国家的国际地位没有变。"十三五"时期，中国仍处于黄金发展时期，仍将保持全面、平稳、较快发展。第一，经济平稳较快发展，成为世界最大经济体。第二，经济发展方式得到显著转变。第三，绿色能源快速发展。

三、"十三五"规划的主线

"十三五"时期，将以经济双重转型升级为主线。就是以推动经济发展方式和经济体制的转型升级为主线。这一提法是以党的十八大、十八届三中全会精神为指导，基于全面科学发展的核心环节仍然是经济发展方式和经济体制变革问题的基本判断；是对加快经济发展方式转变的延续和深化，同时涵盖了打造经济升级版的内涵，体现了经济建设在全局中的中心地位和经济体制改革对全面深化改革的牵引作用，体现了生产力变革与生产关系变革相互推动的马克思主义基本观点。同时，这一提法还参考了"九五"计划实现具有全局意义的根本性转变的主线。

四、"十三五"规划的发展目标及布局设计

"十三五"规划将体现党中央对未来发展的一些重要的思路和考虑，同时，"十三五"时期是中国实现全面建成小康社会目标之前的最后一个五年规划。这些都对"十三五"规划编制提出了新要求，也使得"十三五"规划具有特殊重要的历史地位。因此，"十三五"规划的编制需要强化全球视野和战略思维，正确处理好政府与市场的关系，科学设定规划目标和指标，使"十三五"规划更加适应时代要求，更加符合发展规律，更加反映人民意愿。

全面建成小康社会的深刻含义，是经济建设、政治建设、文化建设、社会建设、生态文明建设"五位一体"以及国防和军队现代化建设的社会主义现代化总体布局的全面建成，这也反映了我国进入"全

面现代化"的时代。综合考虑未来发展趋势和条件，根据十八大提出的要求，"十三五"时期经济社会发展的主要目标是：进一步推进经济发展模式转变；加强社会建设，继续推动建设和谐社会；推进政治体制改革，不断扩大人民民主；建设社会主义文化强国，增强文化凝聚力；生态文明建设进入新阶段，初步建成美丽中国。

五、2030 年远景目标

从现在起至 2030 年，对我国来说，仍然是可以大有可为的重要战略机遇期。中国将从全面小康社会走向全民共同富裕社会，从中上等收入水平迈向高收入水平，从高人类发展水平迈向极高人类发展水平。这也是实现现代化建设战略目标必经的承上启下的发展阶段，也是中国全面现代化建设、全面深化改革、全面依法治国、全面创新的关键阶段。

改革开放以来，中国的发展可以分为三个阶段：一是"先富论"阶段（1978—2001 年），以邓小平同志在 1978 年 12 月中央工作会议上的报告提出"先富论"为标志，鼓励一部分地区和一部分人先富起来，以现代化"两步走"为核心目标，并如期实现了这一目标；二是转向"共富论"阶段（2002—2020 年），或向共同富裕方向的过渡阶段，以江泽民同志提出 2020 年全面建设惠及十几亿人口的小康社会为标志，逐步消灭贫穷，达到共同富裕，到 2020 年将全面实现这一目标；三是全面迈向共同富裕阶段（2020—2030 年期间），即"逐步实现全体人民的共同富裕"阶段，这是中国道路的本质，将成为中国特色社会主义现代化最重要的发展主题、最核心的发展目标和最大的发展任务。

（摘编自人民网—中国共产党新闻网 2015 年 3 月 4 日，作者：胡鞍钢等）

后 记

为了深刻理解和准确把握"十三五"规划重大而深远的意义，我们编写了《聚焦"十三五"若干问题深度解析》一书。本书主编由冯国权、刘军民担任，副主编刘成海、陈汉理、孙永胜、潘子友。

本书各章撰稿人依次为：第一章刘军民，第二章彭德富，第三章王盛华，第四章张宁，第五章旷文斌，第六章陈福明，第七章、第八章潘子友，第九章刘成海，第十章陈汉理，第十一章、第十二章孙永胜。冯国权、刘军民对全书进行了统编、修改和定稿。

在本书撰写过程中，参考了诸多领导、专家、学者的文章及学术成果，在此深表感谢！由于水平有限，本书肯定有不当乃至谬误之处，恳望读者不吝指正。

编 者